개정증보판

법무보호복지학개론

한국법무보호복지공단

Introduction to Offender
Rehabilitation Studies

박영사

개정증보판 발간사

최근 강력범죄는 빠른 속도로 증가하면서 다양화되어 가고, 범죄 관련 소식이 각종 언론과 매스컴을 통하여 빠르게 전파되는 경향에 따라 범죄자에 대한 처우와 범죄예방을 위한 형사정책에 대한 관심보다는 사회안전망에 대한 불신과 강경 기조의 처벌에 대해서 더 많은 관심과 의견이 표출되고 있습니다.

범죄 전력이 있는 사람을 사회에 복귀시키기 위한 다양한 지원사업들은 1900년대 초반부터 진행되어 왔고, 특히 1961년 '갱생보호법'의 제정으로 '법무보호복지사업'이 법제화되어 본격적인 국가 주도의 복지서비스 사업으로 오랜 역사를 지니고 있음에도 우리 사회는 현재까지도 이들을 지원하고 변화시키는 일에 대해서 충분한 국민적 공감과 사회적 합의까지는 이루지 못하고 있고, 형사정책에 관한 제도적인 시스템 또한 많이 미진하거나 부족한 사정에 있습니다.

이러한 문제의 해결 방안으로 '한국법무보호복지공단'은 범죄로부터 안전한 사회를 구현하고 공공의 복지증진과 사회 보호를 위하여 정부의 종합적인 범죄 대응 정책과 함께 혁신을 거듭하며 법무보호복지제도를 발전시켜 왔습니다.

그 과정의 일환으로 우리 공단은 국민에게 『법무보호복지』라는 다소 생소한 단어를 범국민적 관심으로 확산하고, 범죄예방 전문인력을 양성하기 위하여 TF팀을 구성하였으며, 그 결과 2022년 『법무보호복지학개론』 책을 첫 출간하게 되었습니다.

이후 범죄예방 활동을 위한 노력들을 더욱 체계화하고 주요 개념들을 보충하고자 이번 개정증보판을 발간하게 되었습니다.

본 교재는 총 4편으로 구성되었습니다. 제1편에서는 법무보호복지의 일반론으로 주요 개념의 정의, 가치, 기능, 수행기관 등을 서술하여 이를 알아볼 수 있도록 하였고, 제2편에서는 범죄와 범죄원인이론, 형사사법체계를 서술하였으며, 제3편에서는 법무보호복지서비스 소개, 제4편은 법무보호복지의 과제와 전망에 관한 내용을 수록하였습니다.

이 책을 통하여 범죄에 대한 이해와 범죄인 처우 과정에 대해서 좀 더 깊은 생각이 더해지기를 바라며, 범죄자와 피해자, 그리고 그들의 가족들이 겪는 아픔을 함께 이해하고, 한순간 잘못된 길로 빠졌던 사람을 사회구성원으로 받아들이며 상생할 수 있는 길잡이로서 역할을 할 수 있기를 기대합니다.

또한 법학, 사회복지학, 심리학, 범죄심리학, 교정복지학 등 다양한 전공과에서도 활용되어 우리나라 범죄예방 전문가들이 많이 배출되기를 고대합니다.

끝으로 본 교재를 발간하기 위해 바쁜 업무에도 불구하고 노력해 주신 김주병 편찬위원장님과 김태훈 편찬간사님, 9명의 TF팀원인 노용, 최희수, 채인석, 박재영, 이동희, 임승완, 김낙현, 이진효, 정구필 위원님들께도 깊은 감사의 말씀을 드리며, 귀한 자문으로 도와주신 원광디지털대학교 신이철 교수님, 한국형사법무정책연구원 소병도 선임조사연구원님께도 다시 한번 감사의 말씀을 드립니다.

앞으로도 법무보호복지에 대한 많은 관심과 이와 관련된 학문적 발전을 위해 애써 주시기를 바라며, 우리 사회가 범죄 없는 안전한 사회가 될 때까지 "국민 여러분과 아름다운 동행"을 함께하겠습니다.

2025년 1월
한국법무보호복지공단 이사장 황영기

추천사

사람은 누구나 '안전'한 사회에서 '행복'하게 살기를 원한다. 그렇지만 이러한 소박한 바람과는 달리 현실에서는 범죄가 매년 발생하고 있고 그 범죄에 소요되는 사회적 비용 또한 상당하다. 이에 한국법무보호복지공단은 범죄로 처벌받은 사람들의 재범 확산을 방지하기 위하여, 출소자들이 사회에 적응하면서 일상생활로의 안정적 복귀와 정착을 할 수 있도록 최대한 지원을 하고 있으며, 종국적으로는 범죄감소를 통하여 범죄의 사회적 비용을 절감함은 물론, 범죄로부터 안전망을 갖춘 공동체 사회를 만들어 나감으로써 모든 국민이 행복감을 체감할 수 있도록 삶의 질이 향상되도록 노력하고 있다.

특히, 본서인 법무보호복지학개론의 특징은 단순한 이론적 차원의 개론서에 머무르는 것이 아니라, 그동안 꾸준히 사회복귀의 현장에서 동행에 참여한 공단 실무가들이 직접 관여하여 기술함으로써 그 생동감을 느끼게 한다는 점이다. 즉, 법무보호복지의 의의와 역사를 간략히 소개를 한 다음, 범죄 발생의 원인을 분석하고 그 개별적 원인에 걸맞는 맞춤형 범죄예방 대안을 제시하고 있으며, 다른 한편으로 범죄 발생시 현행 우리나라 형사사법 체계(수사, 공소제기, 공판, 구제절차 및 교정 등)를 전체적으로 이해하도록 도와주고 있다. 특히, 범죄를 저지른 사람들의 재범방지를 위한 재사회화를 위하여 법무보호복지서비스(생활지원, 취업지원, 가족지원, 상담지원 등)의 내용을 법무보호복지 지원체계에 맞게 자세하게 설명하면서도, 마지막에는 국제적 동향과 실천과제까지도 꼼꼼히 제시하면서 이에 효과적이고 능동적으로 대처하기 위하여 독자적인 재범방지법의 제정 필요성까지도 구체적으로 피력함으로써 다른 기본서에서 찾아볼 수 없는 법무보호복지 미래의 패러다임을 한눈에 볼 수 있도록 제시하고 있는 것은 본서의 장점 중의 장점으로 평가된다.

본서를 통하여 법무보호복지 사업의 학문적 기초가 재정립됨으로써 법무보호사업 전문성을 높여 나갈 수 있다는 점에서, 법무보호복지 서비스에 종사하고 있는 분들은 물론, 자원봉사자, 미래의 범죄예방을 꿈꾸고 있는 예비전문가를 포함한 재범 방지에 관심이 있는 모든 분에게도 범죄예방에 대한 이해가 깊어지는 계기가 될 것으로 기대되므로 본서를 적극적으로 추천한다.

원광디지털대학교 경찰학과 교수 신이철

재범방지의 초석인 법무보호복지

범죄가 발생하면 국가는 범죄인에게 형벌권을 행사한다. 우리는 무거운 형벌이 가해지면 범죄인이 다시 범죄를 저지르지 않을 것이고, 위하력도 있을 것이라 기대한다. 반대로 가벼운 형벌이 가해지면 재범에 대한 불안감을 호소하며 중벌을 요구한다. 이에 국가는 국민들의 이목이 집중되는 범죄가 발생하면 중벌을 가하기 위해 법을 고치고 범죄인을 적극적으로 구속하는 것을 대안으로 내놓곤 한다.

그러나 무거운 형벌을 통한 재범방지 효과에는 한계가 있음은 이미 알려져 있고, 수사과정에서 재범을 방지하기 위해 강제수사의 필요성을 넘어 범죄인을 무턱대고 구속할 수도 없는 노릇이다. 형벌은 범죄인의 과거 행동에 대한 대가여서 미래에 발생할 수 있는 범죄의 방지에는 제한적 효과를 가질 수 밖에 없다. 형벌과는 별개로 보안처분이 재범위험을 방지하기 위해 존재한다고 하더라도 현실적으로는 유죄에 대한 대가이다. 형벌과 보안처분이 다 하지 못하는 범죄와 재범의 악순환의 고리를 끊어내는 초석이 바로 법무보호복지이다.

법무보호복지는 재범위험의 근원을 치유하기 위해 존재한다. 그러나 국민들은 범죄인에게 '법무보호'와 '복지'와 같은 국가의 자원을 제공하는 것에 익숙하지 않다. 예컨대 점점 더워지는 여름 날씨에도 교정시설 내 에어컨 설치에 대한 반대 의견도 존재한다. 사실 우리는 범죄인은 언젠가는 우리 곁으로 다시 돌아올 국민이라기보다 형벌의 대상이라는 사실에 익숙하다.

법무보호복지에서 가장 중요한 것은 국민들에게 사업을 소개하고 필요성을 인식시키는 것이라고 생각한다. 이 책은 범죄와 재범의 악순환의 고리를 끊어내기 위한 법무보호복지의 이론적 배경과 법률적 근거, 한국법무보호복지공단의 역할과 성과, 그리고 지향점을 담고 있다. 다양한 내용을 재범방지라는 목적하에 체계적으로 꿰어 내었기에 대학생에게는 교과서, 범죄·복지·법률·교정 등 분야의 연구자에게는 연구보고서, 실무자와 정책입안자에게는 지침서, 그리고 일반인들에게는 교양서로서 추천한다. 형사법을 전공하는 본인도 이 책을 읽고 범죄와 범죄인을 새로운 시각에서 바라보는 기회를 갖게 되었다.

한국법무형사정책연구원 선임조사연구원 소병도

집필진 약력

노용

한국법무보호복지공단 경기북부지부 법무보호과장

국립 군산대학교 경영회계학, 사회복지학 복수전공

최희수

한국법무보호복지공단 서울지부 취업지원과장

경기대학교 범죄심리대학원 범죄심리학 전공

채인석

한국법무보호복지공단 전북지부 법무보호과 계장

한일장신대학교 사회복지대학원 사회복지전공

박재영

한국법무보호복지공단 경남서부지소 법무보호과 계장

국립 경상대학교 법학과 법학 전공

이동희

한국법무보호복지공단 울산지부 취업지원과 계장

한국방송통신대학교 청소년교육과 청소년교육 전공

임승완

한국법무보호복지공단 경기지부 법무보호과 계장

한양대학교 교육대학원 상담심리 전공

김낙현

한국법무보호복지공단 본부 미래전략부 계장

성균관대학교 학술박사과정 형사법 전공

이진효

한국법무보호복지공단 경기지부 취업지원계장

백석대학교 사회복지학과 사회복지전공

정구필

한국법무보호복지공단 서울서부지소 법무보호과 주임

한동대학교 상담심리사회복지학부 복수전공

편찬위원회 약력

편찬위원장

김주병

한국법무보호복지공단 경기지부장

국립 경상대학교 행정학과 행정학 전공

편찬간사

김태훈

한국법무보호복지공단 법무보호교육원 주임

꽃동네대학교 사회복지대학원 사회복지학전공

자문위원

신이철(공동저자)

원광디지털대학교 경찰학과 교수

건국대학교 법학 박사

소병도

한국형사법무정책연구원 선임조사연구원

서강대학교 법학 박사

▌목차 ▌

제 1 편 법무보호복지의 일반론

제 2 편 범죄와 범죄원인론 및 형사사법체계

제 3 편   법무보호복지서비스

제 **4** 편　법무보호복지의 과제와 전망

제
1
편

법무보호복지의
일반론

법무보호복지학개론

제1장
법무보호복지의 의의

제 1 절 ┃ 법무보호복지의 정의

I 법무보호복지

1. 정의

'법무보호복지'란 형사처분이나 보호처분을 받은 사람으로서 자립을 위한 보호의 필요성이 인정되는 사람(이하 '법무보호대상자')에게 자립 의식을 고취하고, 경제적 자립 기반을 조성시켜 성공적인 사회복귀에 이르도록 하는 지원을 의미한다. 이를 위하여 법무보호대상자에게 생활지원, 취업지원, 가족지원, 상담지원 등 다양한 정신적 물질적 지원인 '법무보호복지서비스'를 제공하여 재범을 방지하고 사회 재적응을 위한 기반을 조성한다.[1,2]

'법무보호복지'와 동일한 의미로 사용되었던 '갱생보호'라는 용어는 과거와 달리 빈번하게 쓰이고 있지 않다. 그러나 법무보호복지의 법적 근거인 「보호관찰 등에 관한 법률」은 '갱생보호'라는 용어를 그대로 사용하고 있어, 현재까지 두 용어가 혼용되고 있다. 해당 용어의 유래와 변천사는 다음과 같다.

1900년대 초반 「감옥소(교도소) 직원 규약」에 의거하여 민간 독지가의 협력과 자선적 시혜사업에서 출발한 '면수(출옥인) 보호사업'은 1923년 「소년법」 시행 후 '사법

---

1 최병문, "한국의 갱생보호(법무보호복지) 법제", 교정연구 제65권 제65호(2014), 165-166면 참조.
2 한성훈, "법무보호복지제도의 문제점과 개선방안", 한양법학 제33권 제4집(2022), 228-229면 참조.

보호사업'으로 명칭이 변경되었다.[3] 이후 1942년 3월 25일 「조선사법보호사업령」(제령 9호) 등을 거쳐 1961년 「갱생보호법」의 제정으로 '갱생보호'라는 용어를 사용하기 시작하였다.

2009년 법무부는 '갱생보호'라는 용어에 담긴 부정적 이미지를 개선하고자 법무보호복지서비스를 수행하는 공공기관의 명칭을 한국갱생보호공단에서 한국법무보호복지공단으로 변경하였다. 이를 계기로 갱생보호에서 '법무보호'로, 나아가 '법무보호복지'로 외연을 확장하여 공식적으로 '법무보호복지'라는 용어를 사용하게 되었다.[4]

2. 다면적 의미

'법무보호'는 재범 방지를 통한 사회 안전이라는 형사정책적 의미를, '복지'는 공공부조라는 사회복지적 측면의 의미를 내포한다. 형사정책적 법무보호복지란 법무보호대상자의 재범 방지와 건강한 사회복귀를 동시에 추구하며, 이를 통해 궁극적으로 지역사회의 질서 회복과 사회 안전을 목표로 하는 공공의 영역 또는 공동의 노력으로 정의할 수 있다.[5] 또한 '법무보호'에 '복지'라는 단어가 합성됨으로써 사회복지와 유기적 관계를 형성하고 있다. 「사회복지사업법」 제2조의 개정을 통해 「보호관찰 등에 관한 법률」에 따른 법무보호복지가 사회복지의 영역으로 포함되어 규범적 성격 역시 지니게 되었다.[6] 사회복지는 사회(social)와 복지(welfare)의 합성어로 '사회적으로 행복한 상태'를 의미한다. 사회복지의 목적은 여섯 가지가 있는데, 일반적 목적인 인간의 존엄성 유지, 자립성 유지, 개인적 성장(개발)과 사회 기능적 목적인 사회통합과 안정, 경제성장과 안정, 정치적 안정을 포함한다.[7]

이와 같이 법무보호복지는 법무보호대상자에 대한 단순한 지원을 넘어 '건전한 사회복귀를 촉진하며 효율적인 범죄 예방 활동을 전개'하고, 개인 및 공공의 복지를 증진하여 사회를 보호하고 '사회적으로 행복한 상태'를 이루기 위한 총체적인 노력을

---

3 법무연수원, 범죄백서(2021), 471-472면 참조.
4 남선모/이인곤, "국내외 갱생보호제에 관한 비교고찰", 교정연구 제61권(2013), 41-42면 참조.
5 박광원/공정식, "출소자 대상 직업훈련과 심리상담이 직업 적응에 미치는 영향: 직업적 자기효능감, 사회적 지지, 자기 낙인의 매개효과 검증", 법무보호연구 제5권 제1호(2019), 6면 참조.
6 홍완식, "법무보호대상자 지원을 위한 법제 개선 방안", 법무보호연구 제5권 1호(2019), 91면 참조.
7 노길희 외 공저, 사회복지학개론(1판), 공동체(2023), 17-19면 참조.

포함한다고 볼 수 있다.[8]

Ⅱ 법무보호대상자[9]

1. 정의

과거의 「갱생보호법」은 법무보호대상자를 ① 징역 또는 금고의 형을 종료하였거나 집행면제를 받은 자, ② 가석방자, ③ 집행유예·선고유예·기소유예 처분을 받은 자, ④ 「소년법」에 의거하여 보호처분을 받거나 소년원 퇴원 또는 가퇴원된 자, ⑤ 「사회보호법」에 의한 치료감호 집행이 종료되거나 가출소 또는 치료 위탁된 자로 정의하였다.

이후 1995년 1월 「보호관찰법」과 「갱생보호법」이 통합된 「보호관찰 등에 관한 법률」[10] 제3조 제3항은 법무보호대상자를 '형사처분 또는 보호처분을 받은 사람[11]'으로서 자립 갱생을 위한 숙식제공, 주거지원, 창업지원, 직업훈련 및 취업지원 등 보호의 필요성이 인정되는 사람'이라고 정의하고 있다.

2. 특성

(1) 사회적 부적응 및 낙인

법무보호대상자는 오랜 기간 사회로부터 격리되어 있었기에 정보화, 매체의 다양화, 과학 기술의 발전 등으로 변화한 사회 적응에 어려움을 겪는 경우가 적지 않다. 사회경제적 상황의 변화를 자각하지 못한 채 교정기관에서 출소 전 비현실적인 계획을 수립하였다가, 출소 후 현실에 적응하는 데 혼란과 어려움을 겪는다.[12] 버스 교통카드 사용이나 환승제도가 생소하기에 대중교통조차 이용하지 못하여 외출하지 못할

---

8 「보호관찰 등에 관한 법률」 제1조.
9 위의 법률에는 '갱생보호대상자'라고 명시되어 있으나, 본 책에서는 '법무보호대상자'라고 통일하기로 한다.
10 법무부는 기존에 시행되던 보호관찰 제도의 미비점을 보완하고 재범 방지를 위한 체계적인 업무추진을 위해 기존의 「보호관찰법」과 「갱생보호법」을 「보호관찰 등에 관한 법률」로 통합하였다.
11 '형사처분 또는 보호처분을 받은 사람'이란 출소자 이외에도 가석방, 집행유예, 선고유예, 기소유예를 받은 자 등을 포함하고 있다.
12 한국법무보호복지공단, 자원봉사자 역량 강화를 위한 법무보호복지사업 교육(2014), 17면 참조.

수 있고, 전기 포트를 일반 주전자로 착각해 가스레인지 위에 올려 놓아 화재의 위험에 노출되기도 한다. 흔하고 편리한 일상이 그들에게는 위협과 소외감으로 다가온다.

한편 법무보호대상자는 사회적 낙인으로 인하여 적응에 어려움을 겪기도 한다. 자신의 범죄에 대한 법적 책임을 온전히 부담하고 사회에 복귀했지만, 여전히 범죄의 가능성을 지닌 대상으로 인식하는 편견과 배제가 이들에게 사회적 낙인이라는 또 다른 죗값을 치르게 하고 있다. 이로 인해 법무보호대상자는 자립에 있어서 필수적인 구직 및 근로 현장에서 차별받기도 한다. 또한 범죄자라는 낙인은 부정적 자아상을 형성하고 반사회적인 행동으로 연결될 수 있다.

잔여 형기를 3개월 미만 앞둔 수형자 100명을 대상으로 조사한 결과를 살펴보면, 법무보호대상자의 경제적 자립 및 사회복귀에 대한 의지가 높은 것을 알 수 있다. 약 82%가 출소 후 취업을 희망하였으며, 사회적 평균 수준의 임금(최저임금) 혹은 본인이 일한 만큼의 보수를 받고 싶다는 응답이 전체의 80% 이상으로 나타났다.[13] 하지만 실제로 그들의 낮은 학력과 신용불량, 범죄 이력 등으로 인해 양질의 일자리를 가지기 어려우며 열악한 근무 환경에 내몰려 장기근속이 어려운 경우가 대부분이다.

(2) 사회적 지지 부족

사회적 지지란 개인에게 제공되는 모든 형태의 사회적 관계를 말하며, 가족과 직장동료 등 주변의 주요한 타자들과의 긍정적인 상호작용에서 얻어지는 자원, 즉 문제해결을 위한 조언 및 해결책을 제시해 주는 등의 행동을 말한다. 이는 생리적 심리적 측면에서 개인이 위기나 스트레스 상황에 놓이게 되었을 때 이를 극복하고 환경에 적응할 수 있는 능력을 향상하는 요인이며, 법무보호대상자의 경우 지역사회에 빠르게 적응하여 성공적인 재사회화를 이루는 요인 중 하나이다.[14]

법무보호대상자는 오랜 수감 생활로 인한 가족 해체 지인과의 관계 단절 등 사회적 지지기반이 무너져 있고, 경제활동 경험도 부족하여 생계가 어려워지는 경우를 적지 않게 맞이한다. 이는 재범의 주요 원인으로 꼽힌다. 자신의 새로운 출발에 대한 사회적 지지와 믿음이 약하기 때문에 낯선 환경 속의 결핍이 지속되어 심리적·사회

---

13 조미애 외 공저, "수형자의 성공적인 사회복귀를 위한 취업 알선 방안에 관한 소고-대구 상주 김천 교도소 수형자를 중심으로", 한국치안행정논집 제16권 2호(2019), 7-12면 참조.
14 공정식/방진희, "출소자의 낙인이 사회적 지지에 미치는 영향: 회복탄력성의 매개효과를 중심으로", 교정연구 제29권 제2호(2019), 133-139면 참조.

적 어려움이 반복된다.

한 연구는 성공적으로 사회에 정착하기 위한 필요 요인으로 자신을 스스로 지켜나가는 강인한 마음가짐과 가족 등 주변의 따뜻한 인간적인 보살핌을 꼽고 있다.[15] 법무보호대상자의 성공적인 사회 정착에는 자신의 마음가짐과 자세가 가장 중요한 역할을 담당하며, 이의 지속적인 유지를 위해서는 주변에서의 따뜻한 사회적 지지가 뒤따라야만 할 것이다.[16]

이처럼 '사회적 지지'는 한 개인의 삶을 변화시킬 수 있는 큰 원동력으로 작용한다. 궁핍한 생활환경 속에서 아무도 지지해 주는 사람이 없을 때, 법무보호대상자의 재범 위험성은 시나브로 높아질 수밖에 없다.

(3) 심리적 특성

법무보호대상자의 심리적 특성은 다음과 같이 정리할 수 있다. ① 기본적으로 반사회적 성격을 지녀 쉽게 분노하며 대인관계에 냉담한 태도를 보인다. ② 동정심이 결여되어 타인의 피해보다 눈앞의 이익을 얻기 위한 행동을 취한다. ③ 재범의 경우 초범에 비해 스트레스 대처 능력이 부족하고, 갈등 관계 속에서 타협에 어려움을 느낀다. 그리고 불안과 우울, 충동적인 감정, 범죄자라는 수치심이 사회복귀에 큰 장애 요소로 작동한다.

또한 범죄를 저지르고 수감되어 출소하기까지의 심리적 공통점은 다음과 같다. ① 범죄로 인한 즉각적인 기쁨과 만족감으로 범죄 이후의 두려움과 부정적인 결과를 생각하지 못한다. ② 범죄 이후 공포감을 느끼고 앞으로 다른 사람과 어울려 지낼 수 없는 사람이 되었다고 생각한다. ③ 본인의 범죄를 가정과 사회 탓으로 돌려 합리화하는데 이는 재소 기간 동안 낮아진 자존감을 회복하고 유지하는 방편이다. ④ 출소 전보다 못한 상황에 처해질 것을 우려하여 출소를 두려워하고, 또 다른 범죄행위를 할 것 같은 두려움에 사로잡히게 된다.[17]

이처럼 법무보호대상자가 원만하게 사회에 복귀하여 적응하기란 매우 어려운 일이다. 그들은 이미 형을 마쳤지만, 그들을 전과자라고 칭하여 냉대하고 불신하며 기

---

15 조미애 외 공저, 앞의 논문, 12-13면 참조.
16 조미애 외 공저, 위의 논문, 12-13면 참조.
17 한국법무보호복지공단, 출소자 가정 복원을 위한 모델 정립과 모델 유형에 따른 심리치료 프로그램 개발(2013), 15-16면 참조.

피하는 것은 어쩔 수 없는 우리 사회의 현실이다. 따라서 새로운 인생을 위해 사회로 재출발하려는 출소자들을 현재 우리 사회가 받아 주려는 준비가 되어 있지 않은 상태를 일컬어 반즈(Barnes)와 티터즈(Teeters)는 사회적 지체(Community lag)라고 표현하였다.[18] 이러한 사회적 지체 현상은 법무보호대상자가 스스로 소외감과 열등감을 가지고 사회 적응을 시도하지 않는 '심리적 지체(Psychological lag)'를 야기하기도 한다. 이와 같이 사회적·심리적으로 약해진 법무보호대상자에게는 재범 위험이 내포되어 있는데, 특히 출소 후 2~3개월 사이에 다양한 유혹과 함정들이 많아 이 시기를 '재범 부란(孵卵) 기간'이라고 하며, 이 기간이 출소자들의 사회복귀 성공 여부에 있어서 결정적인 기간(the crucial of his return to the community)이라고 한다.[19]

따라서 법무보호복지는 이 기간에 즉각적·집중적으로 이루어져야 하며, 법무보호대상자의 온전한 사회복귀를 위한 끊임없는 사후 관리로써 그들 곁에 항시 존재하여야 한다.

제 2 절) 법무보호복지의 가치

법무보호복지는 범죄를 저지른 사람으로서 재범 방지를 위한 사회 내 처우가 필요한 사람을 지도하고 보살피며 도움으로써, 건전한 사회복귀를 촉진하고 개인 및 공공의 복지를 증진함과 아울러 사회를 보호함을 목적으로 한다. 다시 말해 법무보호복지란 인간의 존엄성과 사회 정의적 관점에서 사회복귀 지원과 더불어 재범 억제를 목적으로 한 일련의 모든 인도주의적 범죄 예방 활동을 의미한다.

따라서 법무보호복지는 인간이 태어나면서 갖게 되는 천부인권의 자연권을 바탕으로 한 인본주의, 정의, 평등, 사회통합 등의 가치를 구현하고 있다.

---

18 정진연, "효율적인 갱생보호사업의 방향", 교정연구 제23호(2004), 189-190면 참조.
19 김기두, "갱생보호의 이념과 실천", 서울대학교 법학 제9권 제2호(1967), 7; 정진연, 위의 책, 192면 재인용.

I 인간의 존엄성

헌법재판소는 인간의 존엄이란 '모든 기본권의 종국적 목적이자 기본이념'이며, 기본권의 이념적 기초이자 기본권 운영의 지도 원리가 된다고 밝힌 바 있다.[20] 또한 인간의 존엄은 '헌법에 열거되지 아니한 자유와 권리'까지도 보장하도록 요구하는 근거이다. 따라서 인간의 존엄성이란 가치는 헌법에 열거된 기본권과 아직 기술되지 않은 기본권의 근거이며, 기본권의 최종 이념적 목표지점이라 할 수 있다.[21]

인간의 존엄성이란 "모든 인간은 인간이라는 이유만으로 존재 가치를 지니며, 모든 인격은 존중받아야 한다."는 이념을 말한다. 이는 인간은 존엄한 존재로 태어나며[22], 자유와 이성을 가지고 인간으로서 생존하고 행복한 삶을 영위할 권리인 '천부인권' 사상에서 비롯되었다. 인간의 존엄성 유지를 위한 선행 권리가 바로 생존권이며, 이는 잘 먹고 잘 자고 잘 쉴 수 있도록 하여 사람이 사람다울 수 있도록 하는 기본권을 뜻한다.

기본권에 관하여 「헌법」 제10조는 "모든 국민은 인간으로서 존엄과 가치를 가지고, 행복을 추구할 권리를 가진다. 국가는 개인이 가지고 있는 불가침의 기본적인 인권을 확인하며 이것을 보장해야 하는 의무를 가진다."라고 천명하고 있다. 또한 동법 제34조는 모든 국민은 인간다운 생활을 할 수 있는 권리를 지니며, 신체 장애자 및 질병·노령 기타의 사유로 생활의 능력이 없는 국민은 법률이 정하는 바에 근거하여 국가가 보호해야 함을 규정하고 있다.

이러한 기본적 권리는 특히 사회 취약 계층에게 더욱 중요하다. 대표적 취약계층으로 장애인·고령자·북한이탈주민, 범죄피해자 등이 있으며, 법무보호대상자는 「사회적기업 육성법 시행령」 제2조 제10호에 따라 취약계층으로 규정되어 있다. 하지만 취약계층인 법무보호대상자에 대한 지원의 필요성에 대하여 부정적인 시선이 여전히 존재한다. 이는 "죄를 지은 사람들을 왜 도와주어야 하는가?"에 대한 반문에서

---

20 헌재 2010.2.25. 2008헌가23.
21 이상수, "헌법재판소 결정문을 통해서 본 인간 존엄의 의미 – 존엄 개념의 과용과 남용", 서강법률논총 제8권 제1호(2019), 113면; 김종구, "인간의 존엄과 형사사법개혁 – 새로운 형사제재수단과 관련하여 –, 한국형사정책연구원 30주년 기념 관련학회 공동국제학술회의자료집(2019) 152면 참조.
22 김광연, "칸트의 윤리학에 나타난 인간 존엄성의 근거와 보편 가능성으로서의 도덕법칙의 요청", 철학연구 제138호(2016), 8면.

비롯되며, 이들을 지원하여야 한다는 사회적 합의가 원활히 이루어지지 않았기 때문이다. 하지만 비록 죄를 짓기는 하였으나 그들도 하나의 생명체이자 인간이기에, 또 함께 공존해야 할 국민 중 한 사람이기에 그들의 생존권 보장을 위한 지원의 당위성은 충분하고 타당하다고 할 수 있다.

또한 법무보호복지는 형벌의 당위적 관계를 기초로 한 관점이 아닌 범죄의 발생원인에 주목하고 이를 집중적으로 지원하여 범죄자가 정상적인 사회 구성원으로 공존하며 살아갈 수 있도록 한다. 따라서 지역사회 내 국민 모두의 안전 보장을 추구하여, 개인주의와 자유주의를 사상적 기반으로 한 '인간이라면 누릴 수 있는 기본권인 행복추구권'의 평등한 보장을 중요한 가치로 두고 있다.

이와 같이 법무보호복지는 국민의 기본권 향상을 위한 필수적인 정책이라고 할 수 있다. UN의 결의문에서도 법무보호대상자 지원의 필요성과 법무보호복지의 중요성을 강조하고 있으며, 국가의 책무임을 분명히 하고 있다.[23]

Ⅱ 정의

정의란 국가나 사회가 모든 개인이 인간다운 생활을 유지할 수 있도록 기본적인 여건을 법에 근거하여 평등하게 보장하는 것을 말한다. 이에 관하여 존 롤스(John Rawls)는 그의 대표작 「정의론(A theory of Justice)」[24]에서 정의에 관해 다음과 같이 주장하였다. 제1원칙은 자유의 원칙으로, 인간은 최대한으로 가장 폭넓은 기본적 자유를 가져야 한다. 사상의 자유, 양심의 자유, 언론·집회의 자유, 선거의 자유, 공직 및 개인 재산을 소지할 자유 등 헌법상의 기본권에 해당하는 가장 기본적인 자유를 보장할 것을 요구하는 원칙이다. 따라서 이러한 권리를 축소하는 것은 아무리 많은 보상이 주어진다고 해도 용납할 수 없다. 이리하여 기본적 권리의 평등한 보장을 보증하는 제1원칙이 원초적 입장에서 합의되며, 제1원칙이 제2원칙에 우선하게 된다.

제2원칙은 두 부분으로 나누어져 있다. 첫 번째는 차등 원칙으로 기본적인 사회적

---

23 1960년에 개최된 제2회 범죄예방 및 범죄자 처우에 관한 국제연합회의(UN)의 결의문에서 '갱생보호는 사회복귀 과정의 일부이므로 적절한 보호조직을 확보하는 것은 국가의 제1차적 책무'임을 알리며 갱생보호가 국가의 의무라는 입장을 드러내어 밝혔다(한국형사정책연구원, 갱생보호사업의 실태와 활성화 방안, 형사정책연구원 연구총서(1989), 20면.

24 장동익, "롤즈「정의론」", 철학사상 별책 제5권 제14호(2005), 4-5면.

재화는 사회 구성원에게 공평하게 분배되어야 한다는 것이다. 두 번째는 기회균등의 원칙으로 공정한 기회를 비롯한 삶의 기회도 평등하게 보장되어야 하는 것이다. 다만 재화의 분배를 위해서는 사회에서 통상적으로 나타날 수 있는 사회적·경제적 불평등의 허용범위를 사회 구성원들이 합의하여 결과를 도출해 설정함으로써 정의롭지 못한 불평등을 규제하는 원칙으로, 그 사회의 가장 약자에게 가장 많은 분배의 이익이 돌아가도록 사회 시스템이 구성될 때에만 불평등을 허용한다는 말이다. 즉 약자를 배려하는 범위 내에서 사회의 성장과 발전이 용인될 수 있다는 의미를 지닌다.

상술해 보자면, 개개인의 자유를 최대한 보장하되 사회적·경제적 불평등의 수준이 사회에서 용납하는 수준 이상으로 발생하는 것을 미연에 방지하고자, 사람의 생존에 있어서 기본적으로 필요한 재화는 모든 구성원에게 공평하게 분배되는 수준에서 이르러야 경쟁에 의한 성장과 발전을 진행한다는 것이다. 이러한 차등의 원칙 덕에 이 이론의 발표 초기에는 사회주의와 고전적 자유주의 양쪽에서 비판받았으나, 시간이 지나면서 롤스의 이론은 자유를 추구하면서 분배 정의와 평등의 문제를 적절히 조화하는 체계적인 이론이라 여겨지며 수많은 정치철학자들에게 영감을 주었다.

이러한 정의는 법무보호복지가 운영되고 점차 확대되는 데 매우 중요하다. 사회 구성원들의 합의를 중시하며, 그들이 도출하는 합의점과 추구하는 가치에 따라 정의가 변화하기 때문이다. 법무보호복지 역시 인간의 기본권 보장을 위한 활동을 함께하며 사회적 변화 추구를 정의로 하고 있으며, 사회 변화를 위한 노력으로써 빈곤, 실업, 차별 등을 사회적 불의로 보고 이에 초점을 맞추는[25] 사회복지적 이념과 궤를 같이한다. 이는 롤스가 주장한 기회균등의 원칙이 고도로 발휘되어, 사회적·경제적 불평등의 허용범위를 사회 구성원들이 진정으로 논의하고 합의하는 '진정한 자유 이념의 발현'이라고 할 수 있다.

Ⅲ 평등

평등이란 인간의 존엄, 권리, 인격, 가치, 행복의 추구 등에 있어 차별이 없는 동등한 상태를 말한다.[26] 평등은 다양한 의미를 내포하고 있지만 일반적으로 수량적 평

---

25 노길희 외 공저, 사회복지학개론, 지식공동체(2023), 26면.
26 「헌법」 제11조.

등(numerical equality), 비례적 평등(proportional equality), 그리고 기회의 평등(equal opportunity)으로 나눌 수 있다.[27]

'수량적 평등'은 평등의 개념 중 가장 적극적인 개념으로 산술적 평등, 결과의 평등이라고 불린다. 사람들의 욕구나 능력의 차이를 상관하지 않고, 사회적 자원을 균등하게 분배하는 것을 의미한다. 예를 들어 사회수당은 소득재분배의 목표를 달성하고자 국민이 낸 세금을 재원으로 활용하여 극빈층에게 능력 등에 관계없이 사회적 자원을 배분해 줌으로써 부유층과의 소득격차를 줄이려고 하는 사회복지정책이다.

'비례적 평등'은 수량적 평등과는 달리 개인의 욕구, 노력, 능력, 기여 등에 따라 사회적 자원을 상이하게 배분함을 의미한다. 즉, 비례적 평등은 '공평'이라고 불린다. 수량적 평등과 비교 시 상대적으로 많은 불평등이 존재할 수 있으나, 자본주의 사회에서 실질적으로 가장 널리 사용되는 개념이 바로 이 공평의 개념이다.

법무보호복지의 평등은 법무보호대상자가 재기할 수 있는 '기회의 평등'이라고 할 수 있다. 본인이 어떠한 연유이든 범죄로 인해 사회와 단절된 이후 다시 복귀함에 따라 자립을 위해 노력할 수 있는 기회의 평등을 제공해야 할 의무가 국가에 주어진다. 다만 범죄로 인한 사회와의 단절로 보통의 사람들과 다르게 개인의 주관적 능력을 발휘할 수 있는 역량이 부족할 수 있다. 이를 보완하고자 법무보호복지는 수량적 평등에 기본을 둔 공공부조(숙식제공, 긴급지원 등) 형태와 비례적 평등에 바탕을 둔 직업훈련, 창업지원 등을 지원 정책으로 구분하여 운영하고 있다.

Ⅳ 사회통합

사회통합이란 구성원들이 전체로 결합해 가며, 다양한 사회집단이 경합하여 조화로운 관계를 형성해 가는 과정 전반을 일컫는다. 이질적이고 다양한 사람들로 이루어지는 사회 구성원이 동일한 정체성을 갖도록 하는 통합이 이루어지지 않으면 갈등과 대립이 폭동과 소요로 나타나게 된다. 현재 우리 사회에는 장애인, 다문화, 출소자, 북한이탈주민, 동성애자 등 다양한 계층이 어우러져 있다.

사회복지정책은 사회적 가치를 실현하면서 성장 잠재력을 잠식하는 악순환의 관계를 따르지 않고, 상생이란 사회 발전의 경로를 따라가야 한다. 상생 발전을 위해 민

---

27 김영화, 사회복지정책론, 공동체(2020), 169-170면.

간의 자발적 협조행위를 유도하는 각종 제도와 정책의 개발뿐만 아니라, 인간 본성의 한계에 따른 기본권 보장의 미흡과 사회적 갈등의 문제를 해소하는 국가 및 사회의 노력이 필요하다.[28] 법무보호대상자의 건전한 사회복귀를 지원하고, 그들이 사회구성원으로 인정·융화되어 사회통합을 일구는데 법무보호복지가 사회복지정책으로 고루 활용된다면, 진정한 복지국가의 중추적 역할을 담당할 수 있다.

한편 정부와 정책만으로는 사회의 조화로운 관계를 형성하는 포용력을 높이는 데 일정한 한계가 존재한다. 사회의 진정한 통합을 위해서는 정부의 정책에 더불어 민간의 자발적인 협조행위인 '자원봉사'를 통해, 범죄 예방 활동에 지역사회가 동참할 수 있도록 하는 것도 중요하다. 따라서 법무보호복지 분야에서의 자원봉사가 더욱 활성화될 수 있도록 자원봉사자가 체감 가능한 인센티브가 뒷받침된 내실 있는 운영이 필요하다. 아울러 법무보호복지 정책을 추진함에 있어 대국민 홍보와 소통이 자원봉사자를 통해 다양한 방식으로 이루어진다면, 보다 우호적인 여론으로 사회통합이라는 가치에 한 걸음 더 가까이 다가갈 수 있을 것이다.

이처럼 법무보호복지는 인간의 존엄성, 행복추구권, 정의, 평등, 상생 등 인도주의적 가치의 실천이라고 할 수 있다. 즉 죗값을 치른 법무보호대상자라면 누구나 법무보호복지서비스를 신청할 수 있고, 출소 후 사회 내에서 재범하지 않고 안정적으로 자립할 수 있는 기회를 평등하게 제공한다.

제 3 절 │ 법무보호복지의 기능

법무보호복지는 범죄자가 다시는 범죄를 저지르지 않고 시민의 안전을 위협하지 않도록 하는 등 범죄방지 대책으로서의 유용성을 지니고 있기에 인도주의적 형사정책으로서 기능한다. 아울러 '복지'의 함의 그대로 형사처분 또는 보호처분을 받은 사

---

28 박순일, "사회통합과 사회복지정책", 안양대학교 수도발전연구소 및 국책연구원장 협의회 주최 세미나, 한국사회정책연구원(2009. 11. 13. 발표), 11면 참조.

람도 정상적인 사회 구성원으로 사회에 복귀하게끔 지원하여 사회복지의 실천 기능 역시 담당하고 있다.

Ⅰ 형사정책적 기능

과거의 형사정책은 범죄자를 향한 사후적 형사처벌과 교정을 통한 사회복귀 지원에 초점을 두었다. 그러나 성인 범죄자의 경우 교정을 통한 사후적 개선이 어려운 측면이 다소 존재하며, 범죄 발생의 원인을 제공하는 사회구조적 시스템을 바꾸는 것에 목표를 우선적으로 두어야 할[29] 필요성이 대두되었다. 최근 범죄로부터 우리 사회를 안전하게 보호하는 문제에 대한 관심이 높아지면서, 범죄의 예방과 안전한 사회의 구축이 가장 시급하고 주요한 과제 중 하나로[30] 제시되고 있다. 이를 위하여 법무보호대상자의 재사회화가 재범을 선제적으로 방지할 수 있는 방책으로 기능할 수 있다.

한 연구에 따르면, 형기 종료 출소자의 약 3분의 1이 출소 후 변화된 사회구조에 적응하지 못하고 범죄의 악순환에서 벗어나지 못하고 있다.[31] 전술한 바와 같이 현재까지의 형사정책은 범죄 발생 이후의 사후 처리에 주로 관심을 두었다. 범죄자가 형기를 얼마나 받았는지, 흉악범에 대한 사형집행 여부 등 이미 발생한 범죄에 대한 대응으로 범죄자의 처벌만을 강조해 왔다.

형사정책적 관점에서조차 범죄의 사전 예방적 측면보다 사후 처리에 집중되어 왔었던 것이다. 하지만 범죄에 대한 처벌만이 능사는 아니다. 범죄의 사전 예방에 목표를 두어야 하며 그에 대한 첫 단추가 바로 법무보호복지라고 할 수 있다.

1. 재범 방지를 통한 범죄의 악순환 제거

인류가 사회를 형성한 이래로 범죄는 항상 공존해 왔다. 현대사회에 이르러 급변하는 생활양식에 대한 부적응과 빈부격차에 기인한 생계형 범죄, 미디어 매체의 발

---

29 박상기, "사회통합과 사회적 신뢰제고를 위한 형사정책 방안", 제2회 국정과제 세미나_일자리 창출과 녹색성장 전략 추진을 위한 대토론회, 한국형사정책연구원(2009. 3. 11. 발표), 357면.

30 강호성, "재범방지를 위한 출소자 지원제도의 발전방안", 한국사회복지 반성과 변혁을 꿈꾸다, 한국사회복지학회 추계학술대회(2017. 10. 27~28. 발표), 226면.

31 원혜욱, "법무보호대상자 지원에 관한 법률 제정의 필요성 및 규정의 검토", 법무보호연구 제1권(2015), 5면.

달로 인한 지능형 범죄 등 다양한 범죄가 증가해 가고 있다. 이에 따라 범죄 예방 및 사회안전망 구축에 대한 관심 역시 날로 높아지고 있다.

전국 만 18세 이상 남녀 1,000명에게 평소 각종 범죄로 인한 피해를 어느 정도 우려하는지 조사한 결과 "우려한다."라는 응답이 51.8%로 절반 이상의 응답률을 보였다.[32] 범죄에 대한 일반 시민의 불안감을 잘 보여주는 대목이다. 대검찰청의 「범죄분석」에 따르면 2022년 기준 국내 전체 범죄 발생 건수는 1,575,007건으로, 인구 10만 명당 약 3,061건의 범죄가 발생하였다.

● 표 1-1 | 최근 5년간 전체 범죄의 발생 건수 및 발생비율 추이[33]

[단위: 건, %]

연도	전체 범죄		
	발생 건수	발생률[34]	증감률[35]
2018	1,738,190	3,353.9	–
2019	1,767,684	3,409.2	1.6
2020	1,714,579	3,308.1	−1.4
2021	1,531,705	2,966.2	−11.6
2022	1,575,007	3,061.9	−8.7

2021년 기준 전체 범죄 중에서 형법 범죄는 917,787건으로 사기가 32.5%로 가장 많았고 절도가 18.2%, 폭행이 13.0%를 차지했다. 강력 범죄 중에서는 성폭력이 93.7%로 가장 큰 비율을 차지했고, 방화, 살인, 강도가 뒤를 이었다.[36] 경찰청 「범죄통계」에 따르면 절도와 사기 범죄자의 인구 사회학적 특성 중 생활 수준은 하류가 가장 높은 비율로 나타나 경제적 어려움이 범행의 주요 원인 중 하나임을 알 수 있다.[37] 즉, 경제적으로 어려운 범죄자들이 다시 수감되어 빈곤율은 높아지고 출소 후 생활이

---

32 리얼미터, 한국법무보호복지공단 대국민 인식조사(2020), 20면 참조.

33 대검찰청, 범죄분석 (2022), 4면 참조.

34 인구 10만 명당 발생하는 범죄 수.

35 증감률은 기준 연도인 2013년 발생비율 대비 변화율을 말한다.

36 법무연수원, 범죄백서(2023), 10-11면 참조

37 경찰청, https://www.police.go.kr/www/open/pubilce03_2017.jsp/

영위되지 않아 자립에 실패하여, 또다시 생계로 인한 재범이 반복되고 있는 것이다.

법무부의 통계에 따르면 최근 6년간 출소 후 재범으로 인한 재복역률은 28~33%이다.[38·39] 이는 법무보호대상자가 변화된 사회구조 또는 지역사회에 적응하지 못하고, 범죄의 악순환이 되풀이되고 있는 이른바 '교도소 회전문'현상이 지속되고 있다는 것을 보여준다. 범죄의 악순환은 범죄인에 대한 형벌 위주의 정책이 큰 효과를 거두고 있지 못한다는 사실을 방증하며, 궁극적으로는 범죄의 사회적 비용과 직결된다.[40] 한국형사·법무정책연구원은 우리나라의 범죄로 인한 사회적 비용을 약 158조 원으로 추정했으며, 재범률이 1% 낮아질 때마다 약 900억 원이라는 비용이 절감되는 연구 결과를 발표했다.[41]

법무보호복지는 이와 같은 법무보호대상자의 재범을 예방하며, 범죄로 인한 사회적 비용을 절감하는 아주 중요한 사회적 기능을 담당하고 있다. 숙식제공, 긴급지원, 주거지원 등 많은 자립 지원 정책 가운데 특히 가족에 대한 지원은 출소 후 건전한 사회 구성원으로서 사회에 온전히 복귀하는데 강력한 동인이 된다.

법무보호대상자들이 출소 후, 사회 내 처우의 첫 장면에서 만나는 법무보호복지서비스는 범죄 예방을 위한 최적의 골든 타임이라고 할 수 있다. 2023년도 한 해 법무보호복지서비스를 제공받은 법무보호대상자는 18,965명, 이들 중 재범자는 28명으로 약 0.2%[42]란 재범률로써 재범 방지 효과성을 입증하는 등 법무보호복지는 범죄 예방 활동의 중요한 축으로 기능하고 있다.

2. 범죄 억지의 다변화를 통한 사회적 책임

「형법」 제1조 제1항은 "범죄의 성립과 처벌은 행위 시의 법률에 따른다."라고 규정하고 있으며 '법률이 없으면 죄가 되지 않는다.'라는 근대 형법의 대원칙인 '죄형법정주의'를 천명하고 있다. 국가의 책무 중 하나인 형사정책은 범죄, 처벌, 사후 조치

---

38 법무부, 교정통계연보(2023). 175면 참조.
39 금고 이상의 형을 선고받고 교정시설에 수용된 자가 출소한 후, 범죄행위로 금고 이상의 형의 선고를 받고 그 집행을 위해 3년 이내 다시 교정시설에 수용되는 비율을 말한다.
40 정진연, "효율적인 갱생보호사업의 방향", 교정연구 제23호(2004), 186-187면 참조.
41 한국형사정책연구원, 범죄 및 형사정책에 대한 법경제학적 접근: 범죄의 사회적 비용 추계(2010), 397면.
42 한국법무보호복지공단, 아름다운 동행(브로슈어)(2023). 15면.

가 각각 상응해야 한다는 비례성의 원칙에 의해서 운영되어야 한다. 즉, 재범 억제라는 목표에 적절한 방법(적정성의 원칙)과 불합리한 방법이 아닌 필요한 최소 한도를 고려해야 하며(최소 침해의 원칙), 개인의 자유와 권리를 제한하는 데 있어 공익적 이익이 개인의 이익보다 현저하게 큰 경우 작동하여야 한다는 원칙은 지금도 변함이 없다.

과거에는 응보주의에 기반을 둔 본보기로써 범죄자를 위협적으로 처벌하였으며 이러한 처벌에는 공포감과 잔혹성이 동반되기도 하였다. 형벌의 잔혹함으로 시민들이 경각심을 가질 것이라고 생각했기 때문이다. 하지만 이러한 잔인무도함으로는 범죄를 억제할 수는 없다는 사실이 점차 드러났다. 범죄를 억제하기 위해서 형벌이 만병통치약이 될 수 없으며, 범죄자의 처벌 이후의 삶 역시 처벌 못지않게 중요한 영역으로 다뤄져야 하기에 이를 실현하는 법무보호복지는 필수적일 수밖에 없다.

오늘날 형사정책은 인간의 존엄성과 정의의 확보, 범죄로부터의 안전을 보장받고 공포의 해결을 원하는 국민의 요구에서 그 접점을 찾아내야 하는 과제를 안고 있다. 이처럼 법무보호복지는 형사절차의 최후의 보루이자 마지막 정책이라고 해도 과언이 아니며, 그 무게감과 중요성은 국가적으로나 사회적으로나 모든 영역에서 점점 더 부각되고 있다.

3. 사회 안전망 구축

출소 또는 보호관찰로 인해 생활이 어려워지고 사회 적응에 어려움을 겪는 법무보호대상자가 법무보호복지서비스를 지원받아 건전한 사회 구성원으로 변모된다면, 법무보호복지는 범죄를 사전에 차단하는 예방 활동으로 기능한다. 아울러 인간과 그 가족에게 새로운 삶을 영위할 수 있도록 지원하여 친사회적인 사람이 되도록 재사회화의 기회를 주는 것과 동시에 사회적으로는 재범을 줄임으로써 공공의 안전과 안녕, 복지란 목적을 달성할 수 있다.

전과자는 결국 지역사회로 돌아올 수밖에 없다. 격리에는 한계가 있기 때문이다. 이들에 대한 지역사회의 외면은 출소 이후 자립의 기회조차 얻지 못하게 만들며, 고립을 더욱 심화시키게 되어 재범의 악순환이라는 비극적인 결말을 맺게 된다.

법무보호대상자 개개인에 대한 정서적 지지, 물질적 자립 지원은 주홍 글씨로 낙인찍힌 그들에게 사회 속의 그루터기이자 사람과 사람 간의 신뢰 관계를 형성해 가는 단초를 제공한다. 법무보호복지는 나비효과와 같이 단편적으로는 한 사람에 대한 지원이지만 한 가장의 지원이자 가족에 대한 지원일 수 있으며, 그 효과는 사회 전체에 미치고 있다. 자립 지원에 따른 재범 방지 효과는 한 개인을 뛰어넘어 사회와 국가 전체에 '안전'이라는 이익으로 귀결된다.

Ⅱ 사회복지 실천 기능

법무보호복지는 법무보호대상자의 건전하고 조속한 사회복귀를 도와 다른 사람들과 함께 지역사회에서 건전한 구성원으로 살아가는 기회를 제공하기 위한 '평등'과 이를 이루기 위해 지원하는 '복지'에서 비롯되었다고 할 수 있다. 명칭 자체에서도 '복지'를 명시하여, 법무보호대상자의 삶의 질을 향상하고 이로 말미암아 완전히 기능하는 사람으로 거듭나 사회에서 공존하게끔 지원한다.

이와 같은 법무보호복지는 아래의 〈그림 1-1〉과 같이 법무보호대상자 개인의 사회 복귀지원과 가족관계 회복이라는 '개인의 복지증진'을 꾀하고, 이를 통해 재범을 방지하여 사회를 보호하는 '공공의 복지증진'이라는 사회복지기능을 담당하고 있다.

• 그림 1-1 법무보호복지의 복지증진 기능

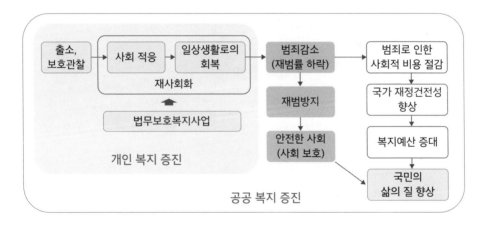

1. 사회보장 기능

1935년 제정된 미국의 「사회보장법」과 1942년 제출된 영국의 베버리지(W. Beveridge) 보고서는 '사회보장(social security)'을 국민이 안정적인 삶을 영위하는 데 위험이 되는 사회적 위험 요소와[43] 생애주기 상의 특별 지출로부터[44] 시민을 보호하기 위해 재정적으로 지원하는 법정 프로그램[45]에 의하여 행하는 사회안전망으로 정의한다.

사회보장이 지향하는 목표는 빈곤의 예방, 사회통합, 사회적 불평등의 완화, 소득의 재분배 등으로[46] 우리나라의 사회보장제도는 국가의 연대성 원리를 기초로 하여 국가 또는 지방자치단체의 책임으로 국민의 최저생활을 보장하고 있다. 예컨대, 자립을 지원하는 공공부조제도, 특정 동종 집단의 연대성을 기초로 조직되고 운영되는 사회보험제도[47], 그리고 국민의 인간다운 생활을 보장하고 상담, 재활, 역량 개발, 사회참여 지원 등을 통해 국민 삶의 질 향상을 위해 제공되는 사회서비스 등으로 구분·운영되고 있다.[48]

법무보호복지는 법무보호대상자의 인간다운 삶을 보장하고 상담, 재활, 역량 개발, 사회참여 지원 등을 통한 삶의 질 향상을 위한 지원으로써 사회 전체의 이익이자 법무보호대상자 개개인에 대한 공공부조적 기능을 담당하고 있다. 이는 복지 사각지대 해소 및 맞춤형 복지서비스를 제공하는 사회서비스[49]라고 할 수 있다.

2. 사회문제 해결을 위한 협력체 구성

우리 사회가 개인과 사회에 신체적, 정신적, 경제적 손실을 끼친 법무보호대상자에게 관용을 베풀고 또 다른 기회를 줘야 하는 이유가 있음에도 불구하고 국민적 공

---

43 고령, 장애, 사망, 질병, 출산, 실업, 산업재해 등의 생활 불안 요소.

44 결혼, 양육, 사망 등.

45 국가적인 부담 또는 보험 방법.

46 원석조, 사회복지개론(제4판), 양서원(2013), 321-324면.

47 고용보험, 건강보험 등.

48 건강보험심사평가원, "사회보장제도: 우리나라 사회보장제도", https://www.hira.or.kr/dummy.do?pgmid=HIRAA020007000000.

49 사회보장정보원 보도자료, "사회보장정보원, 한국법무보호복지공단과 업무협약 체결", 범부처정보지원부 (2018. 8. 27.), 1-2면.

감대는 늘 부족한 실정이다. 가해자에 대한 법 감정 등을 고려할 때 당연하다고 할 수 있지만, 범죄는 사회 구성원 모두가 해결해야 할 사회적 문제일 것이다.

사회병리학은 사회문제의 원인을 사회화의 실패로 파악한다.[50] 우리 사회는 학교와 가정과 같은 사회화 기관을 통해 각 세대로 도덕적 규범을 전달할 책임이 있다. 이러한 노력이 효과적이지 않으면 사회문제의 원인이 되며, 일정 부분 개인의 책임도 인정하지만 사회적 책임도 부분적으로 있다고 보는 것이다.

구조 기능론자[51]들은 사회문제 해결을 위해 사회의 사회화 기능과 통제기능의 중요성을 언급하며 재사회화와 재활 기능을 강조하였다. 낙인이론[52]의 창시자인 레머트(Lemert)는 우연히 범죄를 저지른 1차 일탈에서 전과자 낙인이 찍히면 그 낙인으로 인해 취업시장에서 직업을 구하기 어렵게 되고, 생계유지를 위해 재범을 범하는 2차 일탈행위에 빠진다고 규정하였다.[53] 이처럼 개인의 행동은 개개인을 둘러싼 환경과의 유기적 관계에서 비롯된다고 보아야 할 것이고, 범죄 또한 개인의 일탈에 원인이 있는 것으로 치부하지 않고 사회문제로 인식하여 지역사회, 국민, 국가가 협력하여 해결해야 한다. 공공 또는 민간으로 구성된 수행 주체, 지역사회 내 자원봉사자의 적극적 지원 등으로 구성된 법무보호복지는 이러한 사회문제 해결을 위한 지름길로써 존재하고 그 역할을 점점 늘려가고 있다.

3. 사회복지 실천 현장과 법무보호복지

미국사회복지사협회(NASW)는[54] 사회복지 실천을 '개인, 가족, 집단, 지역사회가 필요로 하는 사회적 기능의 회복과 향상에 적절한 사회적 조건을 형성하는 전문 지원

---

50 사회병리학(social pathology)의 이론적 기초를 확립한 핸더슨(Henderson)과 스미스(Smith)는 사회병리학 개론서에서 사회유기체의 정상적 운용을 방해하는 사람이나 상황을 모두 일종의 질병 또는 병리 상태로 취급했다.

51 사회문제의 발생 원인은 사회 전체의 기능적 결함이 아니라 사회 체계 일부의 기능인 사회화 기능과 사회 통제기능의 실패 때문이라고 한다.

52 재범자의 범법행위를 설명하는 데 유용한 이론으로 어떤 현상이나 행위가 일반 대중이나 사회통제기관(경찰 등)의 반응을 유발할 때 사회문제가 된다. 즉, 사회집단이 일탈을 구성하는 규칙을 만들어 특정한 사람에게 적용하여 낙인을 찍음으로써 일탈을 만든다고 한다.

53 표갑수, 사회문제와 사회복지, 나남출판(2010), 45-65면 참조.

54 The National Association or Social Workers의 약자로 1955년에 설립된 세계 최대의 사회복지 사조직으로, 전문가 윤리 지침인 윤리강령을 채택하고 사회복지사의 전문성 개발과 회원의 권익향상을 위한 활동을 펼치고 있다.

활동'으로 정의하였다.

사회복지 실천 현장은 사회복지 서비스가 직·간접적으로 제공되는 장(setting)으로서 사회복지 실천 과정에 중요한 영향을 미친다. 넓은 의미로서의 실천 현장은 사회복지 실천 분야(fields of practice) 또는 서비스의 초점인 문제영역(problem area)을 포괄하는 개념으로, 서비스 제공과 직·간접적으로 관련된 모든 현장을 뜻한다.[55] 그 동안의 사회복지 실천 현장은 신체적·정신적 결함이 있거나, 자기결정 능력이 부족하고 사회적·정서적 지지가 결여되어 있는 사회적 약자(노인, 아동, 장애인 등)를 대상으로 발전되어 왔으나, 사회복지의 전문화와 다양화로 인해 그 영역이 확대되고 보편적 원리에 입각하여 사회적 욕구가 결핍된 모든 국민과 현장으로 대상을 확대하였다.

하지만 법무보호대상자는 타인에게 피해를 준 범죄자라는 이유로 사회복지 실천의 대상과 영역에서 배제되고 특수한 대상으로 분류되어 미시적 수준에서의 연구와 실천만이 진행되었다. 오늘날 이들의 자립과 복귀를 위한 다양한 지원 사업이 국민적 공감대와 사회적 합의에 도달하지 못하는 이유는 우리 사회의 법 감정 및 범죄 피로도와 깊은 관련이 있다.

최근 모바일 기기의 발전과 보급, 소셜 미디어 사용의 증가로 언론에서 보도되는 범죄 현장과 범죄자의 배경 등이 빠르게 번져 나가고 있다. 이러한 현상은 범죄자의 처우와 범죄정책에 향한 관심보다는, 범죄자를 지역사회에서 배제하려는 강경 정책에 치중하여 범죄로 인한 불안한 사회의 안정을 도모하여야 한다는 의견에 편향될 가능성이 높다.[56] 또한 다양한 매체를 통해 관련 소식이 빠르게 퍼져 나가면서 범죄에 대한 심리적 접촉 빈도가 증가하여 범죄 피로도가 확산되고, 범죄 문제에 대한 합리적인 대응이 어려워지고 있다. 이러한 문제를 극복하기 위해 범죄를 향한 복지 지향적 접근이 필요하다.

복지 지향적 접근은 기본적으로 범죄자를 사회로 복귀할 수 있는 잠재력을 지닌 실패자로 보고, '이웃 시민'이라는 동정적 관점을 지닌다. 복지국가로 유명한 스웨덴 등 북유럽 국가들의 낮은 범죄율이 복지 지향적 접근의 유용성과 필요성을 일정 부분 대변하고 있다. 범죄에 대한 강경 대응만이 정답이 아니며 지나치게 관대한 형사

---

55 김혜란 외 공저, 사회복지실천기술론, 나남출판(2005), 35-36면 참조.
56 한인섭, 형벌과 사회통제, 박영사(2006), 367면 참조.

정책은 범죄 문제의 효과적 대응에 불안을 초래할 수 있기에, 사회복지 선진국으로 진입하고 있는 우리나라의 범죄 대책을 복지 지향적 관점에서 바라보는 진지한 논의가 필요하다.[57]

결론적으로 사회복지 실천적 개념에 비춰 볼 때 출소 후 사회복귀 준비 단계에서 다양한 문제를 겪고 있는 법무보호대상자를 주변의 사회적 조건 및 환경과 영향을 주고 받을 수 있는 대상으로 인식하여, 사회의 편견과 차별을 해소함으로써 그들이 가지고 있는 사회적 적응력을 최대한 이끌어내야 할 것이다. 사회적 기능을 다 할 수 있도록 개인의 능력(human power)을 향상하고, 그들의 또 다른 기회를 보장하도록 사회정책과 제도 등을 변화시킬 수 있는 사회적 힘(social power)을 동시에 기르도록 돕는 실천 활동들이 다양하게 전개되어야 할 것이다.[58]

따라서 법무보호대상자를 보편적 사회복지 실천의 대상인 동시에 특수한 조건과 환경에 처해 있는 대상자로 인식하여, 이들이 사회에 복귀한 후 제 기능을 수행하도록 지원할 때 비로소 재범 방지와 범죄 예방이 이루어질 수 있으며 사회를 안전하게 보호할 수 있다. "사회적 약자를 대하는 우리 사회의 태도가 그 사회의 복지 수준을 대변한다."라는 말처럼 그들에게 더 많은 관심과 포용으로 복지사회의 책무를 다 할 수 있도록 끊임없는 인식개선과 지원 활동, 국민적 공감대 확산에 더 큰 노력이 필요하다.

---

57 조흥식/이형섭, 교정복지론, 학지사(2014), 28-30면 참조.
58 김태성/홍선미, 사회복지학개론, 청목출판사(2006), 293면 참조.

제 4 절 │ 법무보호복지의 수행기관

Ⅰ 공공기관(한국법무보호복지공단)

1. 설립

한국법무보호복지공단(이하 '공단')은 법무보호복지를 수행하는 법무부 산하의 공공기관으로, 「보호관찰 등에 관한 법률」 제71조,[59] 「민법」 제32조,[60] 「공공기관 설립에 관한 법률」 제4조 등에 근거하여 설립되었다.[61] 1995년 1월 5일 제정된 「보호관찰 등에 관한 법률」을 근거로 1995년 6월 1일 한국갱생보호공단으로 설립 등기하였으나, '갱생'이라는 단어의 어감이 좋지 않고 인권침해의 요소가 가미되어 있다는 의견이 제기되어 2007년 대국민 공모를 거쳐 2009년 한국법무보호복지공단으로 명칭을 변경하였다.

공단은 '맞춤형 서비스를 통한 법무보호대상자의 건전한 사회복귀 지원으로 개인 및 공공의 복지증진과 사회 보호'란 사명을 가지고 재범 방지 중추 기관으로서의 사회적 책임과 역할을 수행하고 있다.

2. 연혁

공단의 연혁은 다음의 〈표 1-2〉와 같이 요약할 수 있으며, 상세한 내용은 제1편 제2장 '국내 법무보호복지의 역사'에서 살피기로 한다.

---

59 「보호관찰 등에 관한 법률」 제71조(한국법무보호복지공단의 설립) 갱생보호사업을 효율적으로 추진하기 위하여 한국법무보호복지공단(이하 "공단"이라 한다)을 설립한다.

60 「민법」 제32조(비영리법인의 설립과 허가) 학술, 종교, 자선, 기예, 사교 기타 영리 아닌 사업을 목적으로 하는 사단 또는 재단은 주무관청의 허가를 얻어 이를 법인으로 할 수 있다.

61 한국정책평가연구원, 한국법무보호복지공단 국고 보조사업의 성과관리 개선 연구 최종보고서(2022), 3면 참조.

• 표 1-2 | 한국법무보호복지공단 연혁 요약[62]

시기	연혁	세부 내용
1910.04.	인천구호원 설립	면수(출옥인) 보호사업 최초 시행
1941.09.	조선사법보호협회 설립	
1942.03.	「조선사법보호사업령」 제정 및 공포로 출소자 지원에 대한 법적근거 마련	각 지방검찰청 단위에 재단법인 사법보호회 등 (사법보호위원회, 사법보호조성회) 설립
1953.03.	사)중앙사법보호협회 설립	
1961.09.	「갱생보호법」 제정	중앙 1개소(중앙갱생보호지도회) 지방 25개소(8개 지방갱생보호회, 17개 지방갱생보호소)의 갱생보호회 설치
1963.02.	「갱생보호법」 개정 법무부 산하에 갱생보호회를 단일 공법인체로 설치	전국 단위의 본부·지부 체제로 조직화 되었으며, 사법보호회의 권리와 의무를 승계
1995.01.	「보호관찰법」과 「갱생보호법」을 통합	「보호관찰 등에 관한 법률」 제정 및 공포
1995.06.	한국갱생보호공단 설립	갱생보호회의 권리와 의무를 공단에 승계
2009.03.	「보호관찰 등에 관한 법률」 개정	한국법무보호복지공단으로 명칭 변경

3. 사업 현황

공단이 제공하는 법무보호복지서비스는 생활지원, 취업지원, 가족지원, 상담지원 등 4개의 영역으로 크게 분류할 수 있으며, 14개의 세부 사업으로 구성되어 있다. ① 생활지원은 숙식제공, 긴급지원, 기타 자립지원으로 구성되어 있으며, ② 가족지원은 주거지원, 결혼지원, 학업지원, 가족친화 프로그램, 수형자 가족접견지원 ③ 취업지원은 직업훈련, 취업알선, 허그일자리지원 프로그램, 창업지원, ④ 상담지원은 심리상담, 멘토링 및 사후 관리, 사회성향상교육, 사전상담으로 구성되어 있다. 사업의 상세한 내용은 제3편에서 살펴보기로 한다.

---

62 한국법무보호복지공단, 자원봉사자 역량강화를 위한 법무보호복지사업 교육(2014), 9-12면 참조.

Ⅱ 민간 법무보호복지사업자[63]

공단 외에 민간 법무보호복지사업자도 법무보호복지서비스를 제공하고 있다. 서울, 경기, 경북, 전북, 충북 등 5개 지역에 8개의 민간 허가 법인이 운영되고 있으며, 대부분 종교시설에서 운영하고 있다. 이러한 민간 법인들이 설립되기 위한 허가와 취소 기준, 의무 등은 「보호관찰 등에 관한 법률」 제67조, 제69조 내지 제70조에서 규정하고 있다.

이들이 펼치는 주요 사업은 숙식 제공을 중심으로 하며, 그 외에 취·창업지원, 직업훈련, 상담, 수익사업 등으로 구분할 수 있다. 민간 법무보호복지사업자의 현황은 다음의 〈표 1-3〉과 같다.

● 표 1-3 | 민간 법무보호복지사업자 현황[64]

지역	사업자명	설립년도	운영주체	주요사업	특화사업
서울 은평구	(재)한국교화 복지재단	1985	기독교	숙식(관악구,남자생활관) 직업훈련, 취창업, 재사회화교육	어린이집운영 (정원 60명)
서울 성북구	(사)세계교화 갱보협회	1996	기독교	숙식(경기 고양시, 남자생활관, 20명/ 서울 은평구, 여자생활관 10명/가족생활관 4세대)	스팀세차장 운영(수익)
서울 중랑구	(사)담안 선교회	1985	기독교	숙식(서울 중랑구 남녀 생활관, 가족생활관 12세대 등 정원 100명 최대 규모)	–
경기 부천시	(사)열린낙원	1996	기독교	숙식(경기 부천시 남성 공동생활관, 20명), 기타자립, 직업훈련, 취창업	진주·청주(교) 자매결연
경북 칠곡군	(사)빠스카 교화복지회	1997	천주교	숙식(경북 칠곡 남성대상), 주거지원, 직업훈련, 취창업 지원	도토리묵 생산, 판매(수익)

---

63 한국형사정책연구원, 출소자 등 사회정착 지원에 관한 법률제정(안)에 관한 연구용역 보고서(2020), 47-48면 재인용.

64 한국형사정책연구원, 위의 보고서, 48~51면; 경기대학교, 한국법무보호복지공단 법무보호대상자 잠재적 수요예측 및 발굴에 관한 연구용역 보고서(2020), 51~55면; 각 민간사업자 홈페이지 참조하여 재구성.

전북 전주시	(사)양지뜸	2004	천주교	숙식(보호처분 남자청소년), 사회 성향상교육, 특별교육 및 활동, 직 업교육, 인성교육, 심리치료	–
충북 청주시	(사)뷰티풀 라이프	2007	천주교	숙식(다세대주택 공동생활관, 성인 남성 대상), 사회정착자금 마련, 취 업알선 등	택배사업(수익)
전북 전주시	(사)굿라이프	2020	기독교	숙식제공(다세대주택 공동생활관/ 성인 남성), 직업훈련, 재사회화 교 육 등	

Ⅲ 자원봉사자

1. 갱생보호위원

1961년 제정된 「갱생보호법」에 근거하여 탄생한 갱생보호위원은 갱생보호대상자(법무보호대상자)가 건전한 사회 일원으로 복귀할 수 있도록 지원하고 범죄 예방을 통하여 지역사회의 정화를 도모함으로써 개인 및 공공의 복리에 기여할 의무를 지녔다. 또한 동법은 갱생보호위원 상호 간의 유기적인 협조를 명시하여, 자원봉사자의 자격 기준과 갱생보호사업을 향한 적극적인 관심을 의무화하였다.

이러한 갱생보호위원은 사회 덕망가 중에서 소속 지부장(공단)의 추천에 의하여 법무부장관이 위촉하고, 임기는 2년이며 1차에 한하여 유임할 수 있었다. 1979년 9월 8일 법무부령 제214호에 따라 갱생보호 업무의 효율적 수행을 위하여 시·군·구별로 보호구를 설치하고 인구 3,000명당 1인을 기준으로 갱생보호위원을 위촉하여 활동하도록 하였다.

1986년 전문 분야에 종사하는 각계각층 인사의 자발적인 갱생보호활동 후원, 범국민적인 이해와 협력을 위한 홍보, 효과적인 범죄 예방 활동 참여를 위한 갱생보호사업후원회를 조직하였다. 후원회는 갱생보호대상자의 취업 알선, 생계 보조 및 직업훈련비 지원, 대학생 갱생보호활동 지원, 무료 건강검진, 갱생보호대상자 자녀 장학금 지급, 합동결혼식 지원 등을 지속적으로 전개하였으며, 1995년에는 후원회의 성격에 따라 취업 알선, 종교교화, 재정지원, 의료시혜, 여성, 법조인, 기타 후원회 등 130여 개의 후원회에 2,774명의 후원회원이 속해 있었다.

1986년에 개정된 「갱생보호법」은 갱생보호사업에 열성과 경험이 있는 자 중에서 지부장(공단)의 추천에 의하여 법무부장관이 갱생보호위원으로 위촉하였다. 임기를 3년으로 연장하였고 계속적인 연임이 가능하도록 규정하여 갱생보호위원의 참여 확대와 활성화를 도모하였다.

이후 1990년 전국갱생보호위원 중앙회를 결성하여 각 지부의 연합회장 12명을 중앙위원으로 선임하고, 지부 연합회장 및 부회장 등 60여 명이 참여하는 대의원을 당연직 임원으로 구성하였다. 당시 전국의 갱생보호위원의 수는 2만여 명에 달했다. 이러한 전국갱생보호위원 중앙회의 결성은 갱생보호대상자에 대한 자립 지원 및 국민의 이해와 관심 유도, 지역사회의 범죄 예방 활동 강화 등 갱생보호사업의 활성화를 위한 기틀을 마련하는 계기가 되었다. 이러한 갱생보호위원은 '범죄예방 자원봉사위원'을 거쳐 '법무보호위원'으로 변화한다.

2. 법무보호위원

(1) 개요

현재 공단의 법무보호복지사업 분야에서 활동하는 자원봉사자는 '사회적 신망이 두터운 자 중에서 범죄 예방 분야 봉사활동에 관심을 갖고 법무보호복지사업을 지원하기 위해 법무부장관 또는 공단 이사장이 위촉한 자'를 말한다. 자원봉사자는 크게 법무보호위원과 특별위원으로 구분된다. 공단의 자원봉사자 중 약 90% 정도를 차지하고 있는 법무보호위원은 「법무보호위원 운영규정」('23.05.23.제정)에 따라 법무부장관이 위촉하며, 특별위원은 공단의 「자원봉사위원회 운영규정」에 따라 공단 이사장이 위촉한다.

기존의 법무부 소속 범죄 예방 민간 자원봉사 조직은 갱생보호위원, 소년선도위원, 보호선도위원으로 분리되어 있었으나, 1996년 「범죄예방자원봉사 기본규정」[65]의 제정으로 '범죄예방 자원봉사위원'으로 통합되었다. 2019년에는 검찰청 소속으로 활동 중이었던 법사랑 위원과 공단 이사장이 위촉하는 보호위원으로 이원화되어있던 조직을 법무부장관이 위촉하는 법무보호위원으로 일원화하였다.

법무보호위원으로 위촉되기 위해서는 사회적 신망, 법무보호복지에 대한 열의, 건강한 활동력을 갖춰야 하며 「국가공무원법」 제33조의 결격사유에 해당되지 않아야

---

65 법무부 훈령 제363호.

한다. 또한 공단 각 지부 및 지소의 기능별 위원회에 1개 이상 소속되어 활동하여야 하며, 위촉 이후 자원봉사자 기본교육과 전문화 교육을 이수하여야 한다.

법무보호위원 조직은 체계적인 활동 전개를 위해 전국적인 체계를 갖추고 있다. 각 지부(소)에는 법무보호위원 활동 계획 수립 및 추진을 위해 지부(소) 협의회를 두고, 지부(소) 협의회는 특별 업무 수행을 위한 기능별 위원회로 구성된다. 지부(소) 협의회의 업무 조정 및 지원 등을 위하여 법무보호위원 전국연합회가 발족되었으며, 전국연합회는 전국적 규모의 범죄예방활동을 전개하고 있다. 공단은 이 외에도 Koreha Honors Club, 법무부 일자리 우수기업 연합회, 가정희망복원자문위원회, 대학생 법무보호위원전국연합회 등의 광역 조직 신설·개편을 시행하여 체계적으로 자원봉사 조직을 운영하고 있다.

• 그림 1-2 **법무보호위원 조직도**

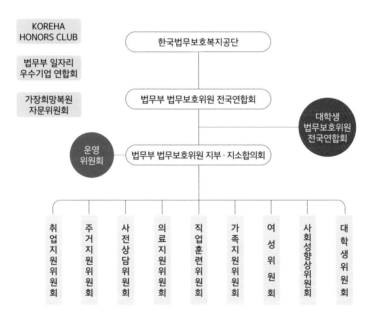

법무보호위원의 주요 역할은 ① 법무보호대상자 취업알선·재정지원·상담 등 법무보호복지서비스 지원, ② 법무보호복지의 이해 증진 및 위원 간 정보 교류를 위한 회의 참석, ③ 법무보호복지 홍보 및 대국민 인식개선 활동, ④ 기타 지역사회 범죄 예방 및 봉사활동 등이며 기능별 위원회의 세부 활동 사항은 다음의 〈표 1-4〉와 같다.

• 표 1-4 | 기능별 위원회 주요 활동

구분	주요 활동
운영위원	공단 지부(소) 및 센터의 운영 전반에 대한 의견 개진, 효과적인 운영을 위한 지원
취업지원	법무보호대상자의 취업 기회 확대를 위한 기반 조성, 취·창업지원
직업훈련	법무보호대상자의 직업훈련 지원
사전상담	출소예정자와의 사전상담으로 출소 후 자립 지원
주거지원	법무보호대상자의 쾌적하고 안락한 주거복지를 위한 각종 사업
사회성향상	법무보호대상자의 사회성을 향상시키기 위한 각종 프로그램 진행
재정지원	법무보호복지서비스 활성화를 위한 재정적 지원
여성	생일잔치, 결혼지원, 김장 행사 등 지원
종교교화	종교행사 실시 및 법무보호대상자 심성 순화 활동 지원
대학생	법무보호대상자 자녀 학업지원, 법무보호복지 홍보, 각종 행사 참여 등
홍보	법무보호복지 홍보활동 지원
의료지원	질병 또는 부상을 가진 대상자에게 진료 및 치료를 통해 안정적 생활을 할 수 있도록 지원
가족지원	법무보호대상자 가족에 대한 상담·재정·결연 및 멘토링 등을 통한 사후 관리 지원
지역	각 지역별 명칭으로 구성되어 기능별 활동 전개
기타 공통	후원금품 기부, 월례회, 총회, 법무보호복지대회 등 각종 공단 행사 참여

(2) 현황

2023년 기준 총 8,490명의 법무보호위원이 위촉되어 활동하고 있으며, 전국의 법무보호위원회는 342개로 구성되어 있다. 일반적인 자원봉사 조직의 대부분은 봉사의 수요가 존재할 시에 간헐적으로 투입되지만, 법무보호위원은 상시적인 지원과 활동을 전개한다는 특징을 지니고 있다.

• 표 1-5 | 기능별 위원회 현황 및 소속 위원 수

[단위: 명]

합계	운영 위원	취업 지원	사전 상담	주거 지원	재정 지원	여성	종교 교화	대학생	기타
8,490	35	855	784	536	625	465	195	1,454	3,541

한편 공단은 공공·민간 협력에 기반을 둔 법무보호복지사업 추진 기반 강화와 자원봉사 전문성 향상을 위한 '법무보호위원 1만 명 배가운동'을 전개하고 있다.

3. 자원봉사 영역의 확산

최근 우리 사회에서 범죄가 급격히 증가하고 질적으로 흉악해질 뿐 아니라 재범의 비율도 상승하고 있는 등 심각한 사회문제로 부상하면서, 범죄 문제를 형사사법기관만의 영역이 아닌 사회 공동의 해결 과제로 바라보는 경향이 높아지고 있다. 이러한 현상은 범죄로부터 사회를 안전하게 보호하기 위한 국민적 공감대에서 비롯되었으며, 기존의 자원봉사활동이 사회복지의 영역을 넘어 환경보호, 재난 현장, 문화, 체육 등의 분야에서 범죄 예방과 같은 형사사법 분야로 확대되는 계기가 되었다.[66]

하지만 법무보호복지 분야에서의 자발적 봉사 참여 유도에는 일정 부분 제약이 존재한다. 사회복지 현장에서는 사회적 취약계층(노인, 장애인, 아동, 결손가정 등)을 '이웃'의 관점으로 바라보며 함께 살아가야 하는 공동체로 인식하고 있지만, 법무보호복지의 영역에서는 법무보호대상자를 향한 '범죄자'라는 인식과 편견이 자발적인 봉사활동의 저해 요인으로 작용하고 있다. 또한 이들을 지원하는 공적 전달 체계는 공단을 중심으로 이루어지고 있으며, 관련 단체와 법무보호위원과 같은 자원봉사자의 출연과 봉사로 유지되고 있는 등 민간 분야의 참여가 다소 미흡한 실정이다.[67]

시간이 지남에 따라 법무보호복지서비스의 수요가 증가하여, 2023년 기준 18,497명에게 141,508건의 서비스를 제공하였다. 공단은 수요에 상응하는 법무보호복지서비스 공급을 위하여 다방면의 노력을 전개하고 있지만, 인력과 예산 등의 한계로 민

---

66 함혜현, "범죄예방 자원봉사위원제도의 발전적 운영방안에 관한 연구." 교정연구 제48호(2010), 228면 참조.

67 최병문, "출소자 지원제도의 현황과 과제", 교정연구 제29권 제3호(2019), 50면.

간 자원봉사 조직과 긴밀하게 협력하고 있다.[68]

　이와 같이 공적 전달 체계로만 해결되지 않는 부분들을 민간 전달 체계가 상호 보완하는 구조로 발전해 나가야 한다. 법무보호위원은 다른 일반인보다 법무보호대상자에 대한 이해가 높으며 사회적 신망이 두텁고 활동성이 있는 자들로 구성되었기 때문에, 법무보호대상자의 사회 정착을 위한 본인 사업장 자체 채용, 예산으로 지원될 수 없는 상황의 금전적 지원, 지역사회 내에서의 지속적인 멘토링 및 사후 관리 상담, 자원봉사 활성화를 위한 각종 회의 개최 등으로 이어질 수 있다.

　따라서 공적 전달 체계는 법무보호대상자의 사회복귀를 위한 제반 사업에 중점을 두고, 법무보호위원 자원봉사 조직을 중심으로 사회 정착에 초점을 맞춘 민간 분야의 참여가 활성화된다면 법무보호대상자에 대한 사회적 인식 또한 한층 개선될 것이다.

　아울러 다양한 분야에서 활약하고 있는 각계각층의 법무보호위원이 법무보호대상자의 사회 정착을 위한 순수 자원봉사 단체로서 활동하게 된다면 지역사회 범죄 예방 봉사 조직으로 한층 더 발전할 수 있을 것이다.[69]

　법무보호대상자에 대한 일시적인 관심과 지원은 오히려 그들에게 상처를 주고 자립에 걸림돌이 될 수 있다. 따라서 지속적인 관심으로 사회에 정착하여 자립할 수 있도록 민·관 상호협력이 더욱 절실하다 하겠다.

---

68 강호성, "재범방지를 위한 출소자 지원제도의 발전방안", 한국사회복지학회 학술대회 자료집(2017), 251-252면 참조.

69 함혜연, "범죄예방 자원봉사위원제도의 발전적 운영방안에 관한 연구", 교정연구 제48호(2010), 245-274면 참조.

제2장

국내 법무보호복지의 역사

제 1 절 법무보호복지의 태동(1431년)

우리나라 법무보호복지의 태동은 세종실록 75권, 무신 1번째 기사에서 찾을 수 있다. 세종 13년(1431년 7월 28일) 수감자 자녀 친족을 인도하였고, 친족이 없으면 관가에서 보호하였다. 세종 18년(1436년 11월 17일)에는 강제 이주 출옥인에게 경유 관아에서 식량, 의복 지급 구휼이 이루어졌으며, 정착지 관아에서는 토지 지급 자활을 실시하였다. 다만 체계적인 행정적인 제도 실현으로 보기에는 아직 미약한 수준이었다.

• 그림 1-3 법무보호복지 태동 관련 기사

세종13년 7월 28일 기사	세종18년 11월 17일 기사	고종42년 4월 29일 기사

Ⅰ 민간 주도기

조선시대의 법무보호복지는 민간 독지가들의 자선 협력 차원으로 이루어졌다. 한편 조선총독부에 면수보호사업 보조금 교부 절차가 신설되어 보호단체에 보조금을 교부하였고, 면수보호의 실적 통계도 집계되어 통계 연보에 수록되는 등 어느 정도 제도권으로 편입되었으나, 법무보호복지를 규율하는 독자적인 규정은 미비했다.

1. 인천구호원 최초 설립[70]

일제강점기 시절 최초로 법무보호복지의 형태를 지닌 인천구호원이 1910년 4월 정토종 부인회의 주도로 설립되었다. 구호원의 위치는 인천사(寺) 내에 있었으며, 재원은 부인회원들이 매달 3전씩 납부하는 기부금으로 충당하였다.

인천구호원의 목적은 '인천 관내에 있는 빈민, 고아 및 감옥 방면자(放免者)로서 친족 지기가 없고 자활의 길이 막연한 자 및 거주지가 없는 자 또는 귀향의 자력이 없는 자를 보호하여 적당한 방법을 강구하며 사회의 양민(良民)으로 복귀하게 하는 것'이었다.

출소자 중 인천분감 감옥관의 추천을 받은 자를 보호하는 것을 원칙으로 하였다. 또한 피보호자에게 고용주를 소개하여 취업을 알선하였고, 매달 정신수양 및 학업교육을 실시하였다.

1914년에는 당시 야마네쵸(山根町) 36번지로 사무실을 이전하였고, 당시 보호소에 수용하고 있던 인원은 12명이었다. 구호원장은 구스이 사부로(久水三郎)였고, 예하 3명의 간사와 평의원을 두고 있었다.

---

70 김동근, "일제강점기 법무보호사업의 연혁에 관한 연구", 한국법무보호복지학회 학술대회(2017. 5. 12.), 3-5면.

• 그림 1-4 인천구호원 전경[71]

舊 仁 川 救 護 院

2. 면수보호사업

면수보호사업은 「감옥소 직원규약」에 의거하여 종교적 박애 사상과 민간 독지가의 협력을 바탕으로 조직된 각 지방의 보호단체 중심으로 시작되었으며, 출옥인 보호사업으로도 불리어졌다.

• 그림 1-5 면수보호사업 현상과 장래[72]

---

71 조선총독부 법무국 행형과, 조선의 행형제도, 92면.
72 동아일보, 1925. 9. 1. 기사.

Ⅱ 일제강점기

일제강점기 우리나라의 법무보호복지는 일본 내부의 관련 사업 확대 경향과 우리 내부의 필요에 의하여, 1910년대 초반부터 급격하게 발전하였다. 1911년에는 조선 총독부의 통계 연보에 최초로 보호단체가 언급되며, 1916년부터는 수인보호사업성 적(囚人保護事業成績)이라는 항목을 신설하여 보호단체의 보호 성적을 집계하기 시작 하였다. 또한 조선총독부는 1913년 5월부터 면수보호사업 보조금 하부 절차를 신설 하여 각 지방의 보호단체에 보조금을 지급하였다.

1910년 8월 29일 일제강점(한일합병)이 시작되면서 조선총독부가 설치된 후, 1911년 4월 대구출옥인보호회를 비롯하여 공주, 충북, 부산에 보호단체가 설립되었 고, 1912년 춘천, 함흥, 평양, 해주, 평북, 전주 등에 추가로 설립되어 총 11개의 보 호단체가 설치되었다. 아울러 1913년 5월 면수보호사업 보조금 지급 절차가 제정 되었다.[73]

이후 우리나라와 일본의 공동사업으로 변경되어 최초로 국가 보조금을 교부하였 으며 6개의 보호단체가 신설되었다. 1922년까지 전국적으로 7개의 보호단체가 추 가로 설립되었고, 1923년과 1925년 각 1개 단체가 추가되었다.

1925년 9월 13일을 '보호의 날'(최초 기념일)로 지정하였으며, 1935년 기준 26개의 보호단체 중 19개가 일본인에 의해 운영되었고 개성, 대전, 충북, 해주, 서흥, 안동, 전주 등 7개의 보호단체는 조선인이 경영하였다.

---

73 조선총독부 내훈 제5호.

Ⅰ 사업의 명칭 변경

면수보호사업(출옥인보호사업)이 사법보호사업으로 명칭이 변경되어 최초로 사용된 시기는 1923년 1월 1일 「소년법」이 시행되며 소년에 대한 사법보호사업을 국가 사무로 실시하고, 사법보호사업의 국가성(소년재판소)이 도입된 때이다. 이는 자선적 시혜사업에서 죄지은 자를 국가에 도움이 되는 자로 개선하는 사업으로 전환되는 큰 의미를 지니고 있다. 또한 관련 사업 분야에 범죄소년과 함께 우범소년을[74] 새로운 대상자로 포함시켰으며, 재판과 행형에 관계가 없는 자(보호소년)도 국가에서 보호하기 시작했다.

1934년 4월에는 경성복심법원관내 3개의[75] '사법보호사업연구회'가 결성되었고, 전국 개별 지방보호단체를 통합하는 중앙조직 결성 전 단계에 이르렀다. 1936년 2월에는 「조선사상범 예방구금령」을 제령한 후 「치안유지법」으로 개정하였으며, 1936년 12월에 「조선사상범 보호관찰령」을 제령하고 '사상범보호관찰제도'를 실시하였다. 경성, 함흥, 청진, 평양, 신의주, 대구, 광주에 보호관찰소를 설치하였고, 26개의 보호단체 중 17개를[76] 보호단체사상범보호관찰의 수탁기관으로 지정하였다.

당시 일본은 사법보호단체를 통치 도구화하기 위해 1937년 9월 13일 보호의 날을 사법보호기념일로 개칭하고, 재범 방지와 보호 사상 보급 및 치안 확보의 목적으로 1939년부터 대대적으로 행사를 개최하였다.

1941년 9월 13일에는 전국 33개의[77] 사법보호단체 대표이자 중앙통제기관인 '조선사법보호협회'가 설립되었으며, 월간 기관지 조선사법보호를 발간하였다.[78]

---

74 범죄를 범할 가능성이 있는 소년을 지칭한다.

75 경성, 평양, 대구.

76 경성, 춘천, 대전, 함흥, 평양, 신의주, 부산, 목포, 군산, 개성, 공주, 충북, 청진, 해주, 대구, 광주, 전주.

77 사상법 보호단체 7개, 보통범 보호단체 26개.

78 1941년 9월 창간호를 시작으로 1942년 12월까지 총 14권을 발간하였다.

• 그림 1-6 　월간지 조선사법보호 창간호(국립중앙도서관)

Ⅱ 관련 법령 제정

1. 개요

빈곤자, 불구자, 기타 요구호자 등에 대한 자선 구제만을 목적으로 하는 구호사업과 형사정책적 보호사업의 구별이 요구되기 시작했다. 이를 위해 형사정책적 보호사업의 제도적 뒷받침이 필요하였다.

이에 조선총독부가 일제의 사법보호 제도와 동일한 형태로 1942년 3월 23일 「조선사법보호사업령」(제령 제9호)과 「조선사법보호위원령」(칙령 제93호)을 공포·시행하여 '사법보호'라는 용어를 사용하기 시작함과 동시에 간접적으로나마 법적 근거를 갖추게 되었다.

• 그림 1-7 조선사법보호 사업령 및 위원령 공포 시행

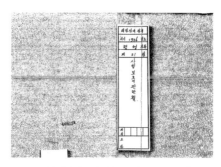

조선사법호보협회 설립(국가기록원)　　　　사법보호관계법규표지

2. 주요 변화

「사법보호사업령」 등이 시행되던 1942년 당시에는 조선총독부 법무국 행형과에서 사법보호회 등의 업무를 지휘·감독하여 오다가, 1943년 행형과를 행형과와 보호과로 분리하면서 사법보호에 관한 사항을 보호과에서 관장하게 되었다.

또한 이때부터 정부의 보조금을 교부받게 되었다. 「갱생보호법」이 제정될 때까지는 각 지방검찰청 단위로 재단 법인체인 사법보호회(수용 보호 및 일시보호 담당 기관), 사법보호위원회(관찰보호 담당 기관), 사법보호사업조성회(보호사업 지원기관)가 설치되어 출소자에 대한 보호사업을 수행하였다.

「갱생보호법」이 제정되는 1961년까지 이와 같은 일제의 사법보호제도가 유지되어 왔으며, 사업을 담당하는 기관은 민간인으로 구성된 17개의 재단 법인체인 사법보호회였다. 사법보호회 산하에 5개의 사법보호위원회 및 3개의 사법보호사업조성회가 전국적으로 설립되어 출소자 보호사업을 전담하였으나, 보호사업의 내실을 반영하지 못하는 형식적·명목적인 보호에 그치고 있었다.

Ⅲ 사법보호기관

사법보호는 「조선사법보호사업령」 제1조 제1호 내지 제7호에 해당하는 자의 재범을 방지하고, 그들이 시민으로서의 본분을 지킬 수 있도록 성격의 도야, 생업의 조성 및 그 외에 적당한 조치를 취하여 보도(補導)하는 것을 말한다. 그리고 사법보호

단체에 따라 차별화된 임무를 수행하고 있었다. 1942년 3월 23일 「조선사법보호사업령」, 「조선사법보호위원령」 등의 법령이 제정·시행됨에 따라 각 지방검찰청 단위로 재단 법인체인 사법보호회, 사법보호위원회, 사법보호사업조성회가 설립되었다.

동 보호회, 위원회, 조성회는 ① 인사에 관한 사항, ② 보도 기록 및 문서의 작성과 문서수발에 관한 사항, ③ 각종 통계 및 사업 보고에 관한 사항, ④ 보도 기록, 부책, 인쇄물과 도서의 보존에 관한 사항, ⑤ 회인 간수에 관한 사항, ⑥ 회의에 관한 사항, ⑦ 예산편성과 결산 및 예산집행에 관한 사항, ⑧ 금품의 출납과 관리에 관한 사항 등의 사무를 관장하고 있었다.

• 표 1-6 | 사법보호기관

보 호 대상자별	사업기관	사법보호단체 (민간시설)	주 보호대상자
사 상 범 보 호	보호관찰소, 보호관찰심사회, 예방구금소, 예방구금위원회	사상보호단체 (7개)	– 치안유지법상 죄를 범한 자 • 기소유예, 형의 집행유예, 가석방, 만기 석방, 소년사상범
범죄소년 우범소년 보 호	소년심판소, 소년원	소년보호단체	– 20세까지의 범죄소년 및 우범소년 ※ 범죄 우려 소년 포함

보 통 범
보 호
	사법보호위원	보통보호단체
		(26개)
			– 기소유예자, 형 집행유예자,
			• 형 집행정지자, 형 집행면제자, 가석방
			  자, 만기석방자, 「조선소년령」상 보호
			  처분자
			※ 가장 폭넓게 보호

1. 사법보호회

사법보호회의 주 임무는 크게 수용 보호와 일시 보호였다. 수용 보호는 전국 각 형무소의 출소자 중 가족과 연고지가 없는 자를 수용하여 취업·기타 의식주 일체를 지원하면서, 필요한 경우 교육·직업보도·기타 사회생활에 필요한 훈련을 실시하여 자립과 자활에 도움을 주었다.

일시 보호는 응급 구호를 필요로 하는 자에게 귀주 알선, 금품의 급여·대여 등으로 본인의 실정에 적합한 보호를 제공하거나, 연고지에 귀주할 가능성이 있는 자가 여비, 의류, 신병 등의 사정으로 자력 귀주가 불가능한 경우에 귀주 여비 또는 의류 등을 급여하여 귀주하게 하는 것이었다.

2. 사법보호위원회

사법보호위원의 지위 및 훈련, 그 외 직무수행에 필요한 사항을 처리하기 위한 사법보호위원회는 사법보호위원회와 구(區)사법보호위원회로 구분되었다. 이들의 공통적인 임무는 관할 형무소에서 출소한 자의 귀주지에서 통신·방문 등의 방법으로 일상 상태를 조사하고, 위문을 통하여 재범하지 않고 선량한 국민으로 자립할 수 있도록 보호·선도하는 관찰 보호를 직접 수행하는 데 있었다.

사법보호위원회가 보호통지에 관한 처리, 사법보호위원의 지도 및 훈련, 구(區) 사법보호위원회의 연락, 사법보호사상의 보급 및 선전, 그 외 사법보호위원회 사업의 운영을 위하여 필요한 사항의 처리 등을 임무로 하고 있었던 반면, 구(區) 사법보호위원회는 사법보호위원의 담임 구역의 결정 및 변경, 보호를 담당하여야 할 사법보호위원의 결정 및 변경, 보호의 해제, 사법보호위원 상호 간의 연락, 그 외 관찰 보호의 목적을 달성하기 위하여 필요한 사항의 처리를 임무로 주로 하고 있었다.

3. 사법보호사업조성회

사법보호회 및 사법보호위원회가 수용 보호, 일시보호 및 관찰 보호 등의 업무를 수행함에 있어서 정부의 보조금만으로는 예산이 부족하였다. 그래서 사법보호사업에 관한 지도·연락 및 운영자금을 조달함을 목적으로 사법보호사상의 보급선전 및 실무자의 교양·훈련, 사법보호사업에 대한 자료수집 및 조사연구, 일반 영리사업, 기업체에 대한 투자, 기타 필요하다고 인정되는 사항 등을 수행하기 위하여 사법보호사업조성회가 조직되었다.

제 4 절 │ 광복 후 재건기(1945~1961년)

I 사법보호 약화

우리나라의 교도소 석방자 또는 형여자(刑餘者)에 대한 보호는 민간 독지가의 자선적 구호사업에서 출발하였음은 앞서 밝힌 바와 같다. 일제 시대인 1942년부터 「갱생보호법」이 시행되는 1961년까지는 「조선사법보호사업령」·「조선사법보호규칙」 등의 법령에 의해 '사법보호'라는 명칭으로 각 형무소 소재지에 설립된 사법인인 '사법보호회'와 '사법보호위원회'가 형사정책상 범죄 대책으로서 검찰·재판·행형과 같이 중요한 역할을 담당하여 왔다.

그리고 전면적인 국가 제도로써 국가의 책임이 아닌 일부의 국고보조와 자체적인 수익으로 운영되어 왔다. 이러한 당시의 실정 하에 다음의 몇 가지 예를 비추어 보아 보호의 실질적 효과는 그리 크지 않았음을 짐작해 볼 수 있다.

① 당시의 각종 통계에 따르면 전국의 사법보호회에서 수용보호를 받고 있는 자 중 재범자가 대다수를 점하고 있는 것을 알 수 있다. 또한 범죄자의 급증으로 인하여 보호사업이 형사정책상의 범죄 대책으로서 중요한 부분임이 재인식되어 행형과 동일하게 국가 책임으로 하는 현대의 조류에 따르자는 것이 강조되었다.

② 당시 전국 사법보호회 등의 기본 재산 총 평가액은 약 4,500만 환 정도였지만 연간 재산 수입은 약 480만 환으로써 총 자본의 불과 13%라는 극히 미약한 비율을 보여주고 있었다. 연간 이윤 480만 환도 계수 상의 것일 뿐 실수익은 아니며, 기본 재산의 적지 않은 부분을 차지한 주택건물은 관계 공무원, 사법보호회 직원 등이 염가의 임대료로 입주하여 사용하고 있었다.

③ 보호사업을 관계자가 생활 수단화한 것으로, 1960년도 전국 사법보호회 등의 직원봉급의 합계는 40여 만 환으로 앞에서 살펴본 기본 재산 수입의 대부분을 소비하여 온 반면, 보호사업의 기본인 보호비는 260여 만 환에 불과하였다.

위의 예와 같이 과거의 사법보호회 등은 사업수행에 대한 두드러진 의욕을 찾아볼 수 없었고, 궁박한 형여자 또는 석방자들에게 막연한 숙식을 제공하는 정도의 소극적인 사업을 수행한 것으로 보인다. 아울러 1945년 해방 이후 사회 혼란 속에서 사업수행 역량이 많이 약화된 것으로 보인다. 특히 재정적인 부담이 증가하면서 자체적으로 수익원을 창출하려는 노력을 상당히 전개하였다.

조선사법보호협회 제약부라는 조직에서 '아스톱'이라는 진해 거담 약품을 판매하는 광고가 수 차례 게재되었고, 사법보호협회 주최 권투 경기를 개최하기도 하였다.[79] 각 지방의 보호단체는 자체적인 사업을 계속하였던 바, 출소자끼리의 혼인을 주선하고,[80] 9월 13일을 전후하여 사법보호 강조 주간 행사를 개최하기도 하였다.[81]

Ⅱ 사법보호단체 재건 노력

각 지방에서 보호단체의 조직을 재건하려는 노력도 있었다. 1947년 서울사법보호위원회가 서울지방검찰청의 주도로 재건되었고,[82] 구 경성구호회를 서울사법보호회로 개칭하여 재출범하기도 하였다.[83]

조선사법보호협회라는 조직의 활동이 1950년 이전까지는 기록되어 있으나, 일제강점기의 조선사법보호협회처럼 전국적인 영향력을 가지고 있었는지는 불분명하다. 6·25 전쟁 중인 1951년에 대구지검 영덕지청 사무과가 중앙사법보호협회 회원 모집 의뢰에 관하여 작성한 문서가 남아있고, 1953년 3월 5일에는 법무부 공고 제25호로써 사단법인 중앙사법보호협회가 창립되었다.

사단법인 중앙사법보호협회는 서울특별시 서대문구 서소문동 38번지를 소재지로 하여 설립되었고, 각 지방사법보호단체의 중앙통일기관으로서 사법보호사업의 원활한 운영을 기도하고 건전한 발전 지도를 도모함을 목적으로 하였다.

6·25 전쟁 종료 이후에는 17개의 사법보호회와 5개의 사법보호위원회, 3개의 사법보호사업조성회가 업무를 지속하고 있었다.

한편 1961년 「갱생보호법」이 제정되면서 기존의 조직을 해산하고 각 지방마다 별도로 갱생보호회를 조직하였다가, 1963년 동법을 개정으로 전국 단일 법인 하의 본부·지부 체제로 갱생보호회를 창립하면서 우리나라의 법무보호복지는 「갱생보호법」 체제로 진입하게 된다.

---

79 동아일보, 1949. 4. 24. 기사.
80 경향신문, 1949. 6. 17. 기사.
81 경향신문, 1947. 9. 10. 기사.
82 독립신문, 1947. 8. 20. 기사.
83 대동신문, 1947. 11. 8. 기사.

• 그림 1-8 중앙사법보호협회 창립

중앙사법보호협회 정관   중앙사법보호협회 사업계획서   사단법인사법보호협회
설립허가(법무부공고제25호)

제 5 절 │ 갱생보호 시대(1961~2009년)

I 갱생보호법 제정

일제강점기부터 진행된 사법보호회 등의 비능률적인 보호사업 수행과 보호사업의
궁극적인 목적 달성을 국가의 책임으로 부담하게 하는 해외 선진국의 추세에 따라 우
리의 현실에 적합한 효율적이고 능률적인 제도로의 개혁이 필요했다.

이를 위해 사법보호회 등을 해산하고, 국가가 보다 많은 책임을 부담하는 공법인
을 설립하는 일련의 새로운 개혁이 단행되었다. 이 개혁으로 공포·시행된 「갱생보호
법」이 실질적인 갱생보호제도의 확립이라고 할 수 있다.

동법은 과거의 사법보호 방식을 개혁하는데 주안점을 두고 입법된 것으로서,
1961년 9월 30일 법률 제730호로 공포·시행되었다.

앞에서 밝힌 바와 같이 동법 이전에는 일제의 식민지 법규에 따라 '사법보호'라는
이름으로 사법인에 의하여 보호사업이 실시되어 왔으나, 격증하는 범죄의 대책으로

보호사업이 형사정책의 중요한 부분이라 인식한 정부가 보호사업의 일대 개혁을 단행함으로써 갱생보호제도를 확립한 것이다. 입법의 취지는 아래와 같다.

• 그림 1-9 갱생보호법공포의견(안)(제901호, 국가기록원)

① 수용 급식을 위주로 하는 과거의 보호 방식을 지양하고, 법무보호대상자의 노력을 적극적으로 동원하였다. 자신의 근로에 따라 생활수단을 획득하도록 뒷받침해 줌으로써 궁극적으로 자활·독립의 경제적 기반을 조성하여 재범을 방지하고, 나아가서는 형여자 개인 및 공공의 복지를 증진시키는 것을 기본정책으로 삼았다.

② 갱생보호의 공익성에 수반하여 모든 국민에게 지위와 능력에 따라 보호사업에 응분의 협력을 하도록 도의적인 의무를 부과하였다.

③ 법무부 산하 단체로써 보호사업을 위한 특수법인체인 '갱생보호회'를 설립하여 국가가 직접 갱생보호사업을 관장하도록 하였다. 또한 독실한 사회 덕망가에게 봉사할 수 있는 길을 확대하여 갱생보호사업을 목적으로 하는 사법인의 설립을 허용하였다. 다만 자산과 경리는 공개하도록 하고, 법무부장관의 엄격한 감독 하에 사업경영자가 공익을 빙자하여 기부를 강요하거나 사익을 취득할 수 없도록 하였다.

④ 전과자 고용에 대한 우리 사회의 전통적인 경원(敬遠)과 기피심을 해소시켜 형여자 또는 석방자의 취업을 촉진시킬 목적으로 고용주의 불의의 손해를 담보할 수 있

는 신원 보증 제도를 창설하였다. 한편 고용인이 취득하는 보수의 일부를 적립하게 하여 신원 보증기간이 종료될 때까지 사고가 없는 취업자에게는 적립금의 이자를 가산하여 환불하도록 조치하였다.

이와 같은 「갱생보호법」의 주요 골자를 살펴볼 때 동법의 기본적인 정책 의도는 수용 보호에서 근로 보호로의 전환과, 국민 전체의 의무적 협조라는 목적 달성으로 해석할 수 있다. 다시 말해서 동법은 형여자 또는 석방자의 근로를 뒷받침으로 경제적 기반을 조성시켜 재범 방지라는 형사정책의 목적을 달성하고자 한 것이었다.

동법의 시행으로 사법보호라는 용어 대신에 '갱생보호'라는 용어가 사용되기 시작하였고, 사법보호회, 사법보호위원회, 사법보호사업조성회 등은 해산되었다. 그 재산과 사업을 승계하여, 서울에 중앙갱생보호지도회를 두고 지방에는 공법인체인 갱생보호회를 각 도청 소재지에 하나씩 8개를 설립하였으며, 각 교도소 소재지마다 17개의 갱생보호소를 설치하여 갱생보호사업을 추진하게 되었다.

과거와 마찬가지로 검찰국 정보과에서 갱생보호업무를 관장하여 처리하였으나, 1962년 5월 21일 검찰국 정보과를 폐지하고 인권옹호과가 신설되면서 갱생보호 외 기타 갱생보호단체에 대한 감독 사항도 인권옹호과에서 관장하게 되었다.

또한 갱생보호회 등에 대한 감독 사항을 구체화하기 위하여 1962년 4월 21일 법무부령 제36호로 제정된 「갱생보호회 감독규정」 제1조 내지 제2조 및 1977년 6월 7일 법무부령 제202호로 통합·개정된 「갱생보호회 사무규칙」 제44조 내지 제45조의 규정에 의하여 갱생보호회의 일정한 업무에 관하여 법무부장관의 승인을 받거나 보고하도록 하였다.

Ⅱ 갱생보호회

1. 조직

「갱생보호법」 제6조 제1항 및 제3항은 단일 법인체로서의 갱생보호회를 설치하면서 소재지를 갱생보호업무 주무 부처인 법무부 내에 두도록 규정하여 법무부장관의 지휘·감독 하에 운영·육성하는 방식을 채택하였다. 중앙통제 기구인 갱생보호회에는 동법 제6조의4 제1항 내지 제2항에 의하여 일반 사회의 덕망가 7인으로 구성된 이사회를 두었다.

이사회는 본회와 지부의 업무·운영·관리에 관한 기본 방침을 수립하고 사업계획, 예산 및 결산, 인사에 관한 사항, 사업장 및 직업 보도소의 설치, 수익사업의 경영, 재산의 조정, 기타 보호사업을 위한 중요사항 등을 심의·의결하였다.

• 그림 1-10 갱생보호회 설치

갱생보호회관 기공식(1969년)　　　　대구경북지부_대구지부 전경(1980년)

또한 갱생보호회는 ① 지부의 운영에 관한 지휘·감독과 조정, ② 갱생보호사업의 조사·연구 및 보급·선전, ③ 본회와 지부·지소 직원의 육성과 훈련, ④ 수익사업의 경영, ⑤ 지부 및 지소의 사무·감독, ⑥ 운영계획 및 예산·결산 기타 중요한 사항, ⑦ 기타 갱생보호사업에 관한 중요사항 등에 대한 사무 권한을 가지고 지부 및 지소를 통할하는 역할을 수행하였다.

1977년 6월 7일 법무부령 제201호로 제정되어 5차에 걸쳐 개정된 「갱생보호회의 지소설치, 직원 및 보호위원의 정원 등에 관한 규칙」 제2조 제2항과 1983년 5월 12일 보호 제839.5-7110호로 법무부장관으로부터 승인된 「갱생보호회 기구 등에 관한 규정」 제2조 내지 제4조에 따라 갱생보호회는 사무국과 직업훈련소를 두고, 사무국에는 기획부와 사업부를, 직업훈련소에는 총무과와 훈련과를 두고 있었다.

• 그림 1-11 갱생보호회 조직도(1971년)

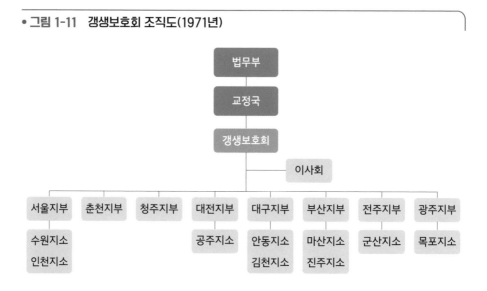

2. 임무

「갱생보호법」 제1조는 ① 징역 또는 금고의 형의 집행을 종료한 자, ② 징역 또는 금고의 형의 집행면제를 받은 자, ③ 가석방 중에 있는 자, ④ 징역 또는 금고의 형의 집행유예 선고를 받은 자, ⑤ 형의 선고유예를 받은 자, ⑥ 공소제기 유예 처분을 받은 자, ⑦ 소년원에서 퇴원·가퇴원한 자를 갱생보호대상자로 규정하였다.

그 후 1986년 12월 31일 동법이 개정되면서 「소년원법」에 의하여 보호처분을 받은 자와 「사회보호법」의 보호감호 또는 치료감호의 집행종료 또는 가출소, 치료 위탁된 자를 추가하여 갱생보호대상자의 범위를 확대하였다. 갱생보호대상자에 대한 자립 지원은 검사, 교도소장, 소년원장 또는 기타 관계 기관의 장 및 본인(대상자)의 보호 신청에 의하여 실시되었다.

갱생보호의 방법에는 통신·면접 또는 방문의 방법으로 선행을 지도·장려하고 가정·주거 및 교우 등의 환경을 조정·개선하고자 하는 관찰 보호와, 숙식제공, 여비 지급, 생업 도구의 대여 또는 생업 조성 금품의 지급, 직업훈련 및 취업 알선, 기타 보호 대상자에 대한 자립 지원 등의 직접보호 등이 있었다.

공단 직업훈련 사료(1961년)

대구지부 갱생보호위원과
지급 대상자들(1967년)

광주전남지부
제1회 합동결혼식 보도자료(1985년)

대학생보호위원 간담회 및 자매결연식(1986년)

Ⅲ 한국갱생보호공단

1. 관련 법률의 통합

(1) 「갱생보호법」과 「보호관찰법」의 통합(1995년)

「갱생보호법」에 의해 시행되던 갱생보호사업은 1963년 동법의 개정으로 기구 개
편이 이루어지면서, 30여 년간 갱생보호회란 명칭으로 조직과 사업을 운영하였다.

이후 범죄자의 '사회 내 처우' 일원화와 갱생보호사업의 활성화 및 체계 확립이라
는 명목으로 「보호관찰법」과 「갱생보호법」을 통합하여 「보호관찰 등에 관한 법률」
이 1995년 법률 제4933호로 공포됨에 따라, 기존 갱생보호회의 권리와 의무를 승계
하여 동년 6월 1일 자로 한국갱생보호공단이 설립되었다.

대한민국 관보 보호관찰법개정법률(안) 입법예고
(1994년 8월 11일)

갱생보호공단 설립 관련 내용(1995년)

(2) 「보호관찰 등에 관한 법률」

「보호관찰 등에 관한 법률」 탄생에 따라 동 법 제3조의 규정에 의하여 보호대상자가 보호관찰을 받을 자, 사회봉사 또는 수강하여야 할 자, 갱생보호를 받을 자 등으로 포괄적으로 구분되었다.

갱생보호대상자에 대한 처우는 해당 보호대상자의 연령·경력·심신 상태·가정환경·교우 관계 기타 모든 사항을 충분히 고려하여 적절하고 상당한 방법으로 실시하도록 하였다. 이에 따라 갱생보호의 방법이 보호관찰과 함께 동일 법령에 의하여 범죄 예방이라는 공동의 목적사업으로 자리 잡게 되었고, 갱생보호사업을 효율적으로 추진하기 위하여 한국갱생보호공단을 법인으로 설립하고, 정관이 정하는 바에 의하여 필요한 곳에 지부 및 지소를 둘 수 있도록 하였다.

• 그림 1-14 한국갱생보호공단 설립(1995년)

2. 조직과 임무

(1) 조직

한국갱생보호공단은 범죄 예방 목적을 달성하기 위하여 갱생보호사업을 실시하고, 갱생보호 제도의 조사·연구 및 보급·홍보와 갱생보호사업을 위한 수익사업의 경영 등 기타 공단의 목적 달성에 필요한 사업을 전개하였다. 아울러 새로운 직제 규정을 마련하고, 공단을 대표하고 업무를 총괄하기 위하여 과거의 갱생보호회장을 한국갱생보호공단 이사장으로 변경하였다. 또한 갱생보호사업에 열성이 있고 학식과 덕망이 있는 자 중에서 이사장 제청에 의하여 법무부장관이 임명 또는 위촉하는 이사와 이사장 제청에 의하여 법무부장관이 임명하는 감사를 두고 그 직무를 정관에 규정하였다.

정관 및 직제 규정에 따라 공단의 본부와 그 지부 및 지소와 출장소를 설치하였다. 본부에는 이사장을 보좌하며 그 명을 받아 공단의 업무를 통할하는 사무국장을 두었고, 지부 등에는 지부장 또는 지소장과 출장소장을 두었다.

• 표 1-7 | 한국갱생보호공단 조직의 변천

[단위: 명, 개]

연도	2000	2005	2007	2000 대비 2007 증가율
정원	109	128	139	27.5% 증가
조직	15	22	26	73.3% 증가

• 그림 1-15 **한국갱생보호공단 조직도(1995년 설립 당시)**

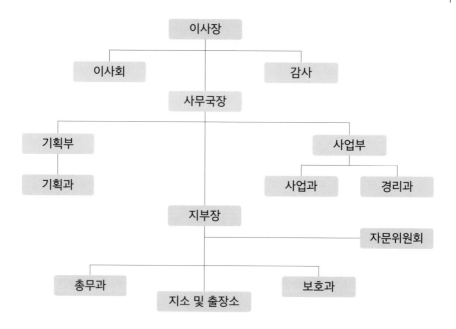

(2) 임무

당시의 「보호관찰 등에 관한 법률」은 법무보호대상자 범위를 형사처분 또는 보호처분을 받은 자로 포괄적으로 규정함과 동시에 자립·갱생을 위하여 숙식제공, 여비지급, 생업 도구·생업 조성 금품의 지급 또는 대여, 직업훈련 및 취업 알선 등 보호의 필요성이 인정되는 자를 보호사업의 대상자로 제한하여 규정하고 있었다. 또한 동법은 주요 보호사업에 부수하는 선행 지도까지를 보호 방법으로 명시하고 있었는데, 보호대상자 및 관계 기관은 보호관찰소의 장 또는 공단에 갱생보호를 신청할 수 있도록 규정하였다.

신청받은 자는 지체 없이 보호의 필요 여부와 보호하기로 한 경우 그 방법을 결정하도록 하였으며, 보호를 결정한 경우에는 즉시 갱생보호에 필요한 조치를 취하도록 하였다. 이러한 규정들에 의하여 실시되는 실적이 통계로 작성되어 갱생보호사업을 평가하는 기준이 되었으며, 보호사업 수행에 따른 갖가지 문제점에 대한 개선책과 갱생보호사업이 추구하여야 할 방향을 제시하는 근거가 되었다.

제 6 절 │ 법무보호복지 시대(2009년~현재)

I 법률 개정

한국갱생보호공단은 2009년 3월 27일 「보호관찰 등에 관한 법률」의 개정을 통해 한국법무보호복지공단으로 명칭이 변경되었다. 재범 방지의 중추적 역할을 담당해 온 한국갱생보호공단은 ① 국민에게 더욱 친근하게 다가서며, ② 일제 잔재의 제거, ③ 북한에서 자주 사용된다는 점, ④ 한국전쟁 후 부랑인들의 모임과 명칭이 겹친다는 이유로 '한국법무보호복지공단'으로 명칭을 변경하고, 동법 제71조 이하에 따라 설립등기를 마쳤다. 또한 그간 사용했던 로고 등의 CI를 현대적 감각에 맞춰 바꾸고 새로운 도약의 전기를 마련하였다.

II 한국법무보호복지공단

1. 조직

공단은 명칭 변경과 함께 조직의 대대적인 개편을 추진하였다. 2009년 기존의 14개 지부는 관할 지역과 소재지에 따라 일부 명칭이 변경되었으며, 11개의 출장소는 8개의 지소와 1개의 센터로 격상되었다. 특히 여성 출소자들의 보호를 담당하던 안양출장소, 삼미출장소는 여성지원센터로 통합되어 이·미용, 요리 등 개인별 특성에 맞는 직업훈련 및 여성 사회성 향상 프로그램 운영 등으로 생활관 운영의 전문성을 제고하였다.

　본부의 조직은 재정기획단 산하 사업팀, 행정지원팀, 보호기획팀이라는 1단 3팀 체제를 유지하며 갱생보호사업의 전문화를 추구하였고, 수익사업과 외부 기금 유치를 통한 재정 건전화를 위해 노력하였다.

　이후 국가균형발전을 위한 공공기관 혁신도시 지방 이전 정책에 따라 공단 본부는 서울 목동 사옥에서 2016년 3월 21일 경북 김천 혁신도시로, 2021년 12월 23일 신청사로 이전하였으며, 지속적인 발전을 거듭하여 2024년 현재 본부(5부 1실), 1개 교육원, 20개 지부, 6개 지소로 조직의 확대·개편이 이루어졌다.

• 그림 1-16　한국법무보호복지공단 지방이전 및 신청사 개청

| 공단 현판식 기념 촬영 (2009년) | 공단 본부 김천 이전 개청식 (2016년) | 공단 신청사 개청식 (2021년) |

• 그림 1-17 한국법무보호복지공단 기구표(2024년 기준)

이사장

이사회　　　　　감사

본부　　사무총장　　청렴감사실

경영지원부　미래전략부　재정기획부　　보호정책부　취업지원부　법무보호교육원

서울지부｜서울동부지부｜인천지부｜경기지부｜경기남부지부｜경기북부지부｜강원지부｜강원동부지부｜대전지부｜충남지부｜충북지부｜대구지부｜경북지부｜부산지부｜울산지부｜경남지부｜광주전남지부｜전남동부지부｜전북지부｜제주지부｜서울서부지소｜서울북부지소｜경기동부지소｜경북서부지소｜경남서부지소｜광주남부지소

여성기술교육원｜인천기술교육원　　충남기술교육원　　경북기술교육원　　울산기술교육원｜경남기술교육원　　전북기술교육원

지부, 지소

• 표 1-8 | 한국법무보호복지공단 인원

[단위: 명, 개]

연도	2009 (명칭 변경)	2016 (지방 이전)	2024.03.	2009 대비 2024 증가율
정원	125	269	388	210.4% 증가
조직	24	24	27	12.5% 증가

2. 업무

개정된 「보호관찰 등에 관한 법률」 제65조 제1항은 법무보호복지의 방법으로 숙식제공, 주거지원, 창업지원, 직업훈련 및 취업지원, 사전상담, 법무보호대상자의 가족에 대한 지원, 심리상담, 사후 관리, 그 밖의 지원을 규정하고 있다.

이에 따라 공단은 ① 숙식제공, ② 긴급지원, ③ 기타자립지원, ④ 직업훈련, ⑤ 취업알선, ⑥ 허그일자리지원프로그램, ⑦ 창업지원, ⑧ 주거지원, ⑨ 결혼지원, ⑩ 가족

희망, ⑪ 출소예정자 사전상담, ⑫ 사회성향상교육, ⑬ 심리상담, ⑭ 멘토링 및 사후관리 등의 지원체계를 확립하게 되었다.

3. 주요 실적

(1) 지원 영역의 확대

① 창업지원(2009년~현재)

2009년 공단과 서민금융진흥원(舊 휴면예금관리재단)은 법무보호대상자의 창업 시 필요한 임차보증금의 일부를 저렴한 이율로 지원하는 협약을 체결하여, 서민금융진흥원의 재원을 활용한 창업지원이 본격적으로 시작되었다.

2010년 최대 4천만 원이었던 지원 금액을 최대 5천만 원으로 증액하였고, 2014년 「보호관찰 등에 관한 법률」의 개정으로 제65조 제1항 제3호에 창업지원의 법적 근거가 마련되어 신규 사업으로 도약하는 토대를 마련하였다.

2016년 창업지원 기간을 최대 4년에서 6년으로 연장하여 현재에 이르고 있으며, 저렴한 이율(2024년 기준 연이율 2.5%)로 대출금을 지원하고 있다. 2009년부터 2023년까지 총 212명의 법무보호대상자에게 83억 2,755만 원을 지원하여 법무보호대상자의 자립 기반 마련을 통해 건전한 사회구성원으로 발돋움하는 데에 기여하고 있다.

• 그림 1-18 창업지원 심사회의

② 취업성공패키지(2011~2014년)

취업성공패키지란 취업에 어려움을 겪고 있는 법무보호대상자에게 개인별 특성에 적합한 체계적인 취업지원 서비스를 제공하여, 취업을 통한 개인 및 공공의 복지를 증진하기 위해 시행된 사업이다. 2010년 법무보호대상자 취업지원을 위한 5개 부처

(법무부, 행정안전부, 고용노동부, 농촌진흥청, 중소기업청)의 협약 체결을 시작으로, 2011년부터 2014년까지 고용노동부의 취업성공패키지 위탁 사업을 통해 총 16,071명의 법무보호대상자에게 취업을 지원하였다.

③ 허그일자리지원 프로그램(2015년~현재)

2015년 정부의 일자리정책 효율화 방침에 따라 고용노동부 위탁 사업이 아닌 법무부 직접 사업으로 전환하여, 법무보호대상자 취업지원 사업인 허그일자리지원 프로그램을 본격적으로 실시하였다.

허그일자리지원 프로그램이란 법무보호대상자에게 단순히 취업 알선만을 제공하는 것이 아니라, 전문 취업상담사와의 1:1 매칭으로 진로상담, 직업 능력개발, 취업 알선, 사후 관리 등 단계별로 체계적 지원을 제공하는 통합 취업지원 프로그램이다.

2023년 기준 최근 5년간 35,169명에게 취업지원 서비스를 제공하였고, 이 중 27,354명이 수료하여 16,209명이 취업하였다. 또한 취업자 중에는 58.6%에 해당하는 9,494명이 고용보험에 가입하는 성과를 달성하였다.

• 그림 1-19 허그일자리지원 프로그램

집단상담

동행면접

(2) 조직의 확대

① 기술교육원 설립(2012년~현재)

공단은 지역특화산업과 연계 가능하며 법무보호대상자의 특성에 적합하고 취업이 용이한 기능훈련을 직접 담당하고, 법무보호대상자를 전문기능인으로 양성하여 안정된 일자리를 제공하고자 기술교육원을 설립·운영하고 있다. 2012년 울산·인천

기술교육원을 시작으로 2021년 서울동부 기술교육원을 개원하는 등 기술교육사업을 활발히 추진 중에 있다.

• 표 1-9 | 한국법무보호복지공단 기술교육원 현황

지부	개원 연도	교육 분야
인천	2012	용접
울산	2012	용접
전북	2014	영농
경남	2015	CAD실무, CNC선반, 머시닝센터, 3D프린터, 조선비계
충남	2017	자동차 정비
경북	2018	전기, 승강기, 온수온돌, 전기 실무
서울동부	2021	조리, 헤어미용, 떡제조, 바리스타, 제과제빵 등

② 법무보호교육원 설립(2014년)

공단은 법무보호대상자 자립에 있어 가족지원의 중요성을 인식하고, 관련 연구 및 상담 프로그램 개발·교육 등의 전문성 확보를 위해 2014년 12월 가족희망센터를 개청하였다. 이후 법무보호복지서비스의 내실화와 대외적 신뢰도 향상 등을 도모하고자 2016년 3월 법무보호가족교육원으로 승격하였으며, 2020년 1월부터 법무보호교육원으로 직제를 변경하여 직원 및 자원봉사자의 교육과 정책연구 활동을 담당하고 있다.[84]

법무보호교육원은 직원의 업무 전문성을 증진하기 위한 다양한 교육의 계획 및 실시와 법정의무교육 관리를 담당하고 있으며, 법무보호대상자 자립 지원의 한 축인 자

---

[84] 학술연구용역을 2013년부터 시작하여 2024년까지 "출소자 가정복원을 위한 모델 정립과 모델유형에 따른 심리치료 프로그램 개발(2013)", "보호대상자 취업을 위한 심리상담 프로그램 개발(2015)", "공단 가족지원사업(수형자 가족지원) 활성화를 위한 법적·제도적 검토(2018)", "한국법무보호복지공단 보호대상자 잠재적 수요 예측 및 발굴에 관한 연구(2020)", "한국법무보호복지공단 대국민 인식조사에 관한 연구(2020)", "한국법무보호복지공단 출소자 지원 등에 관한 법률 제정에 관한 연구(2020)", "북유럽국가의 법무보호복지제도의 및 사례 연구(2021)", "직무분석을 기반한 성과관리체계 구축(2022)", "부담금 부과를 통한 재범방지기금 조성의 당위성 및 법률 제정 근거 마련 연구(2023)", "출소자대상 긴급복지지원사업의 공단이관에 대한 연구(2024)" 등 다양한 분야에서 총 25건의 연구 실적을 도출하였다.

원봉사자의 역량 강화를 위한 교육에도 역점을 두어 법무보호대상자에 대한 대국민 인식개선에 기여하고자 노력하고 있다.

• 그림 1-20 **법무보호교육원**

전경

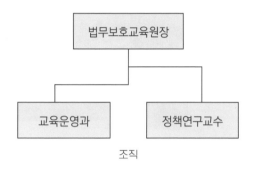

조직

(3) 전문성 강화

① 한국법무보호복지학회 창립(2012년)

법무보호복지서비스는 '범죄 예방', '안전한 사회', '개인과 공공의 복지증진'을 실현하는데 그 유용성이 널리 인정되어 점차 필요성이 확대되고 있다. 이에 공단은 법무보호대상자의 재범 방지 및 자립 방안에 관한 법학, 교정학, 사회복지학 등 다양한 학술적 관점을 바탕으로 혁신적이고 선진적인 법무보호제도를 마련하기 위해 2012년 한국법무보호복지학회(이하 '학회')가 출범하였고 공단에서는 매년 학회를 지원하며 연구 및 학술대회를 개최하고 있다.

• 그림 1-21 　한국법무보호복지학회 창립총회(2012년)

　　학회의 임원은 학회장 및 부회장, 상임이와 이사, 감사, 고문으로 구성되어 있고 원활한 사무행정을 위하여 총무간사, 편집간사, 섭외감사 등을 두고 있다.

　　매년 정기 학술대회를 개최하여 법무보호복지 분야에 관한 연구가 꾸준히 발표되고 있으며, 2015년 12월 창간호 발행을 시작으로 2024년 6월(제10권 제1호) 총 17권의 학술지(법무보호연구)를 발행하였다.

• 그림 1-22 　한국법무보호복지학회 조직구성 및 법무보호연구 창간호

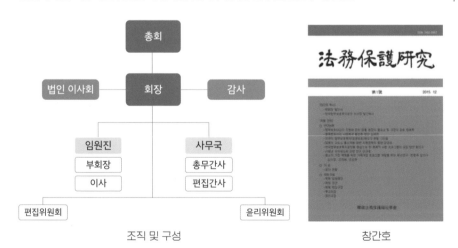

조직 및 구성　　　　　　　　　　　　　　　창간호

② 혁신 담당 부서 운영(2015년~현재)

공단은 법무보호복지서비스의 중·장기 발전계획 수립을 위해 2015년 미래전략기획팀을 구성하였다. 미래전략기획팀은 총 3년의 기수별 활동 기간 동안 법무보호복지서비스의 발전 전략을 구상하고, 변화하는 시대에 맞는 창조적인 신규 사업 개발을 위해 노력함으로써 조직 및 사업의 발전을 도모하였다. 또한 선진 외국 사례, 공단 미래의 청사진, 홍보 방안, 공단 재정 건전성 확보를 위한 수익사업 전개 방안 등 재범 방지 전문기관이라는 고유 역할 강화 및 지속 가능한 경쟁력을 확보하기 위한 내부 역량 고도화에 기여하였다.

또한 2018년 정부의 「공공기관 혁신 가이드라인」에 따른 혁신 담당 조직구성 필요에 따라 혁신 7대 과제를 수립하고, 사무총장을 단장으로 본부에 혁신담당관실을 설치하였다. 이후 2023년 미래전략부를 신설하여 복잡하고 다양한 공단의 중장기 과제를 발굴·연구하고, 기관 운영에 대한 평가와 혁신을 바탕으로 한 발전 방안을 제시하며, 정책홍보와 대외협력을 통해 법무보호복지서비스의 저변 확대를 추진하고 있다.

③ 직원 및 자원봉사자 전문화 교육(2015년~현재)

공단은 2015년부터 「보호관찰 등에 관한 법률」에 의거하여 법무보호대상자의 재범 방지와 안정적인 사회복귀 지원을 위하여 직원 및 법무보호위원 등을 대상으로 전문적인 교육을 정기적으로 실시하고 있다.

법무보호위원 교육의 주된 내용은 법무보호복지서비스의 이해를 위한 '기본 소양 교육'과, 자원봉사활동 중 상담 능력을 배양하기 위한 교육인 '전문화 교육'으로 구성되어 있다.

이러한 교육은 지역별 집체교육의 형식으로 진행되어 오다가, 2020년부터는 내부 강사 직원이 제작한 교육 동영상과 교재를 활용한 지부(소)별 자체 교육을 시작으로 내부강사 파견 교육을 실시하여 교육 참여자들에게 호평을 받았다. 법무보호위원은 기본교육과 전문화 교육의 이수를 통해 전문성을 갖춘 자원봉사자로서 활발히 활동하고, 법무보호대상자에 대한 법무보호복지서비스 지원은 물론, 더 나아가 지역 내 재범 방지 활동에 기여하고자 적극적으로 노력하고 있다.

직원 교육 분야에서는 우수한 전문 인력 양성과 경쟁력 있는 사업성과 창출 지원이란 정책적 목표로 2017년부터 직무별 교육이 진행되고 있다. 전문역량 강화 및 서비스 개발, 수혜자 중심의 서비스 질적 향상 도모, 공직자로서 갖추어야 할 소양 교육으로 구성된 법정 교육, 신입직원 직무교육, 직무 및 직급별 교육 등이 실시되었다. 변화된 시대상을 반영하여 2023년에는 '직원 힐링 프로그램'을 도입하여 개인의 내적 충전을 통한 업무 능률 향상을 꾀하였고, 찾아가는 권역별 직무통합교육을 실시하여 교육 접근성을 증대하고, 사이버 교육원 운영과 같은 상시 학습플랫폼을 개설하여 교육생이 필요한 교육을 시·공간의 제약없이 수강할 수 있도록 수요자중심의 교육을 위해 변화하고 있다.

범죄와 범죄원인론 및 형사사법체계

제1장
범죄와 범죄 원인론

제 1 절 | 범죄와 범죄요건

I 범죄의 의의

1. 범죄의 개념

'형법'은 범죄와 형벌(또는 보안처분)과의 관계를 규율하는 법규범의 총체를 말한다. 여기서 형법이 형벌을 통하여 금지하고 있는 행위를 '범죄'라고 하는데, 이러한 범죄 개념을 '형식적 의미의 범죄개념'이라고 하며, 구성요건에 해당하고 위법하며 유책한 행위를 의미한다. 그러나 형식적 범죄개념만으로는 어떤 행위를 범죄로 해야 할 것인가에 대한 판단기준을 제시하지는 못하기 때문에, 어떠한 행위에 대해 형벌을 규율할 것인가의 물음에 대하여 규명하는 것이 '실질적 의미의 범죄개념'이 된다(법익을 침해하는 반사회적 행위).

결국, 형사 입법자가 관심을 갖는 실질적 범죄개념(형사정책적 범죄개념)에 의하여 형식적 범죄개념의 내용이 충족되어 형성되고, 형법의 적용자가 관심을 갖는 형법해석과 적용은 형식적 범죄를 대상으로 하게 된다.

2. 실질적 범죄의 본질

실질적 범죄개념의 본질에 관하여는 ① 범죄란 개별적인 권리에 대한 침해로 이해하는 권리침해설(Feuerbach), ② 범죄를 의무위반으로 이해하는 의무위반설(Schaffstein, Gallas 등 키일학파), ③ 법익침해라는 결과반가치만을 범죄의 본질로 이해하는 법익침해설(M.E.Mayer) 등이 있다. 현재 우리나라 다수설은 법익침해설과 의무 위반설을 결합하여 범죄의 본질을 이해하고 있는데(결합설, Wessels), 법익침해의 결과 반가치 뿐만 아니라 행위반가치인 행위의 의도와 실행의 방법과 정도도 고려하여 범죄의 본질을 파악하는 것이 타당하다.[1]

Ⅱ 범죄의 성립 요건

형식적 범죄개념은 구성요건해당성, 위법성, 책임성이라는 범죄성립의 3요소를 개념 요소로 하고 있으므로, 범죄는 구성요건에 해당하고 위법하며 유책한 행위라고 할 수 있다.

1. 구성요건 해당성

'구성요건'이라고 함은 형법상 금지 또는 요구되는 행위가 무엇인가를 추상적, 일반적으로 기술해 놓은 것으로 법률상의 정형적 추상적 개념이다. 이에 반하여 '구성요건 해당성'은 어떤 행위가 법적 구성요건의 범죄 정형적인 기술에 일치하는 것을 말하므로, 인간의 구체적인 행위가 범죄의 구성요건에 해당하는 구체적 사실이 발생한 경우에 구성요건 해당성이 있다고 판단하게 된다.[2]

2. 위법성

'위법성'은 구성요건에 해당하는 구체적인 사실이 법질서 전체의 입장에 비추어 보아 허용되지 않는다고 부정적 가치판단을 받게 될 때 위법하다는 평가를 받게 된다. 이미 구성요건 자체가 불법행위 유형을 규정하고 있으므로 특별한 사정이 없는

---

1 구성요건해당성과 위법성을 통합하는 개념인 '불법'은 결과반가치로서의 법익의 침해 또는 위험과 행위의 주관적·객관적 측면을 포섭하는 행위반가치를 고려하여 판단해야 하며 결과반가치와 행위반가치는 동일한 서열에서 병존하는 불가피한 불법요소라고 이해하는 견해(이원적·인적 불법론)가 통설이다.
2 구성요건의 기능은 범죄가 되는 행위와 아닌 행위를 한계지어 선별해 주는 한계기능(선별 기능)과, 범죄가 성립하는 경우에도 그 불법과 책임의 질과 양에 상응하게 범죄유형을 개별화 세분화하는 기능, 즉 분류 기능을 수행한다. 그리고 구성요건에 해당하면 위법성이 추정 기능으로 인하여 행위자에게 구성요건에 해당하는 행위를 하지 않도록 경고하는 기능(경고 기능), 즉 행위자로 하여금 자신의 행위가 금지된 행위인지 허용된 행위인지에 대한 주의를 환기시키는 기능인 환기 기능을 수행한다.

한 구성요건에 해당하는 행위는 위법성이 추정된다.[3] 여기서 구성요건에 해당하는 행위라도 일정한 사정으로 인하여 법질서가 허용되어 위법성이 조각되는 경우를 위법성조각사유라고 한다.[4]

3. 책임성

'책임'이란 일정한 행위가 구성요건에 해당하고 위법한 행위로 평가되더라도 이러한 불법행위를 한 행위자 개인을 비난할 수 있는 사정이 존재해야만 범죄가 성립한다. 여기서 행위자에 대한 비난을 불가능하게 하는 사유를 책임조각사유(면책사유)라고 하는데, 책임무능력자인 형사미성년자나 심신상실자, 정당한 이유가 있는 법률의 착오, 강요된 행위 등을 들 수 있다.

Ⅲ 범죄의 처벌조건

범죄의 처벌조건은 이미 성립된 범죄의 형벌권을 발생시키는 전제조건인데 특별한 사정이 없는 이상 당연히 가벌성이 충족된다. 즉, 범죄의 성립 요건을 구비한 경우라도 형벌권이 발동되기 위하여 별도의 조건이 필요한 경우가 있다는 것이다. 이러한 처벌조건에는 객관적 처벌조건과 인적 처벌조각사유로 구분할 수 있다.

1. 객관적 처벌조건

먼저 '객관적 처벌조건'이라고 함은 이미 성립한 범죄에 대하여 형벌권의 발생을 좌우하는 외부적·객관적 사유를 말한다. 대부분의 범죄구성요건에는 이러한 조건이 없지만, 예컨대 사전수뢰죄[5]의 '공무원 또는 중재인이 된 사실'과 파산범죄에 있어서 '파산선고가 확정된 때'[6] 등에는 객관적 처벌조건이 규정되어 있다. 이러한 사유가 존

---

3 구성요건과 위법성은 독립적인 범죄 요소이지만, 모든 구성요건이 규범적 요소를 가지는 이상 구성요건해당성과 위법성은 밀접한 관계를 갖는다. 양자(구성요건과 위법성)의 관계에 대하여 다수 학자는 구성요건이 위법성의 인식근거가 된다는 입장(인식근거설)이다.

4 또는 정당화 사유라고 한다. 정당행위, 정당방위, 긴급피난, 자구행위, 피해자 승낙 등이 있다.

5 「형법」 제129조 제2항.

6 「채무자 회생 및 파산에 관한 법률」 제650조 내지 제651조.

재해야만 범죄의 가벌성이 인정되므로 적극적 처벌요건이 된다.

2. 인적처벌 조각사유

'인적처벌 조각사유'는 범죄의 성립은 인정되지만 행위자의 특수한 신분 관계로 인하여 이미 성립한 범죄의 형벌권이 저지되어 발생되지 않은 경우를 말한다. 재산죄의 친족상도례[7]가 대표적인 인적처벌 조각사유이다. 이 사유가 없어야만 범죄의 가벌성이 인정되므로 소극적 처벌 요건이 된다.

처벌조건의 특색으로는 ① 처벌조건이 없어 벌할 수 없는 행위도 실체법상의 범죄 성립 요건은 충족하고 있어 범죄임에는 변함이 없기 때문에 그 행위에 대한 정당방위가 가능하며, ② 처벌조건에 대한 인식은 고의의 내용이 되지 아니하므로 이에 대한 착오는 범죄의 성립에 영향이 없고, ③ 처벌조건이 없는 경우에도 그 행위에 가담한 자에 대하여 공범(교사범이나 방조범) 성립이 가능하며, ④ 범죄성립 요건이 충족되지 않았을 때에는 무죄판결을 선고해야 하나(형사보상청구권 발생), 객관적 처벌조건이 결여되었거나 인적 처벌조건이 존재하는 경우에는 범죄는 성립하지만 형벌권이 발생하지 아니하므로 형의 면제판결을 한다는 점(형사보상청구 불가)에서 범죄의 성립 요건과 차이가 있다.

Ⅳ 범죄의 소추조건

어떤 범죄가 성립하고 형벌권이 발생하더라도 그 범죄를 소추하기 위해서는 소송법상 인정한 조건이 필요하게 되는데 이러한 조건을 '소추조건 또는 소송조건'이라고 하고, 공소제기의 유효요건이 되므로 이러한 소송조건이 결여된 때에는 공소기각 판결로 소송을 종결시킨다.

---

7 예컨대 재산범죄(예컨대 절도죄)가 인정되어도 재물의 소유자 및 점유자와 절도 행위자 간에 직계혈족, 배우자, 동거 친족 등의 신분 관계가 있으면 행위자의 처벌이 면제되는 경우이다.

1. 친고죄

친고죄란 범죄 고소권자의 고소가 있어야만 공소를 제기할 수 있는 범죄로 '정지조건부 범죄'라고도 한다. 입법취지는 범죄자처벌 과정에서 오히려 피해자에게 불이익을 초래할 우려가 있는 범죄의 경우와 피해가 경미한 경우에 피해자 의사를 존중하자는 것이다.

이에 해당하는 범죄로는 사자 명예훼손죄, 모욕죄, 비밀침해죄, 업무상 비밀누설죄 등이 있다. 종래에는 강간죄 등 성폭력 범죄들도 친고죄로 인정되어 왔으나, 형법 개정으로 모두 비친고죄로 변경되었다. 다만, 국가형벌권 발동을 언제까지나 개인에게 맡겨 둘 수는 없기 때문에 고소기간을 6개월을 정해 두고 있다.[8]

2. 반의사불벌죄

반의사불벌죄에 해당하는 범죄의 공소제기는 친고죄와는 달리 피해자의 의사와 관계없이 할 수 있으나, 피해자가 범인의 처벌을 원하지 않는다는 명시적인 의사를 표시하거나 처벌의 의사를 철회한 경우에는 범인을 처벌할 수 없다. 「형법」상 반의사불벌죄에 해당하는 범죄로는 외국 원수에 대한 폭행 등의 죄(제107조), 외국사절에 대한 폭행 등의 죄(제108조), 폭행죄(제260조), 과실상해죄(제266조), 협박죄(제283조), 명예훼손죄(제307조), 출판물 등에 의한 명예훼손죄(제309조) 등이 있다. 피해자가 처벌을 희망하지 않는다는 의사를 명백히 한 때에는 처벌할 수 없다는 점에서 '해제조건부 범죄'라고도 한다.[9]

그 밖에도 특별법에 의하여 '행정관청의 고발'을 소추조건으로 규정하고 있는 경우도 있는데, 이는 행정의 전문성, 합목적성, 자율성 등을 고려한 것이다. 예컨대 공정거래법 위반행위에 대해 공정거래위원장의 고발이 있어야 하며,[10] 관세법 위반행위에 대하여 관세청장 또는 세관장의 고발이 있어야 하며,[11] 조세범에 대해서도 국세청장 또는 지방국세청장, 세무서장의 고발이 있어야 한다.[12]

---

8 「형사소송법」제230조.
9 이재상 외 공저, 형법총론(제9판), 박영사(2017), 75면.
10 「독점규제 및 공정거래에 관한 법률」제129조.
11 「관세법」제284조 제1항.
12 「조세범 처벌법」제21조.

제 2 절 | 범죄원인론

법무보호복지의 목표 중 하나가 법무보호대상자의 재범 예방 및 방지라는 점에서, 범죄 현상이 발생하는 원인에 대한 정확한 이해는 법무보호복지의 과학적 접근에 있어서 필수적이라 할 수 있다. 그동안 "범죄의 원인이 무엇인가?"라는 물음에 역사적으로 범죄 발생의 원인에 대해 다양한 주장이 전개되었다.

즉, 1930년대까지는 인간의 소질과 환경의 어느 한쪽에 치중하여 범죄 원인을 찾고자 하였다면 그 이후로는 소질과 환경의 상호작용에 의하여 변화하는 인간을 동태적으로 파악하는 다원적인 연구 방법이 등장하였다. 최근에는 일정한 범죄와 범죄자를 유형화하여 개별 범죄유형에 대하여 각기 별도의 범죄 원인과 대책을 논의하는 방향으로 자리를 잡아가고 있다.

Ⅰ 범죄 원인을 구성하는 기본 요소

1. 범죄 유발의 4요소

실리(Joseph F. Sheley)가 주장한 범죄 유발의 4요소는 범행의 동기(Motivation), 사회적 제재로부터의 자유(Freedom from social constraints), 범행의 기술(Skill), 범행의 기회(Opportunity)이다. 즉, 범죄에 대한 동기를 가지고 사회로부터 아무런 제재를 받지 않으면 범죄를 행하는 기술을 쓸 수 있는 기회가 주어진다고 하는 4요소의 하나하나는 범행에 있어서 필요한 조건이며, 어떠한 범행이 가능하기 위해서는 이들 네 가지 요소가 동시에 상호작용해야 한다.

2. 소질과 환경

(1) 소질

범죄의 원인을 개인적 소질로 바라보는 이론으로, 생물학적인 특성이나 심리적인 요인을 강조한다. 범죄 발생의 원인은 개인의 특성, 즉 생물학적 또는 유전적인 특성이라는 것이다. 사회의 여러 가지 측면을 바라보는 것이 아니라 행위자의 특성이라는 측면에서 범죄를 찾고자 하여, 생물학적 원인론과 심리학적 원인론으로 발전했다.

(2) 환경

가정환경, 부모의 양육, 교우 관계, 행위자가 처해 있는 사회적·경제적환경이나 문화적인 구조 등 환경적 조건이 범죄의 원인이라고 한다. 따라서 범죄를 범할 수 있는 동일한 환경 및 상황이 주어지면 누구든지 범죄를 범할 수 있다고 본다.

Ⅱ 범죄 원인에 관한 이론

1. 개인적 수준의 범죄 원인

(1) 고전주의 범죄이론

18세기 중엽에 대두한 고전주의 범죄이론의 인간관은 모든 인간은 '자유의사'를 가지고 있는 합리적인 존재이며(의사 비결정론), 일탈할 잠재성을 가진 존재라는 가정에서 논의를 시작한다. 범죄 원인은 범죄에 의한 이득이 전통적인 방법에 의한 이득보다 더 많기 때문에 합리적인 존재인 사람들은 범죄를 선택하기 쉽다는 것이다. 그러나 자유의지와 상관없이 범죄를 저지를 수밖에 없는 상황에 대해서 충분히 고려하지 못한 한계를 지니고 있다.

범죄 대책으로는 범죄를 선택하지 못하게 하는 상응 형벌(고통)을 주어 통제해야 하는데, 그 형벌이 강력하고 신속하게 집행될 때 범죄를 효과적으로 통제할 수 있다고 한다.

이러한 고전적 범죄이론의 대표적 학자로는 이탈리아의 베카리아(C. Beccaria), 영국의 벤담(J. Bentham), 독일의 포이에르바흐(Feuerbach), 존 하워드(John Howard) 등을 들 수 있다.

(2) 실증주의 범죄이론

19세기 생물학, 물리학, 화학 등 자연과학의 발전 및 사회 전반에 대한 인식변화를 배경으로 발전한 과학적 연구방법론인 실증주의 범죄이론의 인간관은 인간의 범죄 행위는 개인이 자유의사에 의해 합리적으로 선택하는 것이 아니라, 개인이 통제할 수 없는 요소인 생물학적·심리학적·사회학적 성질에 의해 결정되고(의사결정론), 범죄 원인으로는 인간 행동은 개인의 의지에 의해 통제할 수 없는 생물학적·심리학적·사회적 작용 등 개인 외부에 존재하는 요인에서 비롯되므로 인간은 이미 결정된 대로만 행동하는 존재라고 본다. 범죄 문제의 해결에 과학적인 방법을 적용하고 있다.

이탈리아 학파인 롬브로조(C. Lombroso), 페리(E. Ferri), 가로팔로(Garofalo) 등이 실증주의를 바탕으로 범죄 원인을 규명하는 대표적 학자들이다.

롬브로조(C. Lombroso)는 신체적 구조에 의해서 정신적인 성향이나 범죄가 결정된다는 생물학적 결정론을 주장하였다. 그리고 저서 「범죄인론」에서 생래적 범죄인설을 주장하면서 예방이나 교정이 불가능하므로 초범은 무기형에 처하고 누범이나 잔혹범은 사형에 처하여야 한다고 한다.

2. 사회적 수준의 범죄 원인

사회학적 범죄이론은 사회적 수준에서 사회구조의 원인과 사회화 과정의 원인으로 나누어 설명하기로 한다.

(1) 사회 '구조' 원인: 거시적 관점

① 사회해체론 – 도시화, 산업화

사회해체론(social disorganization theory)은 1920년대 시카고 학파가 지역사회환경으로서의 사회조직 와해와 범죄 발생 사이의 관계를 생태학적 모델에 비추어 개발한 이론이다. 파크(Park)는 생태학 이론을[13] 차용하여 도시생태학을[14] 만들었고, 버제스(Burgess)는 이를 동심원이론으로[15] 발전시켰다.

---

13 외래종이 침입하면 자원경쟁이 심화되고 원래의 종은 새로운 지역으로 이주하거나 멸종한다는 이론이다.

14 상업지역과 산업지역이 거주지역을 침범하면 거주자들은 도시 변두리 외각으로 밀려나는 현상.

15 '도시성장이론'이라고도 한다. 도시는 5개 구역으로 구성되고, 지역별로 다른 기능과 생활양식이 존재한다.

• 그림 2-1 버제스의 동심원 이론

파크(Park)와 버제스(Burgess)에 영향받은 쇼우(Shaw)와 맥케이(Mckay)의 사회해체 이론에 의하면 빈민 지역에서 범죄가 일반화되는 것은, 지역주민들이 생물학적이나 정신적으로 비정상적인 것이 아니라, 산업화 및 도시화 과정에서 사회조직이 극도로 해체되었기 때문이며, 도심지의 범죄나 비행이 빈번하게 발생하는 지역은 유동 인구와 임대 입주자 및 결손가정이 많고 평균소득이 낮으며 이민 가족과 유색인종이 많은 특성을 가지고 있는데, 구성 인종이 바뀌더라도 비행 발생률은 변하지 않는다고 한다. 또한 2구역인 전이(변이)지역(transitional zone)[16]이 타 지역에 비해 범죄율이 상대적으로 높게 나타났다. 특히, '낮은 경제적 지위'(빈곤), '거주 불안정성'(높은 주거 이동성) '민족적 이질성'을 중요한 3요소로 제시하였으며, 이로 인해 지역주민은 서로를 모르기 때문에 공동체 의식이 발달하지 못하고 사회적 통제가 약화된다고 보았다. 결국 사회해체 지역이 범죄를 일으키는 원인이라면 지역 환경 개선이 범죄 예방의 가장 중요한 과제가 된다고 한다.[17]

② 아노미(긴장) 이론

(i) 뒤르켐(Durkheim)의 아노미 이론: 무규범의 아노미

아노미는 프랑스 사회학자 뒤르켐이 그의 저서 '자살론'에서 처음 사용한 개념으로, 급격한 사회변동으로 기존의 가치관이나 규범이 약화·붕괴하고 이를 대신할 만한 새로운 공통의 가치관이 도덕적 규범이 성립되지 않는 '무규범 상태'를 아노미라고 한다.

---

16 경제발전에 따른 산업화의 과정을 거치면서 점차 거주지로서의 특성을 잃어가고 상업 및 경제적 활동에 적합한 지역으로 바뀌어가고 있는 지역이다.

17 1934년 미국의 시카고 지역 프로젝트 등.

사회의 변동으로 기존의 사회 규범이 약화되었음에도 불구하고 이를 대체할 새로운 규범과 기준이 아직 정립되지 않았을 때, 사회 구성원들이 가치관의 혼란에 빠져 사회 구성원 개인의 욕구와 욕망에 대한 통제력을 상실했을 때 일탈 행동을 저지른다고 본다. 주로 경제공황, 전쟁, 기아와 같은 재난으로부터 일어나지만 갑작스러운 행운으로 인해 규범이나 규칙에 대한 관념을 혼란시키는 상황에서도 일어날 수 있다고 주장하였다. 대책으로는 구성원이 합의한 규범을 정립하는 것이 중요하게 된다.

(ii) 머튼(Merton)의 아노미(긴장) 이론: 목적·수단 괴리 아노미

머튼은 '문화적 목표'와 그에 대한 '제도적 수단'의 존재 여부에 관심을 가지면서, 뒤르켐과 달리 인간의 욕망이 생래적인 것이 아니고, 우리 사회에 문화적으로 인정되는 목표를 이룰 수 있는 적법한(사회에서 인정받은) 수단이 존재하지 않을 때, 머튼은 규범 갈등에 의해 일탈이 발생한다는 것이다.

머튼은 1957년 불평등한 미국 사회에 대한 반응의 유형을 다섯 가지의 개인적 적응 양식으로 발전시켰다. ① 동조(conformity, 순응)형은 합법적 수단으로 문화적 목표를 달성하려는 적응 방식이다. ② 혁신(innovation, 개혁)형은 금지된 수단으로 문화적 목표를 달성하려는 적응 방식으로 범죄 관련성이 가장 높다. ③ 의례(ritualism)형은 문화적 목표는 거부하고 제도화된 수단만을 수용하며, 목표 없이 주어진 일에만 충실하다. ④ 도피(retreatism)형은 문화적 목표와 제도적 수단 모두를 포기하는 적응 방식이다. ⑤ 반항(rebellion)형은 기존의 목표 수단을 거부하고, 새로운 목표 수단을 추구하는 적응 방식을 의미한다.

• 표 2-1 | 머튼의 다섯 가지 개인적 적응 양식

적응 양식	문화적으로 인정된 목표	제도화된 수 단	행위 유형
동조(순응)	+	+	대부분의 정상인
혁신(개혁)	+	-	전통적 재산범죄자
의례(예범)	-	+	하층 관료, 샐러리맨
은둔(도피, 퇴행)	-	-	약물 중독자·부랑자 등 이중실패자
반항(전복, 혁명)	∓	∓	사회운동가·정치적 확신범

※ +는 수용, -는 거부, ∓는 대체를 의미함. 범죄학상 문제되는 유형은 혁신·은둔·반항형이고, 아노미 유형은 동조형을 제외한 나머지 유형들임.

• 표 2-2 | 뒤르켐과 머튼의 아노미 이론 구분

구 분	뒤르켐의 아노미	머튼의 아노미
범죄의 원인	욕망의 좌절에 따른 긴장	문화적 목표 성취 수단의 제한
인간의 본성	성악설	성선설
인간의 욕구	생래적	사회의 관습과 문화에 의해 형성됨
아노미 상태	현재의 사회구조가 개인의 욕구에 대한 통제력을 유지할 수 없는 상태	문화적 목표와 제도적 수단의 차등화에 의한 긴장의 산물

③ 문화 갈등 이론

셀린(Sellin)은 생태학적 연구를 체계화하여 문화(규범) 갈등 이론을 전개하면서, 범죄와 비행의 원인을 사회 구성원 간 문화적 충돌로 인식하고 일차적 갈등과 이차적 갈등으로 구분된다고 한다. 즉, 일차적 문화 갈등의 경우는 이질적인 문화가 유입되어 기존 문화와 충돌하는 과정에서 생기는 갈등현상으로 이민이나 국가 간의 병합이 대표적인 예이며, 이차적 문화 갈등의 경우는 동일 문화체계를 가진 지역 내부에서 내부적 원인으로 사회가 분화되어 분화된 사회 간에 발생하는 갈등현상으로 기성세대와 신세대의 세대 차이 등이 대표적인 예이다.

이러한 문화 갈등이 있게 되면 법규범은 다양한 사회 구성원들 간의 합의된 가치를 반영하는 것이 불가능해지며, 단지 가장 지배적인 문화의 행위규범만을 반영할 뿐이므로 그렇지 못한 문화를 가진 사람들은 자신이 속한 문화의 행위규범을 따르다 보면 법과 자주 마찰을 일으킬 수 밖에 없다는 것이다.

④ 문화 전파 이론

범죄를 부추기는 가치관으로서의 사회화나,[18] 범죄에 대한 구조적 문화적인 유인에 대한 자기통제의 상실을 범죄의 원인으로 본다.

⑤ 하위문화 이론

하위문화란 주류 문화와 구별되어 독자적 특성을 갖는 소수 문화를 말한다.[19]

---

18 성장 과정에 정상적인 사회화 과정을 거치지 않고 비행성 등 범죄를 일으킬 수 있는 성향을 띠는 것을 말한다.

19 속성상 지배문화와는 대립하는 성격을 가지므로, 하위문화를 대항문화(counter culture)라고 부르기도 한다.

(i) 코헨(Albert K. Cohen)의 비행하위문화 이론: 하류 계층의 청소년들은 목표 달성의 어려움을 극복하기 위하여 자신들만의 하위문화를 만들게 되며 범죄는 이러한 하위문화에 의하여 저질러진다고 한다. 비행하위문화의 특징으로 ① 합리적 판단과 결정에 따라 이익을 추구하는 것이 아니라 스릴과 흥미 등 유희적 성격을 가진 행위를 선호하는 비공리성(non-utilitarian), ② 다른 사람에게 불편을 주고 고통당하는 모습에서 쾌감을 느끼는 악의성(maliciousness), ③ 기존의 지배문화나 인습적 가치 등을 반대하는 부정성(negativism), ④ 장기적인 계획과 목표를 추구하기보다 순간적인 쾌락을 좇는 경향이 강한 단기쾌락주의(shot-run hedonism), ⑤ 사회적으로 인정받지 못하는 것에 대한 반감으로 강한 단결력과 외적 적대감을 나타내는 집단자율성의 강조(emphasis of group autonomy) 등이 있다.

(ii) 밀러(Miller)의 하위계층 문화이론: 하위계층의 비행을 '중상류계층에 대한 반발에서 비롯되는 것'이라는 코헨의 이론에 반대하고, 하류 계층은 그들의 관심이 중상류계층과 다르기 때문에 '그들만의 독특한 하류 계층문화 자체'가 집단비행을 발생시킨다고 보았다. 밀러는 하위계층이 주로 관심갖는 사항을 6가지로 정리하였다.

① 싸움, 음주 등 사고 유발 등의 말썽이 그들에게는 오히려 영웅적이거나 정상적인 것으로 간주되는 경향이 있어, 이러한 일에도 관심갖는 사고 치기(trouble), ② 남성다움과 육체적 힘의 과시, 용감성 등에 대한 관심이 큰 강인함(toughness), ③ 지적인 총명함과 영리함이 아니라, 도박, 사기, 탈세 등 기만적인 방법을 과시하여 그들의 사회에서 인정받고자 하는 영리함(smartness), ④ 도박, 싸움, 음주, 성적 모험 등 사고치는 것이 스릴을 주고, 이에 대한 체포와 처벌을 피한다면 멋있다고 생각하는 흥분 추구(excitement), ⑤ 자신의 미래가 계획적인 노력의 결과물이 아니라 스스로 통제할 수 없는 운명 즉 팔자소관으로 생각하는 숙명주의(fatalism), ⑥ 자신의 일은 스스로의 의지대로 처리하고 싶은 희망으로 타인의 명령과 간섭받고 있는 현실에 대해 잠재적 반발을 갖는 자율성(autonomy) 등 하위계층에서 이상과 같은 여섯 가지의 사항을 높이 평가하고 관심을 가진다고 하여 독자적인 범죄 발생과정을 설명하고 있다.

(2) 사회 '과정'원인(학습/통제/낙인이론) - 미시적 관점

• 표 2-3 | 사회과정 이론의 분류

사회과정 이론		
학습이론	통제이론	낙인이론
차별적 접촉 이론 차별적 동일시 이론 차별적 강화 이론 중화 이론	견제 이론 동조성 전념 이론 사회유대 이론	탄넨바움의 악의 극화 레머트의 1차적 일탈과 2차적 일탈 베커의 사회적 지위로서의 일탈

① 사회학습 이론 - 접촉, 동일시, 강화, 중화

사회학습 이론이란 타인의 특정 행동에 따른 보상 및 처벌 여부에 관한 과정을 학습자가 간접적으로 경험함으로써 특정 행동을 학습할 수 있다는 이론으로, 범죄를 저지르는 데 있어서 학습 행위의 영향을 제기한 범죄학자는 가브리엘 타르드(J. G. Tarde)이다. 타르드는 롬브로조의 생래적 범죄인론을 부정하고 인간의 행위는 타인들과 접촉하고 학습하며, 행위는 자기가 학습한 관념으로부터 발생한다고 주장하였다. 또한 자신의 견해를 '모방의 법칙'으로 정리하였다. 범죄인이 되는 과정을 범죄인 동료와의 접촉을 통해 범행 기술을 학습하는 것으로 설명하는 사회학습이론 중 가장 대표적 이론이 바로 서덜랜드(Sutherland, E. H.)의 차별적 접촉 이론이다.

(ⅰ) 차별적(분화적) 접촉 이론(Differential association theory, Sutherland, E. H.): 범죄는 범죄적 전통을 가진 사회에서 많이 발생하며, 이러한 사회에서 개인은 범죄에 접촉(교제)·동조하면서 학습한다.[20] 이는 아홉 명제들로 구성되어 있는데, ① 범죄(일탈)행위는 학습된다(환경일원론). ② 범죄행위는 다른 사람들과의 상호 과정에서 의사소통을 통해 학습된다. ③ 범죄의 학습은 주로 친밀한 사적 집단 (intimate personal group) 안에서 일어난다. ④ 범행의 학습 시 그 내용으로는 범행 기술, 범행 동기, 충동, 합리화 및 태도 등이다. ⑤ 범죄행위의 동기와 충동의 방향은 법률의 긍정적·부정적 대응에 따라 학습된다. ⑥ 어떤 사람이 범죄자로 된다는 것은 법률 위반을 긍정적으로 규정짓는 생각이 부정적으로 규정짓는 생각보다 강하기 때문이다. ⑦ 교제·접촉의 차이는 빈도(frequency), 기

---

20 "나쁜 친구를 사귀면 실제로 나쁜 짓을 하게 된다." 등을 예시로 들 수 있다.

간(duration), 우선순위(priority), 강도(intensity) 등 4가지 측면에 따라 달리 나타난다. ⑧ 범죄자와 비범죄자의 차이는 학습 과정의 차이가 아니라 교제·접촉유형의 차이이다. ⑨ 범죄행위는 일반적인 욕구와 가치 추구의 표현이지만, 그것만으로는 범죄행위를 설명할 수 없다. 비범죄적인 일반적인 행동도 이와 유사한 욕구와 가치관의 표현이기 때문이다.

(ii) 차별적(분화적) 동일시 이론(Differential identification theory): 범죄를 학습의 결과로 보는 점에서 차별적 접촉 이론을 긍정하지만, 서덜랜드(Sutherland)가 사용한 '접촉' 대신에 '동일시'라는 개념을 사용하고 있다. 글레이저(Glaser)의 차별적 동일시 이론의 핵심은 범죄적 행동을 하는 사람은 자신의 범죄적 행동을 지지해 줄 수 있는 실존 또는 허구의 인물과 자신을 동일시한다. 그리고 학습이 반드시 친근한 집단과의 직접적인 접촉을 통하지 않아도 가능하므로 학습 대상과의 직·간접적 접촉을 통한 동일시에 의해 범죄행위가 학습될 수 있다고 보았다. 예컨대 청소년들은 TV나 영화의 주인공을 모방하고 자신들과 동일시 하면서 범죄를 학습한다.

(iii) 차별적(분화적) 강화이론(Differential reinforcement theory): 개인은 행위의 결과로 나타나는 보상과 처벌에 의해 영향을 받는데, 주변의 인정, 돈, 만족감 등이 높을수록 행동이 강화되고, 처벌 등이 있는 경우 행위는 감소된다고 보인다. 따라서 청소년의 비행 행위에 대하여 처벌이 없거나 칭찬받게 되면 반복적으로 저질러진다. 버제스(Burgess)와 에이커스(Akers)가 대표적인 학자이다.

(iv) 중화기술이론(中和技術理論, techniques of naturalization theory): 인간에게 내면화되어 있는 합법적 규범이나 가치관을 유지하고 있지만 외부 환경으로부터 중화 기술(합리화, 변명)을 학습해서 범죄자에게 이미 내면화되어 있는 보편적 규범이 마비되면서 범죄에 이르게 된다고 보는 이론이다. 맛차(Matza)와 사이크스(Sykes)에 따르면 자기 행위가 실정법상 위법하다는 것을 알지만 그럴듯한 구실이나 이유를 내세워 자신의 행위를 도덕적으로 문제없는 정당한 행위로 합리화시키는데, 소년은 비행 지점에서 책임의 부정(회피), 가해의 부정(피해 발생의 부인), 피해자의 부정, 비난자에 대한 비난, 고도의 충성에의 호소 등 5가지 중화 기술을 통해 규범·가치관 등을 중화시킨다고 한다. 결국 범죄를 정당화하는 중화 기술을 통해 범죄를 저지르게 된다는 것이다.

• 표 2-4 | 중화 기술의 유형

구분	내용
책임의 부정 (denial of responsibility)	- 자기의 비행에 대해서 사실상 책임이 없다고 합리화 예) 고의에 의한 것이 아니라 빗맞아서 할 수 없었다. 비행을 가정 환경 탓이라고 한다.
가해(피해)의 부정 denial of injury)	- 자기의 행위로 손상을 입거나 재산상의 피해를 본 사람이 없다고 함으로써 자기의 비행을 합리화 예) 자동차 훔치고 잠시 빌렸을 뿐이다. 훔친 돈은 갚으면 된다.
피해자의 부정 (denial of victim)	- 피해자가 피해를 입어도 마땅하다고 생각함으로써 정당화 예) 자기의 절취는 부정직한 점포에 대한 보복이다. 매국노 처단
비난자에 대한 비난 (condemnation of the condemners)	- 자신을 비난하는 사람을 비난함으로써 자신의 행위를 정당화 예) 편의점에서 절도하다가 발각되자 어른이 더 나쁜 사람이다. 교 사나 법관, 경찰관의 약점이나 비행을 지적(촌지나 비리), 부 모의 권위 부정
보다 높은 충성심에의 호소 (appeal to higher loyalties)	- 사회의 일반적인 가치나 규범의 정당성을 인정하면서도 더 높은 가치에 기반을 두어 비행을 합리화 예) 우정을 지키기 위해서는 오토바이 절도가 무슨 대수냐, 가족을 위한 절도, 시위 현장에서 화염병 사용은 자유와 평화를 위한 것이다. 집단의 충성심 때문에 범죄행위를 했다.

② 사회통제 이론 - 유대, 견제, 동조성.

인간은 누구나 법을 위반할 수 있는 잠재력을 가지고 있어서 인간의 범죄 경향이
억제되려면 어느 정도 통제되어야 한다는 가정에서 시작한다. 사람들이 사회의 규범
과 규칙에 동조성을 견지하는 것은 바로 사회통제 때문인데, 사회통제는 대체로 내
적인 것(inner)과 외적인 것(outer)으로 구분되는데, 내적 통제에는 책임감, 자아 관념
과 같은 개인적 통제(personal control)를 의미하며, 외적 통제로는 사회적 통제(social
control)로서 가정과 학교와 같은 제도적 통제(institutional control)와 처벌을 통한 법
률적 통제(legal control), 즉 억제(deterrence)로 구분된다. 대표적 이론으로는 개인적
통제로 견제 이론, 동조성 전념 이론, 사회적 통제로 사회 유대 이론, 법률적 통제로
억제 이론 등이 있다.

（ i) 견제(containment) 이론: 사람들은 사회생활은 하면서 범죄에 대한 끝없는 유
혹을 받지만, 이러한 유혹보다 범죄에 대한 견제가 더욱 강하여 범죄를 저지

르지 않는다는 이론이다. '좋은 자아 관념'은 주변의 범죄적 환경에도 불구하고 비행 행위에 가담하지 않도록 하는 중요한 요소이다. 레클레스(Reckless)가 대표적인 학자이다.

(ii) 동조성 전념 이론: 일정한 원인으로 발생하는 관습적 목표를 지향하려는 노력이 이러한 목표수행에 인간의 행위를 전념시킴으로써 인간의 범행 잠재력을 통제하게 되어 상황적 일탈을 감소시킨다는 이론이다. 브라이어(Briar)와 필리아빈(Piliavin)이 대표적 학자이다.

(iii) 사회 유대 이론(Social bonding Theory): 기존 이론이 "왜 사람들은 범죄를 저지르는가?"에 관심을 두고 있다는 것을 바꿔 "왜 사람들은 범죄를 저지르지 않는가?"에 대한 시도로부터 시작하였다. 사람은 일탈의 잠재적 가능성을 가지고 있어서 '사회적 유대(social bond)'가 약화되면 일탈 가능성이 범죄로 발현된다는 것이다.

허쉬(Travis W. Hirschi)에 따르면 범죄는 사회적인 유대가 약화되어 통제되지 않기 때문에 발생하고, 사회적 결속은 애착(attachment), 관여(commitment), 참여(involvement), 신념(belief)의 4가지 요소(사회 연대 요소)에 영향을 받는다. 따라서 사회에 애착이 높고, 관여하며, 참여하고, 사회의 도덕적 신념을 받아들이는 사람들은 범죄를 저지르지 않는다고 한다.

• 표 2-5 | 사회 유대 결속 4대 요소

애착(attachment)	관여 (전념, commitment)	참여(involvement)	신념(믿음, belief)
주위의 중요한 사람들 (부모, 학교(교사), 또래)과 맺는 애정적 결속 관계	사회에서 진행하는 학업이나 일에 얼마나 열심히 임하며, 크게 비중을 두고 있는가	사회활동에 얼마나 많은 시간을 할애하고 참여하는가의 정도	사회의 인습적인 가치와 규범을 어느 정도 알고 받아 들이고 있는가

③ 낙인 이론(Labeling Theory)

어떤 행위가 사회인들에 의하여 일탈이라고 인식되어 낙인찍히면 그러한 행위를 한 자는 일탈자가 되는데, 이러한 낙인을 찍는 행위는 사회적으로 힘 있는 사람들에 의해서 행하여지는 것으로 낙인이론(Labeling Theory)은 기존의 범죄 원인론에 집착했던 것과는 달리 범죄 그 자체가 어떻게 형성되는가에 관심을 가졌다. 즉, 범죄행위 자체에 초점을 두지 않고 어떠한 행위가 사회에서 일탈되고 낙인화되는지를 사회적 상호작용의 관점에서 파악하였다. 시카고 학파의 상징적 상호작용론(symbolic interactionism) 이론과 방법론에 기반하고 있기에 후기 시카고 학파라고 불리기도 한다.

(i) 탄넨바움의 악의 극화(dramatization of evil): 낙인이론의 최초 주장자인 탄넨바움(Tannenbaum)은 범죄자를 만들어 내는 과정을 '악의 극화'(각색)이라 하였다. 여기서 악의 극화는 사회 대중이 일정한 행위자에게 꼬리표를 붙이고 일탈자로 규정하고 차별하고 평가하고 일탈자로서의 자의식을 심어주는 과정을 말한다. 이러한 부정적인 꼬리표가 붙게 된다면 부정적 자아 관념이 형성되어 사회의 반응에 대해 도피하는 수단으로 또다시 비행에 가담하게 된다는 것이다. 이러한 '악의 극화'에 대한 대책으로 기성세대와 사회가 잘못에 대해 과잉 반응 및 부정적인 꼬리표를 붙이지 않도록 유의할 것을 주문했다.

(ii) 레머트의 1차적 일탈과 2차적 일탈: 낙인이론의 주창자인 레머트(Lemert)는 사회적 낙인(Social Label)으로서의 일탈을 일차적 일탈(일시적 일탈)과 이차적 일탈(경력적 일탈)로 구분하고, 일탈이 사회통제를 이끌어 가는 것이 아니라 통제가 일탈을 이끌어 간다고 주장하였다. 일차적 일탈은 아동들이 일시적으로 상점에서 물건을 훔치는 것과 같은 행위를 말하고, 이차적 일탈은 일차적 일탈에 대한 사회적 반응(낙인)에 의하여 발생하는 여러 가지 문제점들이나 조건들에 대한 반응으로써 나타나는 일탈을 뜻한다. 모든 일차적 일탈이 이차적 일탈을 발생시키는 것은 아니지만, 일차적 일탈에 대한 사회의 좋지 않은 인식과 반응(낙인)이 부정적인 자아 관념을 초래하여 직업범죄자가 된다고 보았다. 따라서 그 대책으로는 부정적 낙인을 신중히 해야 한다.

(iii) 베커의 사회적 지위로서의 일탈: 베커(Howard S. Becker)는 일탈자의 지위 변화에 주목하고 범죄의 발생은 단계적으로 발전해 나간다고 하여, ① 규범 위반은 누구나 저지를 수 있다는 비동조적 행위 단계, ② 일탈적 동기와 관심 단

계, ③ 일탈자는 낙인이 주 지위(主 地位)[21]로 작용하여 일탈자의 사회적 위치에 큰 영향을 미치는 공식적 낙인 단계, ④ 마지막으로 자신의 범죄행위에 대해 합리화하고 직업적 범죄인으로 진입한다는 조직화된 일탈의 '단계적 모델'을 제시하였다.

---

21 사람은 누구나 여러 개의 사회적 지위(예:여성, 판사, 위원 등)를 가지고 있는데, 상호작용의 과정과 유형에 있어서 이 중 어떤 지위가 다른 지위들 보다 우선하는 지위를 '주 지위'라고 한다.

제2장
형사사법체계[22]

제 1 절 | 형사사법절차

　범죄에 대한 법 효과로서의 형사 제재는 일정한 절차를 거쳐서만 실현될 수 있다(형사절차법정주의). 즉, 국가기관에 의하여 범죄사실이 밝혀지고 유죄의 확정판결을 받을 때에만 범죄자는 교도소에서 형벌을 집행받게 된다. 「형법」이라는 실체법을 실제로 실현해 나가는 절차는 수사절차, 공소제기절차, 공판절차 및 형집행절차로 나누어져 있는데, 수사와 공소제기 및 공판절차는 「형사소송법」에 의하여 규율되고 형집행 절차는 주로 「형의 집행 및 수용자의 처우에 관한 법률」에 의해 규율되고 있다.

　물론, 수형 기간을 마치게 되면 출소 또는 보호관찰 등의 순서를 거치게 되지만,[23] 그 가운데 형을 집행하고 처우 과정을 거치게 하는 궁극적인 목적은 범죄자를 교화하고 지역사회로 다시금 적응하도록 하여, 더 이상의 범죄를 저지르지 않게 하는 것에 있다.

　범죄자가 사회에 제대로 정착하지 못하고 재범을 일으키게 되면, 범죄의 개인적·사회적 피해뿐만 아니라 형사사법체계 자체에 대한 국민의 신뢰에도 악영향을 주

22　형사사법체계(Criminal Justice System)의 본질적 의미는 범죄혐의가 있거나 유죄가 확정된 사람 등에 대해 체포, 기소, 보호, 선고, 처벌 등 직접적으로 법집행을 수행하는 체계(The system of law enforcement that is directly involved in apprehending, prosecuting, defending, sentencing, and punishing those who are suspected or convicted of criminal offenses)를 의미한다. 이러한 형사사법체계 내 대표적 기관으로 경찰, 검찰, 법원, 교정기관 등이 있다(박준휘 외 공저, 한국의 형사사법체계 및 관리에 관한 연구Ⅱ, 형사정책연구원(2017), 18면(주 2)).

23　물론, 「형법」 제62조 내지 제63조에 따라 집행이 유예되는 경우는 소위 '실형'을 면하게 된다.

게 된다. 따라서 법무보호대상자를 사회로 무사히 연착륙시켜 생존권을 보장하여 안정적인 삶을 영위할 수 있도록 자립 능력을 향상시키고, 건전한 시민으로 복귀하게끔 돕는 법무보호복지의 의의가 적지 않다. 따라서 법무보호복지의 수혜자를 정확히 판단하여, 그에 알맞은 법무보호복지서비스를 제공해야 할 것이다.

제 2 절 │ 수사절차

수사는 '범죄혐의의 유무를 명백히 하기 위하여 범인을 발견·확보하고 증거를 수집·보전하는 수사기관의 활동'이라고 정의할 수 있다.[24] 현행법상 수사 권한이 인정되는 기관을 '수사기관'이라 하고, 그 종류에는 검사와 사법경찰관리가 있다. 개정 전에는 검사가 수사 주재자이고 사법경찰관리는 검사의 지휘를 받아야 하는 관계이었지만, 2020년 이른바 '검·경 수사권 조정'을 통해 「형사소송법」 및 「검찰청법」 등의 개정으로 일반적인 1차 수사권은 사법경찰관리에게 부여되었고,[25] 검사는 수사를 개시할 수 있는 범죄의 범위를 부패·경제범죄 등 특정범죄로 제한하고 있다.[26] 그리고 고위공직자범죄수사처의 검사도 고위 공직자범죄 등에 대한 수사권을 가진다.[27] 그

---

24 대법원 1999. 12. 7. 선고 98도3329 판결.
25 「형사소송법」 제197조(사법경찰관리) ① 경무관, 총경, 경정, 경감, 경위는 사법경찰관으로서 범죄의 혐의가 있다고 사료하는 때에는 범인, 범죄사실과 증거를 수사한다.
  ② 경사, 경장, 순경은 사법경찰리로서 수사의 보조를 하여야 한다.
26 「검찰청법」 제4조(검사의 직무) ① 검사는 공익의 대표자로서 다음 각 호의 직무와 권한이 있다.
  1. 범죄수사, 공소의 제기 및 그 유지에 필요한 사항. 다만, 검사가 수사를 개시할 수 있는 범죄의 범위는 다음 각 목과 같다.
    가. 부패범죄, 경제범죄 등 대통령령으로 정하는 중요 범죄
    나. 경찰공무원(다른 법률에 따라 사법경찰관리의 직무를 행하는 자를 포함한다) 및 고위공직자범죄수사처 소속 공무원(「고위공직자범죄수사처 설치 및 운영에 관한 법률」에 따른 파견공무원을 포함한다)이 범한 범죄
    다. 가목·나목의 범죄 및 사법경찰관이 송치한 범죄와 관련하여 인지한 각 해당 범죄와 직접 관련성이 있는 범죄
27 「고위공직자범죄수사처 설치 및 운영에 관한 법률」 제3조(고위공직자범죄수사처의 설치와 독립성)

렇지만 특별사법경찰관은 여전히 검사의 지휘에 따라야 한다.[28]

Ⅰ 수사의 개시

1. 수사의 개시 원인

형사소송절차의 시초는 범죄를 규명하는 수사절차가 된다. 수사가 개시되려면 우선 그 원인이 존재하여야 한다. 이를 '수사의 단서'라고 한다. 수사의 단서로는 수사기관의 자기 체험인 자율적 개시 원인으로 현행범인의 체포, 변사자의 검시, 불심검문[29] 등이 있고 다른 한편으로 수사기관이 아닌 타인의 체험인 타율적 개시 원인으로 고소, 고발, 자수, 진정, 범죄 신고 등 다양하게 존재한다.

수사 권한 있는 수사기관에는 현행법상 사법경찰관(리)와 검사가 있다. 양자 사이에는 상호 협조 관계에 있다. 대부분의 형사 사건에 있어서는 사법경찰관이 수사에 착수하고 그 이후 검찰에 송치할 것인지 여부를 결정하게 된다.

2. 수사의 조건

수사의 단서만으로 언제나 수사가 허용되는 것은 아니다. 결국 수사의 조건을 충족해야 한다. 수사조건을 충족하기 위해서는 우선 수사의 '필요성'과 '상당성'[30]이 있어야 한다. 수사의 필요성과 관련하여, 친고죄의 고소는 검사가 공소제기에 필요한 조건이고 법원이 실체 판결을 하기 위한 조건인 '소송조건'이라는 점에 의문이 없다. 문제는 수사기관이 수사를 하기 위한 조건도 될 수 있는가에 대하여, 현재 통설과 판

---

① 고위공직자범죄등에 관하여 다음 각 호에 필요한 직무를 수행하기 위하여 고위공직자범죄수사처(이하 "수사처"라 한다)를 둔다.

1. 고위공직자범죄 등에 관한 수사

2. 제2조 제1호 다목, 카목, 파목, 하목에 해당하는 고위공직자로 재직 중에 본인 또는 본인의 가족이 범한 고위공직자범죄 및 관련범죄의 공소제기와 그 유지

28 「형사소송법」제245조의10(특별사법경찰관리) ② 특별사법경찰관은 모든 수사에 관하여 검사의 지휘를 받는다.

29 「경찰관직무집행법」에 의해 규율

30 상당성과 관련하여 주로 함정수사가 논의된다. 위법한 함정수사가 이루어져 공소제기 되면 법원은 공소기각판결을 해야 함이 판례의 입장이다.

례는 특단의 사정이 없는 한 고소가 있기 전에 수사하여도 수사가 위법하다고 볼 수 없다는 입장이다.

Ⅱ 수사의 진행

1. 임의수사

수사가 개시되면 각종 수사의 방법이 동원되면서 진행된다. 여기서 수사기관이 행하는 '수사의 방법'은 ① 상대방의 동의나 승낙을 받아 행하는 임의수사와 ② 강제처분에 의한 강제수사가 있는데, 양자 중에서는 전자가 원칙적 수사 방법이다.[31] 「형사소송법」에 명문의 규정을 두고 있는 대표적인 수사 활동에 해당하는 것으로 피의자신문(제200조)과 참고인조사(제221조 제1항), 감정 등 위촉(제221조 제2항), 공무소 조회(제199조 제2항) 등 임의수사의 방법에 의해서 수사가 이루어진다.

2. 강제수사

임의수사만으로는 실체적 진실을 완벽하게 밝힐 수는 없기 때문에 수사기관에 강제수사도 인정된다. 그러나 강제처분은 필요 최소한에 그쳐야 한다.

(1) 강제수사법정주의

'강제수사법정주의(강제처분법정주의)를 위해 「형사소송법」은 강제처분의 종류, 요건, 절차 3가지에 관하여 자세히 규정하고 있다. 동법이 규정한 강제처분의 종류로는 체포, 구속(구인과 구금을 포함), 압수, 수색, 검증, 감정유치, 감정처분 등이 있다. 그리고 「통신비밀보호법」은 전기통신감청과 우편물 검열 등을 강제처분으로 보고 있다.

여기서 체포 중 "영장에 의한 체포(통상체포)"는 ① 피의자가 죄를 범하였다고 의심할 만한 상당한 이유가 있고, ② 정당한 이유 없이 수사기관의 피의자 출석요구에 응하지 아니하거나 응하지 아니할 우려가 있는 때,[32] 검사는 관할 지방법원판사에게 청

---

31 특히, 불구속수사의 원칙을 규정한 개정 「형사소송법」 제198조 제1항.

32 단, 「형사소송규칙」 제96조의2(체포의 필요)에 따라, 체포영장의 청구를 받은 판사는 체포의 사유가 있다고 인정되는 경우에도 피의자의 연령과 경력, 가족관계나 교우 관계, 범죄의 경중 및 태양 기타 제반 사정에 비추어 피의자가 도망할 염려가 없고 증거를 인멸할 염려가 없는 등 명백히 체포의 필요

구하여 체포영장을 발부받아 피의자를 체포할 수 있고, 사법경찰관은 검사에게 신청하여 검사의 청구로 관할 지방법원 판사의 체포영장을 발부받아 피의자를 체포할 수 있다.[33]

또한 '긴급체포'는 ① 피의자가 사형·무기 또는 장기 3년 이상의 징역이나 금고에 해당하는 죄를 범하였다고 의심할 만한 상당한 이유가 있고, ② 피의자가 증거를 인멸할 염려가 있거나 피의자가 도망하거나 도망할 우려가 있는 때, ③ 긴급을 요하여 지방법원 판사의 체포영장을 받을 수 없을 때에 긴급체포가 가능하다.[34]

한편 '현행범 체포'에서 현행범인은 「형사소송법」 제212조에 따라 누구든지 영장 없이 체포할 수 있는데, 현행범인은 범죄의 실행 중이거나 실행의 직후인 자를 말한다.[35] 그리고 ① 범인으로 불리며 추적되고 있을 때, ② 장물이나 범죄에 사용되었다고 인정하기에 충분한 흉기나 그 밖의 물건을 소지하고 있을 때, ③ 신체나 의복류에 증거가 될 만한 뚜렷한 흔적이 있을 때, ④ 누구냐고 묻자 도망하려고 할 때에 해당하는 자는 준현행범인이라 하여 현행범인으로 본다.[36]

구속은 피고인이나 피의자가 죄를 범하였다고 의심할 만한 상당한 이유가 있는 경우에, 주거 부정이나 증거인멸의 우려 또는 도망하거나 도망할 우려가 있는 경우에 가능하다. 다만 50만 원 이하의 벌금, 구류 또는 과료에 해당하는 경미 범죄의 경우에는 아무리 도주 또는 증거인멸의 우려가 있더라도 주거가 부정하지 않으면 구속할 수 없다.[37]

(2) 영장주의

형사소송법은 강제처분을 통제하는 대표적 내용으로서 '영장주의'를 규정하고 있다. 즉 강제처분에는 원칙적으로 법관이 발부한 사전영장이 있어야 한다. 따라서 각 강제처분에 대하여는 이에 상응하는 체포영장, 구속영장, 압수수색·검증영장, 감정유치장, 감정처분허가장, 「통신비밀보호법」상 통신제한조치허가서가 그것이다. 그러나 긴급한 경우에는 영장 없이 일단 강제처분을 하고 사후에 법관으로 하여금 영

가 없다고 인정되는 때에는 체포영장의 청구를 기각하여야 한다.

33 「형사소송법」제200조의2 제1항.

34 위의 법 제200조의3 제1항.

35 위의 법 제211조 제1항.

36 위의 법 제211조 제2항.

37 위의 법 제70조 제1항.

장을 받게 할 수 있다. 대인적 강제처분에서 사전영장주의의 예외로는 「형사소송법」 상 현행범 체포(제212조)와 긴급체포(제200조의3)가 규정되어 있고, 대물적 강제처분에 관해서도 긴급 압수·수색·검증이 규정되어 있다(제216조 내지 제218조).

한편 「형사소송법」은 '피의자의 인권과 방어권을 보호하는 규정' 역시 두고 있다. 예컨대, 피의자는 ① 변호인 선임(제30조 제1항) 및 선임 의뢰권, ② 변호인과의 접견교통권, ③ 체포·구속적부심사청구권(제214조의2),[38] ④ 증거보전청구권(제184조), ⑤ 진술거부권(제244조의3),[39] ⑥ 준항고권(제417조), ⑦ 형사보상청구권 등을 가지고 있다.

Ⅲ 수사의 종결

개시된 수사절차는 수사기관이 피의사건을 규명하게 되면 수사절차는 종결되는데, 수사절차를 종결하는 처분을 '수사종결처분'이라고 한다.[40] 2020년 개정 「형사소송법」에 의하면 검사의 일반 사법경찰관리에 대한 수사 지휘가 폐지되고 검경수사권 조정을 통해 상호 협력관계로 규정하면서(제195조 제1항), 사법경찰관에게 사건송치 결정과 불송치 결정을 할 수 있도록 일차적인 수사종결권을 부여하였다(제245조의5).

사법경찰관의 수사종결처분에 대하여 대통령령인 「검사와 사법경찰관의 상호협력과 일반적 수사준칙에 관한 규정」은 보다 상세하게 법원송치(제1호), 검찰송치(제2호), 불송치(제3호, 혐의없음, 죄가 안됨, 공소권 없음, 각하), 수사 중지(제4호), 이송(제5호)에 대해 규정하고 있으며,[41] 그 밖에도 행정안전부령인 「경찰수사 규칙」을[42] 통해서 상세하게 규정하고 있다.

다만, 「형사소송법」에 따르면 검찰청 직원인 사법경찰관(제245조의9)과 특별사법경찰관(제245조의10)의 경우에는 예외적으로 종래와 마찬가지로 검사의 수사 지휘를

---

38 「헌법」 제12조 제6항.

39 진술거부권의 고지 의무만을 규정하고 있으나, 고지는 진술거부권을 전제로 하는 것이므로 피의자에게 당연히 인정되는 것이다.

40 법정형이 아닌 선고형을 기준으로, 20만 원 이하의 벌금 또는 구류나 과료에 처할 범죄 사건으로서 즉결심판절차에 의하여 처리될 경미 사건의 경우(「즉결심판법」 제2조)에는 경찰서장이 판사에게 즉결심판을 청구함으로써 수사절차를 종결한다(「즉결심판법」 제3조 제1항).

41 「검사와 사법경찰관의 상호협력과 일반적 수사 준칙에 관한 규정」 제51조 제1항.

42 「경찰수사 규칙」 제95조 이하.

받으며(제245조의9 제1항, 제245조의10 제2항), 제1차적 수사종결권 규정이 적용되지 않기 때문에 수사종결권은 검사만이 할 수 있다.

제 3 절 | 공소제기절차

I 공소제기의 기본원칙

수사기관이 수사한 이후에는 마지막으로 수사종결처분을 내리게 된다.[43] 사법경찰이 검사에게 사건을 송치하면 검사는 공소의 제기 혹은 불기소처분을 하게 된다.[44]

우리나라에서 공소제기와 관련된 원칙으로는 ① 사인이 아닌 국가가 소추를 맡는 '국가소추주의', ② 국가기관 중에서 검사가 소추하되 검사가 기소권을 독점하는 '기소독점주의',[45] ③ 독점하면서도 검사에게 기소 여부에 대하여 재량까지도 주고 있는 '기소편의주의'가 지배하고 있다.[46] 특히 기소편의주의는 검사가 기소 여부를 결정하는 데, 불기소처분의 종류에는 '혐의 없음,' '죄 안됨' 및 '공소권 없음'은 물론이고, 우리나라에서는 검사에게 기소유예 처분이 인정되고 있다. 이 중에서 특히 기소유예 처분은 범죄의 혐의가 충분하고 소송조건을 갖춘 때에도 검사의 재량에 의해 불기소 처분을 하는 경우이다. 이를 인정하는 법제를 우리는 '기소편의주의'라고 부르게 된다.[47]

만약 검사가 기소[48]를 택하는 경우에는 기소를 통한 법원의 판단을 받을 수 있기

---

43 범죄사실이 명백하게 되었거나 또는 수사를 계속할 필요가 없는 경우에 수사를 종료한다. 다만, 검사는 공소제기 후에도 공소 유지를 위하여 수사를 할 수 있고, 불기소처분을 한 때에도 수사를 재개할 수 있기 때문에 수사의 종결은 확정적 종결의 의미를 가지는 것은 아니다.

44 이 외에도 타관송치가 있는데 「형사소송법」 상 사건이 소속 검찰청에 대응한 법원의 관할에 속하지 아니할 때(제256조), 사건이 군사법원의 관할권에 속하는 때(제256조의2), 「소년법」 상 소년에 대한 피의사건을 수사한 결과 벌금 이하의 형에 해당하는 범죄이거나 보호처분에 해당하는 사유가 있다고 인정한 때(제49조)에 이루어진다.

45 「형사소송법」 제246조. 다만, 예외적으로 경찰서장이 청구하는 즉결심판제도가 있다.

46 위의 법 제247조.

47 기소법정주의에 대응되는 개념이다.

48 공소제기는 범죄의 객관적 혐의가 충분하고 소송조건이 갖추어져 유죄판결의 가능성이 있는 경우에

때문에 별도의 통제 수단을 형사소송법에 명문으로 규정을 두고 있지 않다. 다만, 검사의 공소권 행사가 남용된 경우라면 비록 법에 규정은 없지만 이론에 의하여 통제의 필요성이 제기된다. 이것이 바로 '공소권남용 이론'이고 결국은 검사의 기소 처분에 대해서는 별도의 통제 수단을 갖고 있지 못하고, 이론상 통제가 주장되고 있을 뿐이다.

한편 검사가 기소하지 않고 불기소처분하는 방법을 택하는 경우에 이에 대한 불복 수단으로는 재정신청 제도가[49] 대표적으로 형사소송법에 마련되어 있다. 이를 위한 절차적 요건으로서 불기소처분의 취지와 이유의 고지제도 등이[50] 「형사소송법」에 마련되어 있다.

Ⅱ 공소제기의 방식

검사가 공소를 제기함에는 구두로 할 수 없고, 반드시 서면 즉, 공소장을 관할법원에 제출하여야 한다.[51] 여기서 공소장에는 반드시 기재해야 하는 필요적 기재 사항이 있지만, 임의적 기재 사항도 있다. 먼저 필요적 기재 사항으로는 공소장에 피고인, 죄명, 공소사실, 적용 법조를 반드시 기재하여야 한다.[52] 특히 피고인과 공소사실의 기재 사항이 누락된 공소제기는 법률의 규정을 위반하여 공소기각의 판결을 받기 때문에 '피고인'과 '공소사실'의 특정은 매우 중요하게 된다.

한편 임의적 기재 사항과 관련하여 공소장에는 수 개의 범죄사실과 적용 법조를 예비적 또는 택일적으로 기재할 수 있도록 규정을 두고 있다.[53] 그리고 구체적 사건의 심판에 있어서 법관의 예단과 편견을 방지하여 재판의 공정을 도모하기 위하여 검사가 공소제기를 위해 법원에 제출하는 것은 공소장 하나이어야 하며, 이러한 공소장

검사가 행하는 종결 처분이다(위의 법 제246조). 다만 검사는 약식사건(위의 법 제448조)의 경우에 공소제기와 동시에 약식명령을 청구할 수 있다(위의 법 제449조).

49 모든 형사 고소 사건과 특정한 고발 사건이 대상이고, 재정신청 할 수 있는 사건은 원칙적으로 검찰항고전치주의가 지배된다.

50 위의 법 제259조 이하.

51 「형사소송법」 제254조 제1항.

52 위의 법 제254조 제3항.

53 위의 법 제254조 제5항.

에는 사건에 관하여 법원에 예단이 생기게 할 수 있는 서류 기타 물건을 첨부하거나 그 내용을 인용하여서는 안 된다는 이른바 '공소장일본주의 원칙'이 지배하고 있다.[54]

Ⅲ 공소제기의 효력

1. 소송법상 효력

공소제기의 효력과 관련하여 우선 그 소송법상 효력으로는 소송 계속, 심판 범위의 한정, 공소시효의 정지가 대표적인 것이라 볼 수 있다. 여기서 ① 소송 계속은 사건이 특정한 법원의 심판 대상으로 되어 있는 상태를 의미하며,[55] 소송 계속에 따라서 법원의 공판절차가 개시 및 진행된다. 그리고 ② 법원은 공소의 제기가 없으면 심판할 수 없음은 물론, 공소가 제기된 사건의 범위에 한하여만 법원은 심판할 수 있다(심판 범위 한정). 한편 ③ 범죄행위가 종료한 후 검사가 일정한 기간 동안 공소를 제기하지 않고 방치하는 경우에 국가의 소추권을 소멸시키는 공소시효가 공소제기에 의하여 진행이 정지된다.

2. 효력이 미치는 범위

공소제기의 인적 효력 범위를 먼저 살펴보면, 공소제기는 검사가 피고인으로 지정한 이외의 다른 사람에게 그 효력이 미치지 아니한다.[56] 따라서 진범인 아닌 자에 대해서 공소가 제기된 경우에 검사는 진범인에 대해서 기소할 수 있음은 물론, 공범의 일부에 대해서 공소가 제기된 경우에 검사는 다른 공범에 대하여 기소할 수 있다.[57]

공소제기의 물적 효력 범위와 관련하여서는, 기판력이 미치는 범위이자 공소장변

---

54 「형사소송규칙」 제118조 제2항.

55 소송 계속의 종류에는 공소제기가 적법·유효한 경우에 인정되는 실체적 소송 계속과 공소제기는 있으나 부적법 또는 무효인 경우에 인정되는 형식적 소송 계속이 있다. 실체적 소송 계속의 경우에 법원은 유죄·무죄의 실체 판결을 하여야 할 것이고, 형식적 소송 계속에 불과한 경우에 법원은 면소판결, 공소기각의 재판을 하여야 한다.

56 「형사소송법」 제248조 제1항. 통상 공소장에 피고인으로 기재되어 있는 자가 피고인이다. 참고로 공소불가분의 원칙은 주관적 불가분의 원칙이 적용되는 친고죄에서의 고소의 효력(제233조)과 구별된다.

57 다만 공소제기로 인한 공소시효 진행정지의 효력은 다른 공범자에게 미친다(제253조 제2항).

경의 한계에 해당하는 영역이라고 할 수 있는데, 공소제기의 효과는 공소장의 공소사실과 동일성이 인정되는 것에까지 미친다. 따라서 범죄사실의 일부에 대한 공소제기는 전부에 대해 효력이 미친다.[58] 여기서 판례는 일죄의 일부에 대한 공소제기가 가능하다고 본다.

제 4 절 | 공판절차

공판절차에서는 공판절차의 기본원칙과 그 대상 및 진행 절차 등을 순서대로 살펴보되, 진행 절차는 모두 절차, 사실심리 절차, 판결 선고 절차로 이루어진다.

I 공판절차의 기본원칙

'공판절차'란 검사에 의해 공소가 제기되어 사건이 법원에 계속된 이후 그 소송절차가 종결될 때까지의 모든 절차를 말한다. 즉 법원이 피고사건에 대하여 심리·재판하는 절차단계를 말한다. 여기서 지배하는 기본원칙이 바로 '공판중심주의'인데, 이는 사건 실체에 대한 법원의 심증 형성은 공개된 법정에서의 심리, 즉 공판심리에 의하여야 한다는 원칙을 말한다. 형사소송법은 실체 심리를 공판절차에 집중함으로써 공판중심주의를 확립하고 있다. 이는 공개재판주의, 구두변론주의, 직접주의, 집중심리주의와 같은 형사소송법상의 기본원칙을 내포하고 있다. 이를 통해 형사절차에 대한 국민의 감시와 통제를 가능하게 하고, 공정한 절차가 확보되도록 함으로써 국민의 인권을 보장하는 기능을 수행한다.

---

58 위의 법 제248조 제2항.

Ⅱ 공판절차에 있어서 대상

공판심리의 범위와 관련하여 우리나라 통설과 판례는 현실적 심판 범위와 잠재적 심판 범위로 나누어 이원적으로 이해한다(이원설). 여기서 중요한 것은 심판 대상을 바꾸는 '공소장변경' 제도를 가지고 있는데,[59] 공소장에 기재된 공소사실이[60] 실체적 진실과 상응하지 않은 경우에는 잠재적 심판의 범위[61]까지 검사의 청구 또는 법관의 요구에 의한 공소장변경이 가능하다.

Ⅲ 공판절차에 있어서 진행

1. 증거개시제도와 공판준비절차

기본적으로 공소가 제기되면 「형사소송법」상 당사자인 피고인과 검사는 각각 상대방에 대해 보관 서류나 물건에 대해 열람·등사를 청구할 수 있는 소위 증거개시제도가 도입되어 있다(제266조의3). 그리고 공소제기에서 제1회 공판기일 이전까지 쟁점 및 증거의 정리를 위한 공판준비절차가 진행된다. 이때 공소장부본의 송달(제266조), 공판기일의 지정·변경(제267조 제1항, 제270조 제1항) 등 물리적인 준비행위가 행하여진다.

2. 공판기일의 심리절차

공판기일의 심리절차는 우선 모두 절차로서 「형사소송법」상 피고인에 대한 진술거부권의 고지(제283조의2 제2항), 피고인에 대한 인정신문(제284조), 검사의 모두 진술(제285조), 피고인의 모두 진술(제286조), 재판장의 쟁점 정리(제287조)가 이루어지고, 그 다음으로 사실심리절차로서 증거조사(제290조 이하: 증인신문, 물적 증거와 증거서류의 조사),[62] 피고인신문(제296조의2), 최종변론(검사의 의견진술(제302조), 변호인의 최종변론과

---

59 「형사소송법」 제298조 제1항.

60 현실적 심판 대상.

61 즉 공소사실과 단일성·동일성이 인정되는 범위.

62 증거신청 및 조사에 있어서는 당사자가 주도하도록 되어 있다. 즉 당사자의 신청에 의한 증거조사의 원칙(제294조), 피고인신문 및 증인신문에서의 교호신문제도(제161조의2)가 실정법에 반영되

피고인의 최후진술(제303조) 등)을 하고 나면 변론의 종결(선고기일의 지정)되어 판결의 선고(제42조)가 이루어진다.

소송조건이 흠결된 것이 발견되거나 심리절차가 끝나면 법원은 재판을 하게 된다. '재판'에는 수소법원이 행하는 것으로는 형식재판인 관할위반의 판결, 공소기각의 판결과 결정, 면소판결과, 실체 재판인 유죄판결, 무죄판결, 형면제판결 등이 있다.

3. 증거 법칙

심리를 통한 사실인정의 경우[63]에는 각종 '증거 법칙'이 적용되게 된다. 먼저 증거능력이란 엄격한 증명의 자료로써 증거가 사용될 수 있는 법률상의 자격을 말한다. 따라서 자유로운 증명의 자료가 되기 위하여는 증거능력을 요하지 않으며, 증거능력은 증거의 실질적 가치를 의미하는 증거의 증명력과 구별된다. 증거능력이 미리 법률에 의하여 형식적으로 결정되어 있음에 반하여, 증명력은 법관의 자유심증에 맡겨져 있으며, 아무리 증거로서의 가치가 있는 증거라 할지라도 증거능력 없는 증거는 사실인정의 자료가 될 수 없을 뿐만 아니라, 공판정에 증거로 제출하여 증거조사를 하는 것도 허용되지 않는다.

자백배제법칙과 위법수집증거의 배제법칙 및 전문법칙이 증거능력에 관한 문제임에 반하여, 증명력과 관련하여 자백의 보강법칙과 공판조서의 증명력이 문제되며, 증명의 기본 원칙에 있어서도 증거재판주의가 증거능력과 관련된 것임에 반하여 자유심증주의는 증명력에 관한 원칙이다. 현행 「형사소송법」상 증거에 관한 규정은 엄격한 증명의 원칙(제307조)과 자유심증주의(제308조)를 양대 지주로 하여 구성되는데 엄격한 증명의 원칙을 지나치게 강조하면 형사절차의 지연, 판단자료의 제한으로 피고사건의 실체적 진실은 규명할 여지가 줄어드는 반면 증거의 증거능력을 제한을 두지 않고 사실인정을 합리적 판단에만 의지하면 오판의 여지와 증거 수집 과정의 위법 활동을 방지할 수 없게 되므로 우리 형사소송법은 이를 적절한 선으로 조화하려

어 있다.

63 공판절차에서의 사실인정과 양형은 그 동안 법관에게 맡겨져 있었지만, 우리나라도 시민참여재판을 실현하기 위해 「국민의 형사재판 참여에 관한 법률」이라는 특별법을 제정하여(2008년 1월 1일 시행), 배심제도를 도입한 바 있다(배심원에게 사실의 인정은 물론이고, 법령의 적용 및 형의 양정에 관한 의견을 제시할 권한을 인정, 배심원단의 평결과 의견은 법원을 기속하지 아니하고 권고적 효력만이 인정됨).

고 시도하게 된다.

「형사소송법」은 엄격한 증명의 원칙을 천명한 증거재판주의에 기초하여 자백의 증거능력(제309조)과 위법수집증거의 증거능력(제308조의2), 전문증거의 증거능력(제310조의2)을 제한하는 동시에 증거동의(제318조)와 소송 경제상 광범위한 전문법칙의 예외(제311조 내지 제316조)의 방법에 의하여 증거능력 부여의 길을 열어놓고 있다.

[참고] 형사소송법 제311조는 법원 또는 법관의 조서에 대하여 무조건 증거능력을 부여하고 있고, 제312조 제1항 내지 제3항은 검사 또는 검사 이외의 수사기관이 작성한 피의자신문조서의 증거능력에 관하여 규정을 두고 적법한 절차와 방식에 따라 작성된 것으로 피의자였던 피고인 또는 변호인이 그 내용을 인정할 때 증거로 할 수 있다. 형사소송법 제312조 제4항은 검사 또는 사법경찰관이 피고인이 아닌 자의 진술을 기재한 조서에 대하여 적법한 절차와 방식에 따라 작성된 것으로서 실질적 진정성립이 증명되고 반대신문이 보장되며 진술이 특히 신빙할 수 있는 상태하에서 행하여졌음이 증명된 때에 한하여 증거능력을 인정한다. 형사소송법 제312조 제5항은 피고인 또는 피고인이 아닌 자의 진술서가 수사과정에서 작성된 경우 같은 조 제1항 내지 제4항을 준용한다. 형사소송법 제313조 제1항은 '전 2조의 규정 이외에 피고인 또는 피고인이 아닌 자가 작성한 진술서나 그 진술을 기재한 서류'로서 그 작성자 또는 진술자의 자필이거나 그 서명 또는 날인이 있는 것에 대하여 그 진정성립이 증명되면 증거능력을 인정한다. 그리고 형사소송법 제314조는 "제312조 또는 제313조의 경우에 공판준비 또는 공판기일에 진술을 요하는 자가 사망·질병·외국거주·소재불명, 그 밖에 이에 준하는 사유로 인하여 진술할 수 없는 때에는 그 조서 및 그 밖의 서류(피고인 또는 피고인 아닌 자가 작성하였거나 진술한 내용이 포함된 문자·사진·영상 등의 정보로서 컴퓨터용디스크, 그 밖에 이와 비슷한 정보저장매체에 저장된 것을 포함한다)를 증거로 할 수 있다. 다만 그 진술 또는 작성이 특히 신빙할 수 있는 상태하에서 행하여졌음이 증명된 때에 한한다."라고 정함으로써, 원진술자 등의 진술에 의하여 진정성립이 증명되지 아니하는 전문증거에 대하여 예외적으로 증거능력이 인정될 수 있는 사유로 '사망·질병·외국거주·소재불명, 그 밖에 이에 준하는 사유로 인하여 진술할 수 없는 때'를 들고 있다.

또한 형사소송법 제315조 제1호와 제2호에서 열거된 공권적 증명문서와 업무상 통상문서 및 제3호에서 정한 문서는 제1호와 제2호에 준하여 '굳이 반대신문의 기회 부여가 문제 되지 않을 정도로 고도의 신용성에 관한 정황적 보장이 있는 문서'를 뜻하며 당연히 증거능력이 인정된다.

한편, 피고인 아닌 자의 공판준비 또는 공판기일에서의 진술이 피고인의 진술을 그 내용으로 하는 것인 때에는 형사소송법 제316조 제1항의 규정에 따라 그 진술이 특히 신빙할 수 있는 상태하에서 행하여진 때에 한하여 이를 증거로 할 수 있다. 피고인 아닌 자의 공판준비 또는 공판기일에서의 진술이 피고인 아닌 타인의 진술을 그 내용으로 하는 것인 때에는 원진술자가 사망, 질병, 외국거주, 소재불명, 그 밖에 이에 준하는 사유로 인하여 진술할 수 없고, 그 진술이 특히 신빙할 수 있는 상태하에서 행하여졌음이 증명된 때에 한하여 이를 증거로 할 수 있다(형사소송법 제316조 제2항).

그리고 자유심증주의에 따라서 법관의 증명력 판단에 제한을 두지 않음을 원칙으로 하면서도 오판 방지 목적으로 자백의 증명력을 제한하여 보강증거를 요구하고(제310조), 나아가 증거능력 없는 전문증거도 진술증거의 증명력을 다투기 위한 탄핵증거로 사용할 수 있도록 허용하고 있다(제318조의2). 또한 공판절차 진행의 적법성 논란을 막기 위하여 공판기일의 소송절차로서 공판조서에 기재된 것은 그 조서만으로써 증명하도록 함으로써(제56조) 자유심증주의의 제한을 인정하고 있다.

제 5 절 │ 구제절차

Ⅰ 통상구제절차(상소[64] 등)

당사자가 재판이 확정되기 전에 그 재판에 대해 불복하면 공판절차는 계속된다. 제1심판결에 대해서는 항소, 제2심판결에 대해서는 상고, 그리고 제1심에 대한 상고인 비약적 상고 제도가[65] 있다. 이때 상소에 있어서는 '불이익변경금지의 원칙'이라는 기본원칙이 적용된다.[66] 그리고 법원의 결정에 대해서는 항고할 수 있다.[67] 반면에 명

---

64 상소란 확정되지 않은 재판에 대하여 상급법원에 구제를 구하는 불복신청제도를 말한다. 상소는 오판을 시정하기 위하여 인정되는 제도이다.

65 「형사소송법」 제372조.

66 위의 법 제368조.

67 항고에는 일반항고와 특별항고(재항고)가 있다. 그리고 일반항고에는 다시 보통항고와 즉시항고가

령에 대해서는 원칙적으로 상소 방법은 없고, 이의신청[68] 또는 준항고가[69] 가능하다.

반면에 유무죄의 실체 판결과 면소판결이 확정되면 심판 절차는 종료되고 소위 '기판력'이 발생한다. 기판력의 대표적인 내용은 일사부재리의 원칙이다. 그런데 기판력은 법원이 현실적으로 심판한 것 이외에 그와 동일성이 있는 범위에까지 미친다. 그러나 공소기각의 형식재판은 기판력이 발생하지 아니한다.

1. 상소 이익

상소권은 재판의 선고 또는 고지에 의하여 발생한다. 반면에 상소권은 상소기간의 경과, 상소의 포기 또는 취하에 의하여 소멸한다. 여기서 상소권자는 재판의 선고 또는 고지된 (다음)날로부터 진행되어,[70] 상소기간인 7일 내에[71] 이루어져야 한다. 이때 상소의 이익이 있어야 가능한데, 상소에 의하여 원심판결에 대한 불만 내지 불복을 제거함으로써 얻어지는 법률 상태의 개선·변화가 예상되면 상소 이익이 있다고 말할 수 있다. 여기서 상소의 이익은 상소의 적법 요건이므로 상소의 이익이 없는 상소가 있는 때에는 상소를 기각하지 않으면 안 된다.

2. 일부상소

경합범에 대하여 일부상소를 한 경우에 상소를 제기하지 않은 부분은 상소제기기간이 지남으로써 확정되고, 상소를 제기한 부분에 대해서만 이심의 효과가 발생하며 상소심은 일부상소가 제기된 부분에 대해서만 심판을 할 수 있다. 즉, 일부상소의 경우에는 상소불가분의 원칙이 적용되지 않고 상소가 제기된 일부에 대해서만 상소 제기의 효과가 발생함이 원칙이다. 반면에 일죄의 일부에 대한 상소의 경우에는 그 전부에 대하여 이심의 효과가 발생하는 것이 원칙이다.

있다.

68 위의 법 제304조.

69 위의 법 제416조.

70 위의 법 제343조 제2항, 제66조. 헌법재판소는 형사소송법 제343조 제2항이 상소기간을 재판서 송달일이 아닌 재판 선고일로부터 계산하는 것이 과잉으로 국민의 재판청구권을 제한한다고 할 수 없다고 판시한 바 있다(헌재결 1995.3.23, 92헌바1).

71 위의 법 제358조, 제374조. 즉시항고는 3일이며(제405조), 보통항고에는 기간의 제한이 없고 항고의 이익이 있는 한 할 수 있다(제404조).

3. 불이익변경금지의 원칙

불이익변경금지의 원칙(중형변경금지의 원칙)이란 '피고인이 항소 또는 상고한 사건'과 '피고인을 위하여 항소 또는 상고한 사건'에 관하여 상소심은 원심판결의 형보다 중한 형을 선고하지 못한다는 원칙을 말한다. 형사소송법은 항소심절차에서 불이익변경금지의 원칙을 명시하고(제368조), 상고심 절차에서는 상고법원이 피고사건에 대하여 직접 판결을 하는 파기자판의 경우에 이를 준용하고 있다(제396조 제2항).

불이익변경금지원칙에 위배된 항소심의 판결은 법률 위반의 판결로 상고이유가 된다(제383조 제1호). 그리고 상고심 판결이 이에 위반한 경우 법령에 위반한 심판으로 비상상고의 이유(제441조)가 된다. 그리고 확정판결에 대한 재심개시결정이 확정된 사건에 대해 재심이 개시되는 경우에 그 재심에는 원심판결의 형보다 중한 형을 선고하지 못하도록 규정되어 있다(제439조).

주의할 것은 약식명령이나 즉결심판에 대한 정식재판의 청구는 상소가 아니므로 약식명령 등의 관계에서 그 제1심 재판에는 이 원칙이 적용되지 않는다. 다만, 약식명령에 대한 피고인의 정식재판청구권을 보장하기 위해 형종 상향 금지 원칙이 규정되어 있다(제457조의2). 형종의 상향만 금지하고 있으므로 중형의 변경은 허용되므로 약식명령의 벌금형보다 중한 벌금형을 선고하는 것은 형종 상향 금지 원칙에 반하지 않는다.

4. 파기판결의 구속력

파기판결의 구속력 또는 기속력이란 상소심에서 원심판결을 파기하여 환송 또는 이송한 경우에 상급심의 판단이 환송 또는 이송받은 하급심을 구속하는 효력을 말한다. 「법원조직법」 제8조는 "상급법원의 재판에 있어서의 판단은 당해 사건에 관하여 하급심을 기속한다."라고 규정하고 있다. 파기판결의 기속력은 파기환송 또는 이송된 판결의 하급심에 대한 효력으로서, 판결을 선고한 법원이 그 판결의 내용을 철회 또는 변경할 수 없음을 의미하는 재판의 구속력과는 구별된다.

[참고- 재판의 확정]

통상의 불복방법에 의해서는 재판의 결과를 다툴 수 없게 되어 내용을 변경할 수 없는 상태를 말한다. 불복신청이 허용되지 않는 재판은 선고 또는 고지와 동시에 재판이 확정된다. 불복신청이 허용되는 재판은 상소기간 기타 불복신청 기간의 도과, 상소 기타 불복신청의 포기 또는 취하, 불복신청을 기각하는 판결의 확정 등에 의하여 재판이 확정된다. 이때 법원에 의한 유죄판결이 최종적으로 확정되면 형집행절차가 진행된다.

재판의 형식적 확정력은 재판이 통상의 불복 방법에 의하여 다툴 수 없는 상태를 말한다. 종국 재판에 있어서는 이로 인하여 소송 계속이 종결되고 그 시점에서 재판을 집행할 수 있고, 누범가중, 집행유예의 실효 등에 관해서 기준시점이 된다. 이러한 재판의 형식적 확정에 따라 그 의사표시 내용도 확정되는 것을 재판의 실질적(내용적) 확정이라고 하고, 판단 내용에 따라 법률관계를 확정하는 효력을 실질적(내용적) 확정력이라고 한다. 유·무죄 판결과 같은 실체재판의 내용적 확정력을 실체적 확정력이라고 하며, 동일한 사건에 대해 재소할 수 없는 효과를 발생시키기에 일사부재리효력 또는 기판력이라고 한다.

II 비상 구제 절차

유죄의 확정판결에 대한 불복 제도인 비상구제절차로는 재심과 비상상고가 있다. 재심사유는 중대한 사실오인의 경우이고,[72] 원판결의 법원이 관할권을 가진다.[73] 비상상고는 법령위반의 경우에 행하는 것이고, 청구권자는 검찰총장에 제한되며[74] 관할법원은 대법원이다.

III 특별절차

특별절차에는 약식절차와 즉결심판절차가 있다. 먼저 약식절차란 지방법원 관할 사건에 대하여 검사의 청구가 있는 때에 공판절차를 경유하지 않고 검사가 제출한 자료만을 조사하여 피고인에게 벌금, 과료 또는 몰수의 형을 과하는 간이한 재판절차를 말한다. 이러한 약식절차에 따라 형을 선고하는 재판을 약식명령이라 한다. 벌

---

72 「형사소송법」 제420조 이하.

73 위의 법 제423조.

74 위의 법 제441조.

금 이하의 형사 사건에 대하여 법관에 의한 서면심리를 통한 신속 재판을 추구하려는 약식절차의 이용 현황은 사건의 약 90% 정도에 달한다.

그리고 즉결심판이란 즉결심판절차에 의한 재판을 의미한다. 즉결심판절차란 관할법원이 20만 원 이하의 벌금, 구류, 과료에 처할 경미한 범죄에 대하여 경찰서장의 청구에 의하여 당일에 심판하는 절차를 말한다. 이러한 즉결심판절차를 규정하고 있는 것이 「즉결심판에 관한 절차법」인데, 주로 즉결은 도로교통법 위반이 거의 대부분을 차지한다. 그리고 최근의 즉결심판제도는 불출석재판을 많이 활용하고 있다.

제 6 절 | 교정 등

우리가 흔히 교정이라고 하는 것은 형사사법절차 중의 행형단계가 이루어지는 현장을 말하기도 한다.[75] 먼저, 형사정책적 측면에서는 처우의 단계에 따른 분류로서 사법처우, 교정처우, 보호처우로 분류할 수 있다. 먼저 '사법처우'란 처우의 개별화를 위해 교정 단계 이전에 제재의 종류와 정도를 결정하는 것을 말한다. 각종의 유예제도와 양형의 합리화 등이 논의된다. 그리고 '보호처우'는 사법처우와 연계해서 또는 교정처우 이후의 단계에서 범죄인의 재사회화를 목적으로 행하여지는 처우를 말하며 사회내 처우의 대표적 형태인 보호관찰을 들 수 있으며, 그밖에 사회봉사명령, 수강명령 등도 여기에 포함된다.[76] '교정처우'란 폐쇄적인 시설에서 이루어지는 범죄자의 교화를 위한 처우를 말하며, 교정 단계에서 이루어지는 협의의 범죄자 처우를 말하는데, 주로 시설내 처우를 논의 대상으로 한다.

한편으로, 처우 지원에 따른 구분으로서 ① '시설 내 처우'는 범죄자를 교도소나 소년원과 같은 시설 안에 구금하여 자유를 박탈하는 고통을 통하여 교화하려고 한 것이지만, 20세기 초에 이르러 재범을 방지하기는 커녕 오히려 범죄를 학습하는 등 범

---

75 김상균 외 공저, 형사사법 복지정책론, 청목출판사(2007), 73면 참조.
76 김상균 외 공저, 위의 책, 74면 참조.

죄인의 교정이나 재범 방지에 실패하였음이 밝혀졌다.

이에 ② 시설 내 처우의 폐단을 극복하면서 수형자의 사회복귀·재범 방지라는 행형목적을 더욱 효과적으로 달성하기 위하여 '사회 내 처우'가 등장하게 되는데, 대표적인 예로 보호관찰을 들 수 있고, 그 외에도 가석방 제도, 사회봉사명령 제도, 수강명령 제도 등을 들 수 있다. 이는 범죄자를 일반 사회에서 생활을 영위하게 하면서 행동의 자유에 일정한 제한을 가하는 준수사항을 과하여 정기적인 통제를 하고, 이를 통하여 미연에 범죄를 방지하도록 생활을 지도하는 것이다. 이것은 영국과 미국을 중심으로 발전되어 현재 다른 유럽 각국과 일본에서도 이를 도입, 실행하고 있는 제도로서, 범죄인에 대한 개별화된 처우를 형사사법에 제도화시키는 가장 효율적이고 전문적인 처우 기법의 하나로 평가받고 있다.

그리고 사회적 처우란 시설 내 처우의 단점인 범죄의 감염을 완화하고 재사회화를 촉진하기 위하여 등장한 것으로, 폐쇄성을 완화하기 위한 방법에 따라 시설 내 자원을 기반으로 하는 '개방처우'[77]와 사회 내 자원을 기반으로 하는 '협의의 중간처우'[78]로 나누어 볼 수 있다.

---

77 개방처우방법 중에서 '개방시설에 의한 처우방법'이란 구금시설의 폐쇄성과 보안기능성을 최소화한 교도소에서 수형자를 처우하는 것으로 우리나라에는 천안 개방교도소가 있고, '반자유 처우방법'이란 귀휴제·외부통근제·주말구금제·휴일구금제·야간구금제·단속구금제 등과 같이 수형자에게 제한적인 자유를 부과하여 재사회화의 기능을 촉진하는 제도를 말한다.

78 중간처우는 사회내 시설을 수형자처우에 이용하거나 시설을 사회화하여 사회와 수형자가 상호 교류하게 함으로써 수형자가 사회에 쉽게 적응하도록 하기 위한 처우 방법으로 시설 내 처우를 기반으로 하는 개방처우와 비교되는 처우이다.

제
3
편

법무보호복지
서비스

제1장
법무보호복지서비스 체계

제 1 절 | 개요

공단은 범죄 없는 안정적인 사회를 실현하기 위해 「보호관찰 등에 관한 법률」에 근거하여 법무보호복지서비스를 제공하고 있다. 이러한 법무보호복지서비스는 크게 4가지(생활지원, 취업지원, 가족지원, 상담지원)로 나뉘어 효율적인 지원체계를 구축하고 있다.

과거 공단은 법무보호대상자가 처해 있는 어려운 생활환경을 개선하여 재범을 방지하는 생활지원을 중점으로 서비스를 제공하였다. 일반인에 비하여 열악한 상황에 놓여 있는 법무보호대상자의 경우 당장의 생활고를 해결하는 것이 가장 중요한 문제이지만, 사회적 지지 기반이 부족한 그들은 언제든 다시 열악한 상황에 놓일 수 있으며 다시 범죄의 유혹에 빠질 수 있는 한계가 분명히 존재했다. 배고픈 사람에게 물고기를 주면 하루는 배불리 살 수 있지만, 물고기를 잡는 법을 가르쳐 주면 배고픔을 해결할 수 있듯이 공단의 법무보호복지서비스도 일시적인 곤란 해소를 넘어 법무보호대상자가 사회의 한 구성원으로 온전한 역할을 다할 수 있도록 다방면으로 지원하여 현재의 체계를 갖추었다.

현재 공단은 효율적인 재범 방지를 위해 다양한 지원체계를 유기적으로 연계하여 서비스를 제공하고 있다. 사전상담, 심리상담 등 전문가의 상담을 통해 법무보호대상자 개개인의 특성을 분석하여 맞춤형 서비스를 지원하고 있으며, 그들이 다시 범죄의 유혹에 빠지지 않도록 무너진 자립 기반을 회복하는 데 중점을 두고 있다. 법무보호대상자에게 있어서 새로운 일자리와 회복된 가족의 울타리는 범죄와 낙인에서 벗어날 수 있는 새로운 사회적 지지기반이 될 것이기 때문이다.

앞으로도 범죄 없는 안정적인 사회 구현을 위해 법무보호복지서비스는 더욱 발전해야 할 것이고 이는 공단과 법무보호대상자 개개인의 노력만으로는 이룰 수 없는 영역이며, 범국민적·국가적 관심이 필요한 영역이라고 할 수 있다.

본편에서는 공단에서 실시하는 법무보호복지서비스를 생활지원, 취업지원, 가족지원, 상담지원 4가지 유형으로 나누어 살펴보고, 14가지 법무보호복지서비스의 세부 내용, 지원 목적, 현황 및 발전 방안 등을 알아보며 법무보호복지서비스의 체계가 어떻게 구성되었는지 살펴보기로 한다.

제 2 절 │ 지원 단계

I 접수

공단의 법무보호복지서비스는 임의적 제도로써 주로 법무보호대상자의 신청에 의하여 접수가 이루어진다. 교정기관 또는 보호관찰소 등 사전상담을 통해 관련 서비스에 관한 안내가 이루어지며 출소 증명서, 기관의뢰서 등 서비스 신청을 위한 서류를 구비하고 상담 및 법무보호서비스 신청서를 작성하여야 한다.

II 심사

법무보호복지서비스 신청 시 작성하고 제출한 서류를 바탕으로 보호심사회를 통해 지원 적격 여부를 심사한다. 보호심사회는 각 지부(소)의 기관장을 위원장으로 하고 과장 등 직원 또는 지역주민을 3인 이내로 구성하여 운영한다.

Ⅲ 지원

　법무보호복지서비스 제공에 관한 심사가 결정되면 공단의 사업별 담당자를 통해 서비스가 제공된다. 그리고 멘토링 및 사후 관리를 통해 법무보호대상자를 관리하고 추가적으로 필요한 서비스가 파악될 경우 추가 및 연계 지원을 통해 그들의 자립 기반을 마련한다.

제2장

생활 지원

생활지원은 숙식제공, 긴급지원, 기타지원으로 구성되어 있다. 이러한 생활지원은 자립 의지가 존재하며 물질적·정신적 지원이 필요한 법무보호대상자[1]에게 제공된다.

제 1 절 │ 숙식제공

I 개관

범법자들이 교정시설에서 출소하여 갈 곳이 없거나, 가족과 연고지는 있지만 여러 제반 사정으로 돌아갈 수 없다면 이들은 사회에서 소외되어 결국 떠돌이로 전락할 수 있다. 당연히 의식주 충족의 문제가 발생하게 될 것이고, 원활히 해결되지 못하면 재범의 위험성이 상당히 높아지게 된다. 따라서 법무보호복지서비스 중 숙식제공은 무의탁 법무보호대상자의 재범을 방지할 수 있는 가장 기초적이면서도 효과적

---

1   출소자 및 가석방자, 집행유예 또는 선고유예의 선고를 받은 자, 공소제기의 유예 처분을 받은 자와 「보호관찰 등에 관한 법률」에 따른 보호관찰 대상자 또는 사회봉사·수강명령 대상자, 치료감호의 집행 종료 또는 가종료, 치료위탁된 자, 「소년법」에 따른 제1호 내지 제5호 보호처분을 받은 자 또는 제6호 내지 제10호 처분을 받고 그 집행이 종료되거나 가종료된 자 위 항목 이외의 형사처분 또는 보호처분을 받은 자 등이 포함된다.

인 사업이라고 할 수 있다.[2]

공단의 숙식제공은 법무보호대상자에게 일정 기간(최대 2년) 동안 공단 생활관에서 지낼 수 있도록 하여 기본적인 의식주를 제공하고, 출소 후의 자립 기반 조성을 돕는 사업이다. 아울러 법무보호대상자가 지역사회에 성공적으로 재진입하기 위한 생활 기술과 태도까지 교육하여 정신 재활영역의 중간 거주시설(Halfway House)과 유사한 성격을 지니고 있다.

공단은 전국 26개 지부(소)에서 생활관을 운영하고 있다.[3] 서울동부지부·서울북부지소·광주남부지소는 여성 생활관으로, 서울서부지소·서울북부지소·광주남부지소는 청소년 생활관으로 운영되고 있다.

1942년의 사법보호회 체제에서는 숙식제공을 '수용 보호'라는 명칭으로 가족과 연고지가 없는 전국 각 교도소의 출소자를 수용하여 취업·기타 의식주 일체를 지원하고, 필요한 경우 교육·일자리 알선·기타 사회생활에 필요한 훈련을 실시하여 자영·자활의 길을 열어 주었다.[4] 공단의 숙식제공은 1963년부터 실시되었으며, 무의탁 법무보호대상자가 공단 각 지부(소)의 생활관에서 숙식을 제공받으며 '건강한 사회복귀'란 희망을 가꾸었다.

---

2 정진연, "갱생보호에서의 숙식제공", 한국법무보호복지공단(2001), https://koreha.or.kr/board/list.do?MN1=7&MN2=122&MN3=124&MN=124&BRD_ID=ResearchPaper&ETC_1=&SearchValue2=.

3 전남동부지부의 생활관은 2023년 하반기에 공사가 마무리되어 2024년에 본격적으로 운영될 예정이다.

4 김정희, "한국갱생보호공단의 발자취를 찾아서 1부", 한국법무보호복지공단(2010), https://koreha.or.kr/board/list.do?MN1=7&MN2=122&MN3=124&MN=124&BRD_ID=ResearchPaper&ETC_1=&SearchValue2=.

숙식제공 관련 규정

「보호관찰 등에 관한 법률 시행령」
- 생활관 등 보호시설에서 법무보호대상자에게 숙소·음식물 및 의복 등을 제공하고 정신교육을 하는 것으로 하며, 숙식제공 기간은 6월을 초과할 수 없다. 다만, 필요하다고 인정하는 때에는 매회 6월의 범위 내에서 3회에 한하여 그 기간을 연장할 수 있다. 다만, 법무보호대상자의 숙식제공 기간을 연장하고자 할 때에는 본인의 신청에 의하되, 자립의 정도, 계속보호의 필요성, 기타 사항을 고려하여 이를 결정하여야 한다.

「보호관찰 등에 관한 법률 시행규칙」
- 생활관에는 법무보호대상자가 아닌 자를 숙식하게 할 수 없다. 다만, 법무보호대상자의 배우자, 직계 존·비속에 한하여 1주일 이내의 기간 동안 숙식을 제공할 수 있다.
- 공단은 숙식제공대상자에 대하여 지체 없이 자립계획을 수립하게 하여야 하고, 숙식제공대상자의 교양을 높이고 자율·자조 및 협동 정신과 준법정신을 생활화하여야 하며, 근로의 정신과 습성을 체득하도록 생활지도를 하여야 한다.
- 생활지도에 있어 법무보호대상자가 금품을 낭비하지 아니하고 자립에 적절하게 사용하도록 지도하고, 생활관에서는 구급약품을 비치하고 시설을 위생적으로 관리하는 등 법무보호대상자의 건강관리에 유의하여야 하고, 보건소 등 의료시설에서 건강진단을 받도록 해야 한다.
- 독서·훈화·교양 집회의 개최, 기타의 방법으로 교양을 높이도록 하고, 운동과 여가 활동으로 심신의 건강을 유지할 수 있어야 한다.

※ 공단은 1995년 「법무보호의 실시에 관한 규칙」을 제정하여 17차례 개정하였고, 2002년 제정된 「숙식제공 및 생활지도 업무처리 지침」을 2019년에 전면 개정하였다.

Ⅱ 서비스 개요

1. 목적

무의탁 대상자에게 숙식을 무료 제공하여 안정적인 사회복귀를 위한 자립 여건을 조성할 수 있도록 기초 생활 지원을 목적으로 한다.

2. 내용

(1) 생활공간의 제공

생활할 수 있는 최소한의 공간을 제공하는 것을 의미하며, 「보호관찰 등에 관한 법률 시행규칙」 별표3의 '1인당 최소 거실 면적' 및 입소정원에 따른 설비 기준에 맞추어 생활공간을 제공한다.

• 표 3-1 | 법무보호시설의 설치 및 운영 기준[5]

면적·설비 \ 입소정원	50명 이상	30명 이상 50명 미만	30명 미만
1명당 시설면적	13.22㎡ 이상	13.22㎡ 이상	9.9㎡ 이상
1명당 거실면적	4.95㎡ 이상	4.95㎡ 이상	4.95㎡ 이상
설비	거실, 사무실, 상담실, 집회실, 도서실 또는 오락실, 식당, 조리실, 목욕실, 화장실, 급·배수시설, 비상 재해 대비 시설, 운동시설 및 창고 등	거실, 사무실, 집회실, 식당, 조리실, 화장실, 급·배수시설 및 비상 재해 대비 시설, 운동시설 및 창고 등	거실, 사무실, 집회실, 조리실, 화장실, 급·배수시설 및 비상 재해 대비 시설 등

(1) 입소정원이 100명을 초과하는 법무보호시설의 시설면적은 13.22㎡ × 100 + 13.22㎡ × 0.7 (입소정원-100)으로 한다.

(2) 입소정원이 50명 미만인 법무보호시설로서 상담실이 없는 경우에는 사무실을 상담실로 겸용할 수 있도록 하여야 하고, 목욕실이 없는 경우에는 화장실에 목욕할 수 있는 설비를 갖추어야 한다.

(3) 입소자 중 정신질환자, 알코올 중독자는 구분하여 수용하고, 감염병 환자는 격리하여 수용하여야 한다.

(4) 비상 재해 대비 시설은 「소방시설 설치·유지 및 안전관리에 관한 법률」이 정하는 바에 따라 소화용 기구를 갖추어 두고 비상구를 설치하여야 한다.

---

5 「보호관찰 등에 관한 법률 시행규칙」 제48조 관련.

(2) 물품 지급 및 건강관리

침구류 대여 및 일상생활에 필요한 생활용품 등 지급(최초 1회)하고, 건강검진 역시 지원한다. 아울러 상비 의약품 등 기타 숙식제공 기간 동안 필요한 물품 지급한다.

(3) 급식 지원

자립 활동과 건강을 유지하는 데 필요한 충분한 열량과 영양성분을 포함한 급식을 제공하며 국을 포함한 1식 4찬을 원칙으로 제공하고 있으나, 자율형 생활관 운영과 관련하여 간편식 등으로 식사를 제공할 수 있다.

(4) 자립 지원

숙식제공대상자의 자립 기반 조성을 위한 다양한 서비스를 제공할 수 있으며 금품 보관 및 저축지도, 취업 프로그램 연계, 사회 적응력 향상을 위한 교육 활동 등 원활한 사회복귀 및 자립에 필요한 전반적인 영역을 지원한다.

3. 기간

숙식제공 기간은 최초 6개월(임시보호 기간 1개월 포함)이나 보호기간의 연장이 필요하다 판단될 경우 6개월 범위 내에서 연장 신청이 가능하며, 보호심사회 심사를 통해 연장을 결정할 수 있다. 연장 신청의 횟수는 최대 3회까지 가능하며 숙식제공대상자가 최대로 거주할 수 있는 기간은 2년이다.

4. 서비스 제공흐름도

방 문

【준비서류】
• 수용(출소)증명서 또는 기관의뢰서, 신분증(주민등록증 또는 운전면허증)

상담 및 보호 신청

【신청서류】
• 법무보호서비스신청서, 개인정보 동의서

임시보호 실시

【임시보호】
• 심리검사, 성향판단, 공동생활 적합성 등 관찰 (입소 후 30일 이내)
• 기본분류지표, 위험성평가, 자치당번의, 정보조회요청 등 실시
【단기보호】
• 임기보호 없이 보호심사회를 통한 숙식제공 개시 (최대 90일)

보호심사 및 결정

【심사주체】보호심사회: 기관장, 법무보호과장, 담당자 등
• 임시보호기간 중 관찰 내용을 통해 최종 숙식제공 유지 가부 결정
• 부결 시 전문처우시설 위탁, 보호자인도 등 실시

숙식제공 개시

【지원내용】
• 호실 지정, 침구류 대여, 세면도구 등 생필품 1회 지급

**숙식제공 보호유지
(최대 24개월)**

【프로그램】
• 자율형생활관 운영으로 자립기반 마련, 직업훈련, 취업 등의 생계활동
• 상담 및 사회성향상교육을 통한 정보습득·심성순화, 여가활동
• 회복적 사회관계 형성을 위한 봉사활동(청소, 복지기관 방문 등)
【보호기간】
• 기본 6개월, 이후 6개월 범위 내에서 3회 기간연장 심사(최장 2년)
  ※ 성과분류심사표(생활점수 50점, 자립활동점수 50점)를 기초로 연장심사

**숙식제공
보호정지 및 종료**

【보호정지】
• 공단 생활관 신축 또는 개·증축 한때
• 장단기 외박 중 소재불명된 때(정지기간 5일 경과 시 숙식제공 종료)
【종료사유】
• 자립, 취업, 기간만료, 의탁알선, 자진퇴소 등
• 징계퇴소(절도, 폭력 등 범죄행위 및 소내 질서유지 위반)
  ※ 종료 후 재신청 및 입소 불가

사후 관리

• 법무보호대상자 동의 하에 진행(최대 1년)

Ⅲ 현황

1. 지원 현황

• 표 3-2 | 최근 5년간 숙식제공 지원 현황

[단위: 명, 괄호는 여성]

연도	2019	2020	2021	2022	2023	계
인원	1,568 (74)	1,634 (82)	1,494 (65)	1,419 (76)	1,301 (100)	7,416 (397)

　　최근 5년간 숙식을 제공받은 법무보호대상자는 총 7,416명으로 이 중 여성은 5.4%인 397명으로 나타났다. 2019년 대비 2023년의 숙식제공 수혜 인원은 약 17% 정도가 감소하였는데, '생활관 자치 운영 제도'및 '1인 1실 생활관'의 도입으로 만족에 따른 장기 거주에 따라 신규 입소자의 수가 감소한 것으로 분석된다. 반면 질적인 서비스 향상과 생활 여건 환경 개선으로 법무보호대상자 인권 중심의 생활관 운영은 긍정적인 효과로 평가되고 있다.

2. 종료 현황

• 표 3-3 | 최근 5년간 숙식제공 종료 내용

[단위: 명]

연도	계	취업 자립	가정 복귀	기간 만료	의탁 알선	본인 희망	보호 이관	징계 퇴소	소재 불명	재범	기타
2019	1,077	449	35	41	14	379	19	14	67	17	42
2020	1,145	476	37	43	15	403	21	15	71	19	45
2021	984	370	35	45	10	381	17	17	63	18	28
2022	947	388	27	39	10	352	15	29	61	6	20
2023	815	285	19	49	9	336	12	36	57	5	7
계	4,968	1,968	153	217	58	1,851	84	111	319	65	142

최근 5년간 숙식제공 종료자는 총 4,968명으로 그 중 39.6%인 1,968명이 취업 후 경제적 자립으로 퇴소했으며, 3.1%인 153명이 가정에 복귀하였다. 징계 퇴소, 소재 불명, 재범인 495명(9.9%)을 제외하면, 약 90% 이상의 숙식제공대상자가 건전하게 사회복귀를 이룬 것으로 볼 수 있다. 이처럼 숙식제공대상자가 원만히 자립할 수 있는 것은 생활관에 거주하는 동안 취업지원 사업 연계 및 저축관리가 이루어지기 때문이다. 이처럼 숙식제공 서비스는 법무보호대상자의 사회복귀에 있어서 초기 발판을 마련할 수 있는 중요한 사업이라 할 수 있다.

Ⅳ 생활관 자치 운영 제도와 1인 1실 생활관

공단은 2018년 숙식제공 운영 방침의 패러다임을 바꾸어 '생활관 자치 운영제'를 전격 도입했다. 전통적으로 숙식제공대상자는 직원들이 통제하고 관리해야 하는 객체로 인식되어, 법무보호대상자 인권 보호 측면에서는 다소 취약한 점이 존재했다. 이를 극복하기 위해 2018년 권역별 3개 지부[6]에서 생활관 자치 운영 제도를 시범적으로 운영하고, 효과성 분석을 통한 긍정적 평가를 반영하여 2019년에 청소년 전문 생활관을 제외한 전국의 지부(소)로 전면 확대하였다.

'생활관 자치 운영제'란 숙식제공대상자의 생활에 공단 직원의 개입을 최소화하고, 숙식제공대상자가 공동생활에 필요한 최소한의 규율을 스스로 지키도록 유도하는 생활관 운영 방식을 말한다. 이를 바탕으로 숙식제공대상자의 자율성을 최대한 보장하는 생활관을 '자율형 생활관'이라고 한다. 기존의 통제 중심의 숙식제공 보호를 벗어나 '생활관 자치 운영제'의 시행으로 숙식제공 대상자들의 생활 만족도가 상당히 높아지고 인권 보호 체계를 확립하는 발판을 마련하였다. 더불어 다인실로 운영되어 오던 공단의 숙식제공의 운영 방식에도 변화를 꾀하는 계기가 되어 2019년부터 1인 1실 생활관을 시범 운영하기 시작했다.

숙식제공대상자의 사생활 보호를 위해 1실당 최소 2.5평에서 3.2평을 기준으로 침대·책상·옷장·냉장고·에어컨·TV 등 쾌적하고 현대적인 시설을 갖춘 1인 1실 생활관으로 시설을 개선하고 운영하기 시작했다. 2019년 2개 지부(소)를 시작으로

---

6 서울지부, 경기남부지부, 경남서부지소.

2023년 기준 13개의 지부(소)⁷에서 1인 1실 생활관을 운영하고 있으며 매년 2~3개 지부(소) 환경 개선을 통해 전 기관이 1인 1실 자율형 생활관으로 운영될 수 있도록 중기 계획을 수립하여 추진하고 있다.

1인 1실 생활관 운영을 시행한 후 숙식제공 대상자들의 만족도가 기존에 비해 크게 증가하였으며, 보다 나은 생활환경으로 대상자들의 자립 의지를 북돋아주게 되었다.

Ⅴ 보호수용 조건부 가석방 제도⁸

2022년 고위험군 범죄자의 출소로 인한 사회적인 논란 이슈로 국민의 공포감이 고조된 바 있다. 정부는 이와 같은 흉악범죄에 대한 대응책으로써 '보호수용 조건부 가석방 제도'를 추진하게 되었으며, 이는 2023년 국정과제로 선정되어 교정시설, 보호관찰소, 공단의 협업으로 추진되고 있다.

'보호수용 조건부 가석방 제도'는 공단의 관리(숙식제공 등)를 받는 조건부로 고위험군 수형자를 가석방하는 제도로써 흉악범죄에 대한 재범 방지 및 국민 불안 감소에 목적이 있다. 고위험군 수형자를 대상으로 개인별 집중 처우(직업훈련, 인성 교육, 성폭력·마약·알코올 등 심리 치료)를 강화한 심층 면접을 진행하며, 자립 의지 및 재범 가능성 등을 고려하여 가석방 심사를 거친다. 가석방 심사 후 보호관찰소가 관장하는 전자장치를 부착하여 보호수용을 전담으로 하는 공단의 생활관에 입소하고, 가석방 기간 동안 공단의 관리를 받으며 안정적인 사회복귀를 위한 발판을 마련한다.

공단은 2023년 충남지부와 울산지부 2곳을 보호수용 전담 기관으로 지정하여 시범운영을 실시하였다. 기존의 생활관을 보호수용 전담 기관에 맞게 리모델링하여 선정된 가석방자들에게 숙식제공을 시행하고 있으며, 일반 숙식제공 대상자와 달리 강화된 기준으로 엄격하게 관리하고 있다.

보호수용 조건부 가석방 대상자는 숙식제공을 필수적으로 시행하도록 하고 있으며, 보호수용 전담팀을 구성하여 보호관찰소 전자감독팀과 더불어 24시간 관리를 이

---

7 서울지부, 서울동부지부, 경기지부, 경기남부지부, 강원지부, 강원동부지부, 대전지부, 충북지부, 부산지부, 전북지부, 제주지부, 전남동부지부, 광주남부지소.

8 자세한 내용은 '제4편 제3장 제1절 Ⅰ. 3. 행복이음센터'에서 살펴보기로 한다.

어가고 있다.

공단은 정부의 시책에 따라 보호수용 전담 기관을 조금씩 확대하고, 실효성 있는 제도 정착을 통하여 범죄 예방 중추 기관으로 성장할 수 있는 동력 확보를 위하여 적극적으로 노력하고 있다.

Ⅵ 발전 방안

1. 시설의 확장 및 현대화

공단의 숙식제공은 범법자가 죄의 대가로 받게 되는 교정시설의 수감 생활과 크게 다르다. 수형은 징벌적 의미로 수감자의 자유가 제약되는 반면, 공단의 숙식제공은 자립 기반 조성과 그로 인한 사회 적응을 이룰 수 있을 때까지 법무보호대상자의 자율성이 보장되어야 하는 새 삶의 터전인 것이다.

법무보호대상자의 인권을 향상하고 최적화된 환경 속에서 조속한 자립을 안정적으로 조성하기 위해 독립된 공간을 제공하는 1인 1실 생활관을 전국 지부(소)로 확대·추진하고 있다. 하지만 법무보호대상자 지원에 대한 부정적 시각과 복지 소외로 예산 부족 등의 어려움을 겪고 있어, 정부의 예산 확대와 기업의 사회공헌 기금 등 다양한 재원 유치의 필요성이 제기된다.

또한 공단은 2019년 코로나바이러스-19로 인해 언택트(untact) 시대가 도래됨에 따라, 지능형 CCTV 설치 및 중앙관제 시스템 구축 등으로 법무보호대상자의 자율성 확보와 관리 용이화를 위한 다각적인 노력을 기울이고 있다.

또한 보호수용 조건부 가석방 제도의 도입으로 기존의 자율성이 강조되는 숙식제공과 달리 보호수용 전담 생활관의 분리 운영이 불가피한 상황이다. 이와 관련해 기존 시설의 전문화 과정이 필요하며 숙식제공 서비스의 원활한 추진과 발전을 위한 다각적인 노력이 필요하다.

2. 시설의 전문화

여성 법무보호대상자를 위한 생활시설의 추가적 확충 역시 필요하다. 전체 범죄자 중 여성의 비율은 2013년 17.4%에서 2021년 21.2%에 이르기까지 완만한 증가세를 보였으나, 2022년에는 21.1%를 기록하였다. 2022년 기준 전체 범죄자 수는 2013

년 대비 28.7% 감소하여 1,359,389명으로 집계되고 있으나 여성 범죄자의 비율은 여성인구 10만 명당 1,111명으로 2013년 대비 3.7% 증가한 것으로 나타난다.[9]

하지만 공단에서 여성 법무보호대상자에게 숙식을 제공하는 지부(소)는 단 3곳[10] (공단 26개의 지부(소) 중 11.5%)에 불과하다. 장기적인 시각과 지역적 안배를 위해서도 충청·영남지역에 여성 법무보호대상자 전문 시설을 확충하여, 나날이 지속해서 증가하고 있는 여성 법무보호대상자를 위한 효율적인 재범 방지 대책을 강구해 나가야 할 것이다.

또한 치료가 필요한 중독범죄자(정신질환, 약물, 알코올, 도박, 상습 절도, 성폭력 등)가 늘어나는 추세이고 노령화 사회로 진입하면서 고령 법무보호대상자의 비중이 높아지고 있는 현실을 감안하여, 그들을 위한 전문 시설의 설치가 필요하다. 특히 마약 및 약물 중독자와 알코올 중독자의 중독성 폐해를 막기 위하여 의료시설이 갖추어진 생활시설 추가가 시급하다.[11]

2010년까지 공단은 국립법무병원(공주 치료감호소) 출소자들을 대상으로 숙식을 제공해 왔으나, 전문인력 전무·전문 시설의 부재 등으로 그들에 대한 적절한 보호가 이루어지지 않았다.[12] 이에 법무·검찰개혁위원회는 공단에 사회 내 정신질환 범죄자 치료와 지원 강화를 목적으로 연고가 없는 정신질환 출소자의 사회복귀를 위한 지원 방안을 강구하여 시행하도록 권고하였다. 이를 위해서라도 복지 사각지대에 놓이기 쉬운 법무보호대상자들이 전문적인 치료를 받고 재활할 수 있는 전문 생활관 설치와 이에 걸맞은 전문적인 인력이 확충되어야 할 것이다.

---

9 법무연수원, 범죄백서(2023), 134면.

10 서울동부지부, 서울북부지소, 광주남부지소.

11 남선모/이인곤, "국내외 갱생보호제도에 관한 비교고찰", 교정연구 제61권(2013), 37면, 이에 관련된 내용은 '제4편 제4장 제3절 재범 고위험군 통합관리'에서 살펴보기로 한다.

12 대전지부 1995년, 삼미생활관 2008년, 전북지부 2010년 중단.

제 2 절 | 긴급지원

I 개관

　공단은 실직·질병 등으로 어려움을 겪는 생계 곤란 법무보호대상자에게 생계비, 치료비, 교통비, 자녀 교육비 등의 긴급지원을 통해 사회에 안착하도록 지원한다. 공단의 긴급지원은 1968년 1월에 시작되었으며 현재까지 공단의 생활지원 사업에 기초라고 할 수 있다.

긴급지원 관련 규정

「긴급지원사업 업무처리지침」
- 자립 의지는 있으나 경제적 여건의 취약으로 생계 곤란 등의 어려움을 겪고 있는 법무보호 대상자에 대하여 적정한 경제적 지원과 효율적인 사후 관리로 건전한 사회복귀를 촉진함을 목적으로 한다.
- 법무보호대상자 및 그 가족에게 지원하는 것으로, 부상·질병에 대한 생계비, 치료비, 교통비, 자녀 교육비, 기타 지원 등과 같은 일반지원과 공단 생활관에 입소한 법무보호대상자에게 지급되는 기초생활지원, 직업훈련 기관에 입교한 법무보호대상자에게 지원되는 직업훈련장려지원, 취업한 법무보호대상자에게 지급되는 취업활동지원 등의 기초지원으로 분류된다.
- 2021년에는 법무보호대상자의 취학 자녀에게 지급되는 학업지원이 신설되었으며, 총 3회의 추가 지원이 가능해지는 등 긴급지원의 큰 개편이 이루어졌다.

II 서비스 개요

1. 목적

　자립 의지는 존재하나 경제적 어려움을 겪고 있는 법무보호대상자에게 경제지원과 사후 관리를 지원하여 건전한 사회복귀를 도모하고자 한다.

2. 내용

(1) 일반지원

식료품비, 의복비 등 기초적인 생계유지에 필요한 비용을 지원하는 생계지원, 각종 검사나 치료 등 의료 서비스 비용을 지원하는 의료지원, 월세 임차료 등을 지원하는 주거비용 지원, 그 밖의 생계 곤란 극복에 필요한 비용 등을 지원한다.

(2) 기초지원

① 기초생활지원

공단의 지부(소)가 운영하는 생활관에 입소한 1개월 이내의 숙식제공대상자 중 소지 금액이 없거나 적은 경우 생필품·교통비 등 최소한의 기초적 생활에 필요한 비용을 지원한다.

② 직업훈련장려지원

직업훈련 입교자 중 경제적 여건이 취약하여 교육 수강에 곤란을 겪고 있는 경우 교통비·중식비 등 훈련 수강에 필요한 최소한의 비용을 지원한다.

③ 취업활동장려지원

취업한 지 1개월 이내의 법무보호대상자 중 첫 급여를 받을 때까지 근무지로의 출·퇴근 교통비가 부족하여 근로활동에 어려움을 겪는 경우 근로활동의 지속을 위해 필요한 비용을 지원한다.

(3) 학업지원

경제적 어려움으로 인한 범죄의 대물림을 방지하고자, 법무보호대상자(청소년 포함) 또는 그들의 취학 자녀에게 학비, 급식비, 교복, 학용품 등 학업 복지 향상 비용을 지원한다.

(4) 추가지원

2021년 공단은 일회성 긴급지원에 대한 대책으로 「긴급지원사업 업무처리지침」을 보완하여 기초지원을 제외한 일반지원과 학업지원의 항목별 지원 금액을 최대 3회 추가로 지급할 수 있도록 하였다.

일반지원의 경우 최초 지원 이후 근로소득, 소유재산, 금융재산 확인 등을 통해 추가 생계비용, 의료비용, 주거비용 등을 지원할 수 있으며, 학업지원의 경우 최초 지원 이후 법무보호대상자 또는 그들 자녀의 학업에 지출된 증빙서류 제출 및 심사를 통해 추가로 학업지원 비용을 지원하고 있다.

Ⅲ 현황

1. 지원 현황

● 표 3-4 | 최근 5년간 긴급지원 현황

[단위: 명]

연도	2019	2020	2021	2022	2023	계
인원	7,033	7,673	8,457	9,402	10,201	42,766

2023년 기준 2019년 대비 45%의 상향된 지원 현황을 나타내고 있다. 법무보호대상자의 긴급지원 수요 증가가 주요 원인으로 파악되며, 이를 통해 법무보호대상자의 니즈를 반영한 긴급지원제도의 다양화·확대 및 예산 확보 방안의 필요성이 제기된다.

2. 지원 내용

● 표 3-5 | 최근 5년간 긴급지원 내용

[단위: 명]

연도	계	기초지원			일반지원			학업지원	기타지원	
		기초생활	직훈장려	취업활동	생계지원	주거비용	의료지원		양곡	기타
2019	7,033	484	376	162	4,930	101	339	50	369	222
2020	7,673	544	274	280	5,491	133	416	75	108	352
2021	8,457	583	297	357	6441	135	589	2	8	45
2022	9,402	602	293	306	7,325	108	768	0	0	0
2023	10,201	484	293	308	8,565	80	471	0	0	0
계	42,766	2,697	1,533	1,413	32,752	557	2,583	127	485	619

최근 5년간의 긴급지원 대상자는 42,766명이고, 이들이 가장 시급하게 지원을 요구한 항목은 생계지원으로 32,752명(76.6%)에게 지원이 이루어졌다. 숙식제공 개시 이후 1개월 내 지원이 가능한 기초생활지원은 2,697명(6.3%)으로 나타났다. 이렇듯 출소 직후의 생계지원에 대한 요구가 35,449명(82.9%)으로 생계형 재범을 방지하기 위한 기본 장치로 작동하는 긴급지원제도의 중요성이 더욱 강조된다고 할 것이다.

하지만 지원 수준을 고려하면 평균 1인당 155,000원에 불과해 법무보호대상자의 요구를 실질적으로 반영하기에는 다소 역부족이라 할 수 있다. 따라서 예산 증액을 위한 정부의 관심과 대책, 사회적 합의가 필요한 실정이다.

Ⅳ 발전 방안

긴급지원은 법무보호대상자가 출소 후 공단에 방문하여 가장 먼저 문의하는 서비스 중 하나이며, 수요 또한 타 사업에 비해 월등히 높다. 법무보호대상자의 자립 기반 형성을 위해 긴급지원을 시작으로 각자의 자립계획에 맞춰 직업훈련, 취업지원 서비스를 지원받는 체계로 이루어져 있기 때문이다.

하지만 긴급지원의 금액적인 규모를 살펴보면 긴급복지지원제도(기초생활수급자)에 비해 현저히 낮은 것이 현실이다. 2021년 긴급지원 대상자의 복지증진을 위해 추가 지원을 신설하여 지원 규모를 확대하고 있지만 수요에 맞는 예산 수반은 기대에 미치지 못하고 있다. 수요에 맞는 공급을 제공하기 위해서 공단은 예산 확보를 위해 다방면으로 방법을 강구하고 실효성 있는 지원체계를 확립하기 위해 지속적인 노력이 필요할 것이다.[13]

---

13 '제4편 제1장 제1절 Ⅱ. 지원 영역 확대: 보건복지부 긴급지원제도 이관'에서 상세하게 살펴보기로 한다.

제 3 절 | 기타지원

Ⅰ 개관

공단은 법무보호대상자에게 주민등록(재등록), 의료 시혜, 여비 지급, 법무보호위원 결연 등을 통해 사회복귀와 자립을 지원한다. 이 외에도 자립에 필요한 법률구조, 가족지원을 위한 헤어진 가족 찾기 지원, 신용 회복지원 등 기타지원은 개인별 맞춤형으로 이루어지고 있다. 1963년 1월에 시작된 공단의 기타지원은 현재까지 지방자치단체·관계 기관·민간 자원봉사자의 협조 및 후원으로 지원되고 있다.

기타지원 관련 규정

「보호관찰 등에 관한 법률 시행령」
- 법무보호대상자에 대한 자립 지원은 사회복지시설에의 의탁 알선, 가족관계 등록·창설, 주민등록, 결혼 주선, 입양 및 의료 시혜 등 법무보호대상자의 자립을 위하여 필요한 사항을 지원하는 것으로 한다.

「법무보호의 실시에 관한 규칙」
- 긴급구호금품 지원, 여비 및 의복 지급, 결연 보호, 사회복지시설로의 의탁 알선, 가족관계 등록·창설 및 주민등록 재등록, 의료지원 등이 있다.

Ⅱ 서비스 개요

1. 서비스 내용

(1) 건강검진 및 의료 시혜

보건소, 병·의원과 협약을 통해 건강검진 및 진료가 필요한 법무보호대상자에게 무상 또는 감면된 금액으로 의료 서비스를 지원한다.

(2) 결연 보호

공단의 법무보호위원(자원봉사자)과 결연을 맺어 안정적인 자립 여건을 갖출 수 있도록 멘토링 활동을 지원한다.

(3) 법률구조

법률구조공단 및 법조계(변호사, 법무사 등) 종사 자원봉사자에게 법률 상담이 필요한 법무보호대상자를 의뢰하거나 지원한다.

(4) 의탁 알선

법무보호대상자와 심층 상담 후 쉼터 및 요양 시설, 정신·알코올 치료센터, 기타 사회복지시설 등 관계 기관으로의 의탁을 지원한다.

(5) 지자체 연계

무연고 법무보호대상자 주민등록 재등록 지원, 생계 곤란 대상자 기초생활수급자 의뢰, 경찰서 또는 주민센터 등 공공기관 의뢰를 통해 가족 찾기 지원 등 지방자치단체와 연계하여 법무보호대상자의 자립을 지원한다.

(6) 주·부식 및 생활용품 지원

경제적 어려움을 겪고 있는 법무보호대상자에게 양곡 및 부식(라면, 김치 등), 생활용품을 지원한다.

Ⅲ 현황

1. 지원 현황

• 표 3-6 | 최근 5년간 기타지원 현황

[단위: 명]

구분	2019	2020	2021	2022	2023	계
결연 보호	3,590	4,248	4,840	4,090	3,874	20,642
법률구조	827	372	241	121	86	1,647
주민등록	221	185	191	199	142	938
의료시혜	1,173	1,254	1,469	1,082	302	5,280
의탁 알선	21	13	11	12	11	68

여비 지급	151	296	299	119	242	1,107
교통비	96	71	133	9	0	309
이미용	1,295	794	727	658	449	3,923
가족 찾기	4	3	5	0	0	12
기타	7,047	9,965	11,693	12,599	15,562	56,866
계	14,425	17,201	19,609	18,889	20,668	90,792

2023년 기준 기타지원은 20,668명에게 제공되어, 2019년 대비 매우 큰 수치 (143.3%)로 상향된 지원 현황을 나타내고 있다. 법무보호대상자 개별 특성에 맞는 기타지원에 대한 니즈가 다양해지고 증가하는 결과로 볼 수 있다. 특히 사회복귀에 필요한 멘토링을 주 기능으로 하는 '법무보호위원과의 결연 보호'와 생계의 어려움이 있는 대상자에게 지원하는 '주·부식 및 기타 생활용품 지원'이 최근 5년간 가장 많이 지원된 항목(77,508명, 85.4%)으로 분석된다. 공단은 다양해지는 기타지원에 대한 법무보호대상자의 의견을 적극적으로 반영하여 지원을 보다 확대해 나갈 예정이다.

2. 항목별 지원 금액

• 표 3-7 │ 최근 5년간 기타지원 항목별 지원 금액

[단위: 천 원]

연도	계	결연	주민 등록	의료 시혜	여비 지급	취업 교통비	이미용	가족 찾기	기타
2019	511,051	8,498	950	69,083	11,390	4,850	6,307	174	409,799
2020	616,461	32,548	1,165	96,583	13,430	4,180	3,067	84	465,404
2021	551,322	20,802	1,070	70,797	21,216	9,470	3,474	140	424,353
2022	588,239	12,723	15,592	67,314	4,349	90	17,986	0	470,185
2023	708,952	2,916	12,560	49,034	4,092	0	2,073	0	638,277
계	2,976,025	77,487	31,337	352,811	54,477	18,590	32,907	398	2,408,018

최근 5년간 기타지원 항목별 지원 금액 합계는 29억 7천여 만 원이며, 이 중 법무보호대상자 개인별 맞춤 기타항목 지원이 24억여 원(80.9%)으로 나타나 기타지원에 대한 법무보호대상자의 요구가 점차 다양해지고 있음을 알 수 있다. 그러나 기타지원의 예산은 자원봉사자의 자발적 참여와 기부를 통해 주로 이루어지고 있어, 국가 및 지역사회의 관심과 기부 확대가 절실한 상황이다.

제3장
취업지원

제 1 절 | 직업훈련

I 개관

공단은 일정한 기술이 없어 취업에 곤란을 겪거나 새로운 기술을 습득하여 취업에 활용하고자 하는 법무보호대상자에게 희망, 적성, 경력 등을 고려하여 취업에 용이한 직종의 자격증을 취득하도록 지원하고 있다. 자체 기술교육원을 통해 직접 교육하고 일반교육기관에 위탁하여 운영되는 공단의 직업훈련은 1978년도에 시작되어 2023년까지 총 66,460명에게 지원되었다.

직업훈련 관련 규정

「보호관찰 등에 관한 법률 시행령」
– 직업훈련은 법무보호대상자에게 취업에 필요한 기능 훈련을 실시하여 자격 취득을 위한 교육을 하는 것으로 하며, 이 규정에 의한 직업훈련은 다른 직업훈련기관에 위탁하여 행할 수 있다.

「보호관찰 등에 관한 법률 시행규칙」
– 법무보호대상자의 희망·적성·경력 등을 고려하여 직업훈련 후 취업이 쉬운 분야를 선정하여 훈련을 실시하여야 하며, 직업훈련을 받은 법무보호대상자에 대하여는 기술자격을 취득할 수 있도록 최대한 지원하고 취업을 알선하는 데 노력하여야 한다.

「법무보호의 실시에 관한 규칙」
– 직업훈련대상자에게는 훈련기간 동안 해당 자격증을 취득할 수 있도록 직업훈련 프로그램을 적용하여 관리하고, 수료 후에는 관련 직종에 취업할 수 있도록 취업지원 프로그램에 이관하여 관리하여야 한다.

Ⅱ 서비스 개요

1. 목적

취업을 하고자 하나 전문 기술 및 자격이 없어 어려움을 겪는 법무보호대상자에게 취업에 필요한 기능훈련을 시키고 자격 취득을 위한 교육을 지원한다.

2. 대상자

(1) 취업에 어려움이 있어 기술 훈련 또는 자격 취득 교육을 받고자 하는 법무보호대상자

(2) 자격은 있으나 취업에 어려움이 있어 현장 활용 기술교육을 받아 취업하고자 하는 법무보호대상자

(3) 교정기관에서 자격 과정을 수료하였거나 자격을 취득하였으나 현장에 적용할 수 있는 실무나 심화 과정 교육이 필요한 법무보호대상자

3. 직업훈련의 유형

(1) 일반훈련

재정지원 일자리 사업으로 외부 훈련기관(학원)에 위탁하여 진행되는 훈련을 '일반훈련'이라고 지칭하며 '허그훈련' 및 '직영훈련'과 구분된다. 1인당 1회, 학원 수강료 지원, 지원액은 대상자 경제적 여건 및 예산을 고려하여 가감할 수 있으며 운전면허, 지게차, 특수차량, 컴퓨터 관련 과정, 조리 등 취업과 직접적인 연계가 가능한 자격 취득 교육과정이라면 특별한 종목 제한 없이 모두 지원이 가능하다.

(2) 허그훈련

재정지원 일자리 사업인 허그일자리지원 프로그램에 참여자의 2단계 직업능력 개발 훈련을 말한다. '허그훈련'은 '지원훈련(공단 예산 지원)'과 '계좌제(HRD) 훈련(고용노동부 국민내일배움카드를 발급받아 신청하는 훈련)'으로 분류된다. 훈련기간은 6개월 이내를 원칙으로 하나 부득이한 경우 최대 8개월까지 가능하다. 최대 3개 과목까지 수강 가능하다.

(3) 직영 훈련

법무보호대상자를 전문기능인으로 양성하여 이들에게 안정된 일자리 제공을 위해 공단에서 직영으로 운영하는 기술교육원에서 실시하는 일체의 직업 교육 및 훈련을 말한다. '기술교육원 교육'이라고도 지칭한다. 공단은 현재 전국 7개 기술교육원을 운영하고 있다.[14]

4. 서비스 제공흐름도

방　　문	【준비서류】 • 수용(출소)증명서, 보호관찰 증명원 또는 기관의뢰서 • 신분증(주민등록증 또는 운전면허증)
상담 및 보호 신청	【신청서류】 • 법무보호서비스신청서, 개인정보 동의서
보호심사	【심사기간】권장기간 3일 【심사주체】보호심사회: 기관장, 법무보호과장, 담당자 등
입교예정 학원선정 및 수강일정 조정	【처리기간】 보호신청 후 1개월 이내 【처리내용】 • 입교학원 선정: 입교대상자의 주거지 및 연고지 인근 • 학원 수강 일정 조정: 선택과정 일정 조정, 입교 의뢰공문 학원 발송
학원입교 및 직업훈련 유지	【프로그램의 종류 및 내용】 ○ 훈련의 종류 • 일반 훈련: "허그훈련"을 제외한 일반학원 위탁 훈련 • 허그 훈련: 허그일자리지원프로그램에 참여, 2단계 직업훈련(최대 6개월) • 직영 훈련: 용접, 전기, 자동차정비, 기계가공, 영농, 조리, 제과제빵, 바리스타 ○ 프로그램 내용: 기술교육 및 멘토링 실시 【보호기간】 • (멘토링기간) 입교 후 수강기간 종료 시까지

14　① 인천기술교육원(용접 과정), ② 서울동부기술교육원(조리, 의류수선, 제과제빵 등, 남성 지원 가능), ③ 충남기술교육원(자동차 경정비, 지게차 운전자격 취득 과정), ④ 경북기술교육원(전기 과정), ⑤ 울산기술교육원(용접 과정), ⑥ 경남기술교육원(컴퓨터기계가공(머시닝센터, CAD, CAM)), ⑦ 전북기술교육원(영농작물 재배 및 농기계 운용 과정).

직업훈련 보호정지 및 수료	【보호정지】 • 질병·취업·연락두절 등 부득이한 사유로 훈련을 계속할 수 없을 때 【종료사유】 • 교육수료(80%이상 수강) 및 자격취득 • 보호정지 대상자가 훈련을 계속 받을 의사가 없을 경우 1개월 유예 후 종결 ※ 보호정지 종결자 및 탈락자의 경우, 관련 법령에 의거하여 수강료 환불 조치 　- 일반훈련의 경우, 종료 후 추가 과정 신청 불가

취업연계 및 사후 관리	【취업연계】 직업훈련 수강 직종에 맞추어 취업연계 지원 【사후 관리】 수료자 중 미취업자 3개월 사후 관리 후 종결

5. 서비스 제공 원칙

(1) 법무보호대상자의 희망·적성·능력에 맞게 체계적으로 직업훈련을 실시하여
야하고, 모든 보호대상자가 직업훈련의 균등한 기회를 보장받을 수 있도록 적
극 노력하여야 한다.

(2) 법무보호대상자에게 취업이 쉬운 분야로써 희망·적성·경력 등을 고려하여 직업
훈련 후 취업이 쉬운 분야 및 학업(청소년의 경우) 관련 훈련을 제공하여야 한다.

(3) 직업훈련을 받은 법무보호대상자에게 자격 취득을 할 수 있도록 최대한 지원하
고 취업을 알선하는 데 노력하여야 한다.

(4) 직업훈련은 각 법무보호대상자에게 1회만 제공하는 것을 원칙으로 하고, 부득
이한 경우 추가로 직업훈련을 실시할 수 있다.

Ⅲ 현황

1. 지원 현황

공단은 직업훈련 과정을 일반 직업훈련, 허그일자리지원 프로그램의 직업훈련, 공
단 직영 직업훈련 등 총 3가지로 구분하여 운영하고 있다. ① 일반 직업훈련은 교육 후
빠르게 취업을 희망하는 직업훈련 신청자에게 지원하는 과정으로, 최대 50만 원의 교
육비를 지원한다. ② 허그일자리지원 프로그램의 2단계인 직업훈련의 교육비는 최대
300만 원이며, 고용노동부의 내일배움카드 훈련 과정을 포함한다. ③ 공단이 직영으
로 운영하는 기술교육원 직업훈련의 교육비는 전액 무료이며, 숙식제공이 지원된다.

• 표 3-8 | 최근 5년간 직업훈련 지원 현황

[단위: 명]

연도	2019	2020	2021	2022	2023	계
인원	4,303	4,348	4,044	3,995	4,389	21,079

※ 1인 평균 지원금 45만 원 상당

　　2019년부터 최근 5년간 평균 4,200여 명을 지원한 것으로 나타나고 있다. 이는 새로운 직업을 갖기 위한 법무보호대상자의 니즈와 더불어 공단 기술교육원 확대 운영에 따른 결과로써, 직업훈련에 대한 꾸준한 수요가 발생하고 있다.

2. 직종별 현황

• 표 3-9 | 최근 5년간 직업훈련 직종별 현황

[단위: 명]

연도	2019	2020	2021	2022	2023	계
계	4,357	4,348	4,044	3,995	4,389	21,133
자동차 정비	79	51	41	44	48	263
기계 선반	94	105	101	41	51	392
IT	15	25	9	10	11	70
운전(특수포함)	1,989	1,847	1,634	1,709	1,698	8,877
중장비	572	651	719	775	853	3,570
전자 전기	85	133	88	80	65	451
용접	223	258	227	193	190	1,091
미용	117	145	140	144	216	762
요리	220	245	199	143	154	961
요양보호	63	58	66	51	88	326
기초건설	18	15	14	19	23	89
기타	882	815	806	786	992	4,281

　　최근 5년간 직업훈련 참여자 총 21,133명의 직종별 현황을 살펴보면, 자동차(대형 포함) 운전, 견인차 등 특수차량 직업훈련 비중이 8,877명으로 42%를 차지하는 것으로 나타났다. 비교적 빠른 시일 내에 자격증을 취득할 수 있으며, 대부분의 산업 분야

에서 운전을 기본 요건으로 구인하는 업체의 요구에 따른 것이라고 여겨진다. 중장비 분야는 3,570명(16.9%)으로 나타났다. 지게차나 굴착기 등 중장비 기술의 수요가 건설을 비롯한 제조업, 농업 현장에서 많이 발생하기에, 법무보호대상자의 선호도가 높게 나타난 것으로 파악할 수 있다.

Ⅳ 기술교육원

1. 개관

공단은 저학력·무경력 등 취업 취약계층인 법무보호대상자의 특성과 취업에 적합한 전문 훈련시설을 해당 지부(소)에 설치하여, 전문기능인으로 양성하고 안정된 일자리를 제공하고자 자체 기술교육원을 직접 운영하고 있다.

2010년부터 기획재정부의 심의를 거쳐 용접, 밀링·선반, 자동차 정비, 기계 조립, 영농 기술교육, 조리와 바리스타 교육 등 지역별 특성화 산업단지를 배경으로, 기능 인력 수요를 고려하여 특성에 맞는 기술교육원을 건립하여 운영해 오고 있다.

시설 정비 과정을 거쳐 2010년 울산지부(용접), 2011년 인천지부(용접), 2013년 전북지부(영농), 2014년 경남지부(기계가공), 2016년 경기남부지부(여성 특화), 2016년 충남지부(자동차 정비), 2018년 경북지부(전기기술) 기술교육원을 개원하였다. 2021년에는 경기남부지부의 여성기술교육원이 서울동부지부로 확대·이전되어 현재 총 7개의 기술교육원이 운영되고 있다.

기술교육원 관련 규정

「기술교육원 운영에 관한 지침」
- 기술교육원에 입교하는 교육생은 기술교육원에서 숙식하며 교육을 받는 것을 원칙으로 한다. 다만 대상자의 성별, 여건 등 제반 사항을 고려하여 달리 정할 수 있다.
- 기술교육원에서는 훈련 참여 동기부여, 취업 활동 독려를 위하여 교육생에게 기부금 등을 활용하여 포상 또는 교육훈련 장려금을 지원할 수 있다.
- 기술교육원 담당자는 교육생에게 진로 상담을 통해 특성에 맞는 취업 상담 및 알선을 하며, 교육생이 원하는 업체의 정보를 제공하여 원활한 구직활동을 할 수 있도록 한다. 또한, 해당 기관장은 교정기관 등 시설과 지역 기업체를 연결하여 필요한 특별 교육과정을 편성 운영할 수 있으며, 기업체 맞춤형 교육이 이루어질 수 있도록 노력한다.

※ 기술교육원 교육의 전문성을 제고하기 위하여 외부 전문 강사를 활용하는 방안을 지침에 별도로 마련하여, 변화하는 산업 현장에 발맞춰 새로운 기술을 도입하고자 노력하고 있다.

---

2. 연도별 설립 현황

• 표 3-10 | 연도별 기술교육원 설립 현황

연도	지부(지역)	훈련 과정	훈련 내용
2010	울산(울산)	용접, 배관	조선, 항공기 기계 등 산업 현장 필수 용접 기술
2011	인천(인천)	용접, 배관	조선, 기계, 건설 등 산업 현장 필수 용접 기술
2013	전북(김제)	농업기술, 농기계	귀농 재배 기술, 귀농 귀촌, 농업용 소형 건설기계 자격 과정 등
2014	경남(창원)	기계 조립	컴퓨터 기계 응용가공 CNC 선반, 머시닝센터, CAD/CAM 현장실무 등
2016	충남(홍성)	자동차 정비	국가 기간 전략 산업 직종 자동차 정비 현장 실무, 지게차·굴착기 등
2018	경북(예천)	전기 기술	전기 기초·실무, 전기기능사, 내선공사 실무, 승강기 기초 등
2021	서울동부[15] (서울)	조리, 미용, 제과제빵, 커피 바리스타 과정 등	조리기능사, 제과·제빵, 헤어 기능사, 바리스타 등

3. 현황

(1) 울산기술교육원

① 연혁

울산기술교육원을 운영하는 울산지부는 2000년 7월 3일 한국갱생보호공단 부산지부 울산출장소로 개소되었고, 2009년 3월 27일 한국법무보호복지공단 울산지부로 기관 명칭이 변경되었다. 2011년 10월 1일 울산기술교육원을 개소하여 용접 전문 기술교육원 운영을 시작하였다.

② 교육과정

조선, 항공기 기계 등 산업 현장에서 필수적인 용접 기술 전문 과정으로, 일반 교육과정(용접기능사, 특수용접기능사, 온수·온돌기능사 과정)과 심화 교육과정(CO_2 플러스 와

---

15 서울동부기술교육원은 2016년부터 운영되던 경기남부지부의 여성기술교육원이 확대·이전된 것이다.

이어 용접, TIG 파이프 용접 실무)으로 운영하고 있다. 교육생 특전으로는 국가 기술 자격증 취득 시 자격 취득 격려금 지원과 안전 보호구(작업복, 안전화, 마스크 등) 무료 지원 등을 제공한다. 세부 교육과정은 다음의 〈표 3-11〉과 같다.

• 표 3-11 | 울산기술교육원 세부 교육과정

일반 교육과정			
과정명	교육 기간	1일 교육 시간 / 회차	총 교육 시간
피복아크 용접기능사과정	6주	1일 6시간 / 30회	180시간
가스텅스텐아크 용접기능사과정	6주	1일 6시간 / 30회	180시간
이산화탄소가스아크 기능사과정	6주	1일 6시간 / 30회	180시간
온수온돌 기능사과정 (1차 이론면제)	2주	1일 6시간 / 10회	60시간
방수기능사 과정 (1차 이론면제)	2주	1일 6시간 / 10회	60시간
에너지관리 기능사과정	6주	1일 6시간 / 10회	60시간
심화 교육과정			
과정명	교육 기간	1일 교육 시간 / 회차	총 교육 시간
CO_2플럭스와이어 용접[16]	1개월	1일 6시간 / 20회	120시간
TIG파이프용접실무 (야간과정)	20일	1일 3시간 / 매주 화, 목 / 20회	60시간

---

16 조선소 입사를 위한 시험 과정.

• 그림 3-1 　울산기술교육원 교육 장면

(2) 인천기술교육원

① 연혁

인천기술교육원을 운영하는 인천지부는 1987년 2월 13일 갱생보호회 인천지부로 신설되었으며, 2009년 3월 27일 한국법무보호복지공단 인천지부로 기관 명칭이 변경되었다. 2011년 12월 21일 청사가 신축되었고, 2012년 4월 2일 인천기술교육원을 운영해 오고 있다. 또한 2018년 3월 26일 신청사 4층에 용접관을 증축하였다.

② 교육과정

조선, 기계, 건설 등 산업 현장에서 필수적인 용접 기술 전문 과정으로, 일반 교육과정(TIG 용접 과정, 조선 용접 과정, 전기용접 실기 과정, 용접 자격증 실기, 판금제관 기능사 과정)과 심화 교육과정(배관 용접 이론 및 실습)을 운영하고 있다.

교육생의 수준에 따라 체계적인 교육 커리큘럼으로 1:1 맞춤식 교육을 지원하고, 현장과 동떨어진 자격증 취득 위주의 교육이 아니라 현장 중심 교육으로 운영한다. 교육 물품(작업복, 안전화, 교재, 용접 실기 자재 등)을 무상 지원하여 교육에만 전념하도록 지원하고 있다. 세부 교육과정은 다음의 〈표 3-12〉와 같다.

• 표 3-12 | 인천기술교육원 세부 교육과정

일반 교육과정			
과정명	교육 기간	1일 교육 시간 / 회차	총 교육 시간
TIG 용접 과정	6주	1일 4시간 / 30회	120시간
조선 용접(CO_2) 과정	6주	1일 4시간 / 30회	120시간
전기 용접 실기 과정	6주	1일 4시간 / 30회	120시간
용접 자격증 실기 (기능사, 산업기사, 기능장)	6주	1일 4시간 / 30회	120시간
판금제관 기능사과정	6주	1일 4시간 / 30회	120시간
소형건설기계 (소형지게차)	2일	1일 6시간 / 2회	12시간
심화 교육과정			
과정명	교육 기간	1일 교육 시간 / 회차	총 교육 시간
배관 용접 이론 및 실습	4주	1일 4시간 / 20회	80시간

• 그림 3-2 인천기술교육원 교육 장면

(3) 전북기술교육원

① 연혁

전북기술교육원을 운영하는 전북지부는 1961년 9월 30일 전주갱생보호회로 신설되었고, 2009년 3월 27일 한국법무보호복지공단 전북지부로 기관 명칭이 변경되었다. 2014년 9월 25일 청사 신축과 동시에 전북 김제시 용지면에 전북기술교육원 영농실습장을 증축하며, 전북기술교육원을 운영하기 시작하였다.

② 교육과정

귀농·귀촌 영농 교육과정으로, 작물 재배 기술 및 농업기계 기술과 농업에 필요한 중장비 교육과정 등을 운영하고 있다. 2020년 농림축산식품부 산하 기관인 농림수산식품교육문화정보원과 업무협약을 체결하여 귀농·귀촌 교육 인증기관으로 인정받아 〈표 3-13〉과 같은 우대 혜택을 지원받을 수 있으며, 세부 교육과정은 〈표 3-14〉와 같다.

• 표 3-13 | 전북기술교육원 교육생 특별 혜택

◈ 농림수산식품부 귀농·귀촌 교육 인증기관
• 전북기술교육원 교육 수료 시 국가인증 영농교육 160시간 인증 및 수료증 발급
• 농업창업자금 3억, 주택 구입 자금 7,500만 원 한도 내 신청 자격 부여
*대출금액은 신청자의 신용도 및 담보 평가에 따라 달라질 수 있음

◈ 직능별 전문 강사 및 현장실습 지원
• 채소, 과수, 특용작물 및 농기계 등 직능별 전문 강사 특강 지원
• 농산업 업체, 농촌진흥청 및 산하 기관 견학 및 실습 지원

◈ 교육 및 실습용 개인 텃밭 지원(1인 5평 이내)
• 교육 기간 중 교육원 내 개인 텃밭 지원 및 실습 작물, 재료비 지원

• 표 3-14 | 전북기술교육원 세부 교육과정

일반 교육과정			
과정명	교육 기간	1일 교육 시간 / 회차	총 교육 시간
농업기술 이론 및 실무 (농림축산식품부 인증 교육) ※ 농업 관련 자격증 취득 병행	2개월	1일 4시간 / 40회	160시간

심화 교육과정			
과정명	교육 기간	1일 교육 시간 / 회차	총 교육 시간
농업 일자리 체험교육 (귀농귀촌종합센터 협업 교육)	2주	이론 / 1일 8시간 / 5회 실습 / 1일 4시간 / 5회	60시간
특별 교육과정			
과정명	교육 기간	1일 교육 시간 / 회차	총 교육 시간
농업용 소형건설기계 자격증[17] (3t 미만 굴착기, 지게차, 로더)	3일	이론 / 1일 6시간 / 1회 실기 / 1일 3시간 / 2회	12시간
농업용 중장비 자격증[18] (3t 이상 굴착기, 지게차, 로더)	1개월	이론 / 1일 4시간 / 5회 실습 / 1일 4시간 / 15회	80시간

• 그림 3-3 전북기술교육원 교육 장면

(4) 경남기술교육원

① 연혁

경남기술교육원을 운영하는 경남지부는 1987년 3월 25일 갱생보호회 마산지부로 신설되었다. 2009년 3월 27일 한국법무보호복지공단 경남지부로 기관 명칭이 변경되었고, 2015년 9월 9일 신청사와 기술교육원이 준공되며 경남기술교육원을 운영해 오고 있다.

---

17 교육 수료 후 소형건설기계 조종 면허 발급.
18 국가 기술 자격증 중 운전(굴착기, 지게차, 로더)기능사 취득 준비 교육지원.

② 교육과정

컴퓨터 응용 기계가공의 대표적 가공인 CNC 선반, 머시닝센터, CAD/CAM, 범용 선반과 밀링, 3D 프린팅의 교육과 조선 비계 교육을 운영하고 있다. 교육생 특별 혜택으로는 교육에 필요한 물품 지원(교재, 실습복, 안전화 등), 자격증 실기시험 응시자 관련 프로그램, 공구류 등 지원, 관련 기업체 현장 견학을 실시하고 있다. 세부 교육과정은 〈표 3-15〉와 같다.

• 표 3-15 | 경남기술교육원 세부 교육과정

일반 교육과정			
과정명	교육 기간	1일 교육 시간 / 회차	총 교육 시간
CAD실무	2주	1일 5시간 / 10회차	50시간
CNC선반	3주	1일 5시간 / 15회차	75시간
머시닝센터	3주	1일 5시간 / 15회차	75시간
3D프린터	2주	1일 5시간 / 10회차	50시간
조선비계	2주	1일 5시간 / 10회차	50시간

• 그림 3-4 경남기술교육원 교육 장면

(5) 충남기술교육원

① 연혁

충남기술교육원을 운영하는 충남지부는 2017년 1월 1일 대전충남지부에서 대전과 충남이 분리되는 직제 개편으로 충남지부가 신설되었고, 충남지부를 신축하며 기술교육원도 함께 개소하여 운영하기 시작했다.

② 교육과정

국가 기간 전략사업 직종인 자동차 정비의 현장실무 위주 맞춤형 교육을 실시하고 있으며, 자동차 정비, 건설기계 운전 등의 교육을 진행하고 있다. 교육에 필요한 물품 지원(교재, 실습복, 안전화 등)과 동일 산업 현장 견학, 현장 교육 등을 실시하고 있다. 세부 교육과정은 다음의 〈표 3-16〉과 같다.

• 표 3-16 | 충남기술교육원 세부 교육과정

일반 교육과정			
과정명	교육 기간	1일 교육 시간 / 회차	총 교육 시간
자동차정비기능사 실무자 양성 과정	5주	1일 6시간 / 25회	150시간
지게차운전기능사 (이론)	4주	1일 5시간 / 20회	100시간
지게차운전기능사 (실기)	2주	1일 3시간 / 20회	60시간
특별 교육과정			
과정명	교육 기간	1일 교육 시간 / 회차	총 교육 시간
소형건설기계 자격증 취득 과정 (3톤미만 굴착기, 지게차, 로더)	2~3일	1일 3~6시간 / 2~3회	12시간 (무시험 자격 취득)

• 그림 3-5   충남기술교육원 교육 장면

(6) 경북기술교육원

① 연혁

경북기술교육원을 운영하는 경북지부는 대구경북지부에서 대구와 경북이 분리되는 직제 개편으로 2017년 12월 27일 신축되었고, 2018년 3월 8일 경북기술교육원을 개원하였다.

② 교육과정

취업에 강한 전기 기술교육으로 기업 맞춤형 실무 중심으로 운영하며, 전기 기초과정, 전기기능사과정, 전기 실무과정, 내선 공사 실무과정, 승강기 기초과정 등으로 구성되어 있다. 교육생 특별 혜택으로는 공학용 계산기 등 교육에 필요한 물품지원과 전기기능사 실기 자재 무상대여(전동드릴 등 공구함), 실습을 병행할 수 있는 전기 봉사활동을 실시하고 있다. 세부 교육과정은 다음의 〈표 3-17〉과 같다.

• 표 3-17 | 경북기술교육원 세부 교육과정

일반 교육과정			
과정명	교육 기간	1일 교육 시간 / 회차	총 교육 시간
전기 기초	6주	1일 5시간 / 30회차	150시간
전기기능사 필기	6주	1일 5시간 / 30회차	150시간
전기기능사 실기	4주	1일 5시간 / 20회차	100시간
승강기기능사 실기	1주	1일 5시간 / 5회차	25시간
온수온돌기능사 실기	2주	1일 5시간 / 8회차	40시간

심화 교육과정			
과정명	교육 기간	1일 교육 시간 / 회차	총 교육 시간
취업 연계 전기 내선공사 실무	2주	1일 5시간 / 10회차	50시간
취업 연계 전기 고급 실무	2주	1일 5시간 / 10회차	50시간

• 그림 3-6 경북기술교육원 교육 장면

(7) 서울동부기술교육원

① 연혁

1991년 3월 22일 여성 출소자 전문 시설인 삼미생활관이 설립되었고, 2001년 5월 12일 서울지부 송파지소(딸부잣집)가, 2005년 4월 1일 수원지부 안양지소(안양여성청소년생활관)가 개소되었다. 이후 2008~2009년 송파지소와 안양지소를 매각한 후 삼미생활관과 합병하였고, 수도권의 여성 법무보호대상자 시설이 2010년 4월 7일 여성지원센터로 통합되었다. 2016년부터 여성 특화 여성 기술교육원으로 운영되었으며, 2018년 1월 1일 한국법무보호복지공단 직제 개편에 따라 기관 명칭이 경기남부지부로 변경되었다. 이후 경기남부지부가 운영하던 여성 특화 기술교육원은 2021년 서울동부지부의 개청으로 서울동부기술교육원으로 확대·이관되었다.

② 교육과정

조리(한식, 양식, 중식, 일식), 미용, 제과제빵, 카페 바리스타 자격 과정, 헤어 기능사 과정을 맞춤형 실무 중심으로 운영하고 있다. 교육 기간 중 여성 법무보호대상자에게 1인 1실 숙식 시설 제공, 과정별 현장 견학 및 대회 출전 기회 등을 제공하고 있다. 세부 교육과정은 다음의 〈표 3-18〉과 같다.

• 표 3-18 | 서울동부기술교육원 세부 교육과정

정규 교육과정			
과정명	교육 기간	1일 교육 시간 / 회차	총 교육 시간
조리 기능사 (한식, 양식, 일식, 중식, 복어)	2개월	1일 3시간 / 25회차	75시간
떡 제조 기능사	2개월	1일 3시간 / 20회차	60시간
헤어 기능사	2개월	1일 3시간 / 32회차	96시간
심화 교육과정			
과정명	교육 기간	1일 교육 시간 / 회차	총 교육 시간
출장 요리 연회사	2개월	1일 3시간 / 24회차	72시간
찬품 조리 전문가	2개월	1일 3시간 / 15회차	45시간
실무 커트 스타일	2개월	1일 2시간 / 20회차	40시간
헤어컬러 코디네이터	2개월	1일 2시간 / 14회차	28시간
업 스타일 전문가	2개월	1일 2시간 / 12회차	24시간
특별 교육과정			
과정명	교육 기간	1일 교육 시간 / 회차	총 교육 시간
바리스타 1·2급·라떼 아트	2개월	1일 3시간 / 15회차	45시간
제과·제빵기능사	3개월	1일 3시간 / 20회차	60시간
네일 기능사	3개월	1일 3시간 / 32회차	96시간

• 그림 3-7   서울동부기술교육원 교육 장면

Ⅰ 개관

공단의 취업지원 활성화의 근간은 2010년 10월 정부 5개 부처(법무부, 행정안전부, 고용노동부, 농촌진흥청, 중소기업청)가 출소(예정)자 등의 취업·창업지원을 위한 범정부 융합 행정 추진 업무협약 체결과, 동년 12월 「사회적기업 육성법 시행령」의 개정으로 출소자를 취업 곤란 계층에 포함시켜 다음 해 고용노동부의 취업성공패키지를 공단이 진행할 수 있는 계기를 마련하면서부터였다.

2011년 3월 공단의 20개 지부(소)는 취업성공패키지 민간 위탁 사업자로 선정되어 고용노동부의 취업성공패키지 사업을 본격적으로 시행하였고, 동년 12월 「고용보험법 시행령」의 개정에 따라 출소자(취업성공패키지 1단계 수료자)를 고용한 고용주에게 고용촉진장려금이 지원되었다.

2011년부터 2014년까지 공단은 고용노동부의 취업성공패키지를 민간 수탁 형식으로 운영하였고, 2015년 법무부 직접 사업으로 전환되어 공단 자체 취업지원 사업인 허그일자리지원 프로그램을 진행하기 시작했다. 취업성공패키지와 지원 방식은 유사하나, 법무보호대상자의 특성을 고려하여 개인상담·집단상담 프로그램을 재구성한 공단 고유의 취업지원 프로그램이라 할 수 있다.

법무보호대상자에게 개인별 취업 활동 계획에 따라 취업 설계 → 직업 능력개발 → 취업 성공 → 사후 관리에 이르는 단계별 맞춤형 취업지원과 함께 각종 수당을 지급하는 통합 취업지원 서비스를 제공하여 취업을 통한 사회 정착을 지원한다.

Ⅱ 단계별 프로그램

1. 개요

'허그일자리지원 프로그램 업무 매뉴얼'을 통해 단계별 프로그램을 규정하고 있다. 1단계는 '취업 설계'로 초기상담, 직업심리검사, 집단상담을 통해 개인별 취업 활동 계획(IAP) 수립을 지원하며, 2단계는 '직업 능력개발'로 본인 희망, 적성에 맞추어 직업훈련, 창업지원, 일·경험 연계 등으로 직업능력 향상을 위해 국민내일배움카드(HRD훈련), 공단 직영 훈련(기술교육원), 공단 지원훈련, 취업 연계 직업훈련반(교정, 소년원, 취업 매칭반) 훈련을 지원하여 직무능력 습득 기회를 제공한다. 3단계는 '취업 성공'으로 취업 정보 제공, 동행 면접, 이력서·면접 클리닉 등을 지원하여 성공적으로 취업을 연계하고, 4단계는 '사후 관리'로 취업자에게는 직업 적응, 미취업자에는 취업 정보 제공 등의 지원으로 단계별·개별 맞춤 통합 취업지원 서비스를 제공한다.

• 표 3-19 | 허그일자리지원 프로그램 단계별 개요

① 취업 설계	② 직업 능력개발	③ 취업 성공	④ 사후 관리
초기상담 직업심리검사 집단상담 취업활동 계획 수립	국민내일배움카드 (HRD 훈련) 공단 직영훈련 (기술교육원) 공단 지원훈련 취업 연계 직업훈련반 (교정, 소년원)	취업 정보 제공 동행 면접 이력서 클리닉 면접 클리닉 등	취업자 직장 적응 미취업자 취업 지원

2. 세부 내용

• 표 3-20 | 허그일자리지원 프로그램의 세부 내용

단계별	세부 내용	기간
1단계	◇ 상담 및 취업 경로 설정 – 상담사와 1:1 대면상담 3회 및 집단 상담 실시 – 개인별 취업 설계에 따른 취업 활동 계획 수립 ◇ 참여 수당 최대 15-25만 원 (단, 출소예정자 미지급)	1개월 내외
2단계	◇ 직업훈련 등 직업능력 향상 – 교육비 지원 최대 300만 원 이내 – 훈련참여수당 (월 최대 284,000원) – 훈련장려금 (월 최대 116,000원) ※ 생계급여수급자 등 미지급	6개월 내외
3단계	◇ 취·창업 성공을 위한 지원 – 구인 정보 제공, 이력서·면접 클리닉 등, 동행 면접 지원 등 – 면접 참여 수당 (1회 20,000~50,000원, 최대 6회)	3~6 개월
4단계	◇ 취·창업 후 적응 등 지원 – 취·창업자 직장 적응 지원 및 미취업자 취업 지원 – 근속에 따른 취업 성공 수당 지급 (12개월 근속 시 최대 150~200만 원)	3~12 개월

● 그림 3-8   1단계 취업 설계

| 집중 상담 |
| 개별 심층 상담(초기상담, 심리검사 등) |
| 전문상담사와 1:1 대면상담 3회 |

집중 상담
개별 심층 상담(초기상담, 심리검사 등)
전문상담사와 1:1 대면상담 3회

집단 상담
집단상담 2~3일, 8시간 실시
(교정, 소년원 취업특강 4시간 운영 가능)

IAP 수립
Individual Action Plan
개인별 취업 지원 계획

1단계

참여 수당

[25만 원]
지급 시기: 지급 대상자의 지급 요건이 충
족된 날부터 14일 이내

* 공단 숙식제공대상자 집단상담 참여 시
10만 원
* 교정기관 내 참여자 수당 지급 없음

● 그림 3-9   2단계 직업능력 개발

직업훈련
최대 300만 원 한도 내
훈련 과정 수 3개 제한
훈련기간 6개월 이내

국민내일배움카드
고용노동부 직업 능력개발 계좌제 활용
공단 직영 및 지원훈련
기술교육원, 운전면허 1종 보통·1종 대형 등
취업 연계 직업훈련반
교정, 소년원 취업 매칭반 (교육비 미지급)

2단계

**훈련 참여 지원 수당
훈련장려금**

[최대 40만 원]
(취업 연계 직업훈련반 20만 원)

* 훈련 과정(월) 80% 이상
수료 시 지급 가능(6개월)

• 그림 3-10   3단계 취업 성공, 4단계 사후 관리

3단계 취업 성공

구인 정보 제공
집중 취업 알선
참여자 실질적 노동시장 진입
다각적 알선

- - - - - - - - - - - -

이력서·면접 클리닉, 동행 면접

4단계 사후 관리

취업자 관리
4대 보험 가입 유도
직업 적용, 장기근속 유도

- - - - - - - - - - - -

미취업자 관리
취업 독려 및 구인 정보 제공

3단계
면접 수당
[관내 2만 원, 관외 최대 5만 원] (1인 최대 6회까지 지원)

4단계
취업 성공 수당
[최대 150~200만 원] - 근속 1개월 20만 원 　- 근속 3개월 30~50만 원 - 근속 6개월 40~60만 원 - 근속 12개월 60~70만 원

3. 고용 협력 기관 지원 안내(고용 촉진 장려금 지원 제도)

고용노동부는 허그일자리지원 프로그램을 통해 법무보호대상자를 고용한 사업주에게 〈표 3-21〉과 같은 고용촉진장려금을 지급하고 있다.

• 표 3-21 ┃ 고용촉진장려금 지원 제도

내용	세부 내용
지원 대상	고용노동부 장관이 지정하는 취업지원 프로그램을 이수하고 워크넷에 구직 등록한 실업자를 고용한 사업주
지원 조건	- 허그일자리지원 프로그램 1개월 이상 참여자 중 2단계 또는 3단계에 참여하고 있거나 3단계를 마친 사람 - 허그일자리지원 프로그램 1개월 미만 참여자 중 구직 등록 기간이 3개월 이상이거나 실업 기간이 3개월 이상인 사람 - 기술교육원 직업훈련에 2개월 이상 참여하고 있는 사람 또는 수료한 사람

지원 내용	지원 대상 근로자를 고용하여 6개월 이상 고용을 유지한 경우 1년간 매 6개월마다 지급 (단, 사업주가 부담하는 임금의 80% 초과 지원 불가)		
	구분	연간 지원 금액	6개월 지급액
	우선지원대상기업	720만 원	360만 원
	대규모 기업	360만 원	180만 원
신청 기간	지급 대상 근로자를 고용한 날부터 12개월 이내에 첫 번째 주기 고용촉진장려금을 신청		
신청 방법	기업체 소재지 관할 고용복지 플러스센터(기업지원과)를 통해 신청		
제출 서류	고용 창출 장려금 지급 신청서, 근로계약서, 월별 임금대장, 임금 지급증빙서류 등		

Ⅲ 현황

1. 참여 현황

• 표 3-22 | 최근 5년간 허그일자리지원 프로그램 참여 현황

[단위: 명]

참여 연도	지원 인원	진행 인원	종료 인원				재범현황 (종료자 대비)	
			취업	중단	기간 만료	계	재범	재범률
2019	6,117	0	3,144	1,213	1,760	4,357	37	0.60
2020	6,605	0	3,354	1,568	1,683	4,922	47	0.71
2021	7,019	0	3,568	1,767	1,684	5,335	34	0.48
2022	7,729	126	3,779	2,043	1,781	5,948	10	0.13
2023	7,762	4,027	2,159	1,100	476	7,286	14	0.37
계	35,232	4,153	16,004	7,691	7,384	27,848	142	0.46

2019년부터 2023년까지 허그일자리지원 프로그램 참여자는 총 35,232명으로, 진행 인원은 4,153명이며 취업·중단·기간 만료 등으로 종료된 인원은 27,848명으로 나타났다. 종료 인원 중 취업자는 16,004명(57.4%), 중단은 7,691명(27.6%), 기간

만료는 7,384명(26.5%)으로 분류되었다. 종료자 중 재범자는 142명(0.46%)으로 출소 후 3년 내 재복역률 25.5%[19]과 비교해 상당히 낮은 결과를 보여, 법무보호대상자에 대한 허그일자리지원 프로그램의 중요성이 매우 강조된다고 할 것이다.

2. 취업자 현황

• 표 3-23 | 최근 5년간 허그일자리지원 프로그램 참여자 취업 현황

[단위: 명]

참여 연도	취업			취업 근속률		
	고용보험 가입 취업	고용보험 미가입 취업	계	3개월	6개월	12개월
2019	1,773	1,371	3,144	77.5	51.7	24.2
2020	1,847	1,507	3,354	77.6	57.6	29.6
2021	2,087	1,481	3,568	79.1	57.2	34
2022	2,193	1,586	3,779	80.1	58.8	33.3
2023	1,298	861	2,159	84.9	64	–
계	9,198	6,806	16,004	79.8	57.9	30.3

• 그림 3-11   최근 5년간 최근 5년간 허그일자리지원 프로그램 참여 및 취업 현황

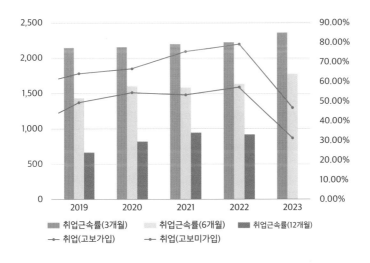

취업근속률(3개월)   취업근속률(6개월)   취업근속률(12개월)
취업(고보가입)   취업(고보미가입)

---

19   법무연수원, 범죄백서(2022), 517면.

2023년 12월 31일 기준, 2018년부터 2023년까지 허그일자리지원 프로그램 취업자는 총 18,634명으로 그 중 10,806명(58.0%)이 고용보험에 가입되어 근로하는 성과를 보였다. 3개월 이상 근속자는 479명, 6개월 이상 근속자는 343명, 12개월 이상 근속자는 150명이며 참여 연도를 거듭할수록 취업 근속률이 증가하는 것으로 나타났다.

Ⅳ 발전 방안

1. 법무부·공단 선정 우수기업 확대

(1) 일자리 우수기업 추진 경과 및 현황

공단은 2008년 6월 공단 지부(소)의 취업·고용 관련 자원봉사 조직의 회장을 중심으로 전국취업위원연합회를 구성하였다. 이듬해인 2009년 11월 전국취업위원연합회의 일자리 우수기업 선정을 시작으로 현재 2023년 4월 창립한 법무부 일자리 우수기업연합회에서 심사위원을 구성하여 연 8~10개 기업을 신규 선정하고 있다. 3년 단위로 평가하여 부적합한 경우에는 인증이 취소되며, 2023년 12월까지 현재 77개의 기업체가 출소자 고용에 앞장서고 있다.

일자리 우수기업이란?

공단의 고용 협력기업 중 출소자 고용에 솔선수범하는 우수기업체에 대하여 심사를 통해 법무부·공단의 인증을 받은 기업을 말한다.

법무보호대상자에 대한 고용 기피 현상을 불식시키고 사회적 포용을 강화하여 안정적인 사회 정착 및 재범을 방지하는 것을 목적으로, 법무보호대상자 누적 고용인원, 현 재직 인원 등을 평가하여 심사를 통해 인증하며 인증 유효기간은 3년으로 매 3년마다 재인증 절차를 거쳐야 한다.

---

(2) 일자리 우수기업에 대한 우대

① 출입국 우대카드 발급

출입국 우대카드를 발급받은 일자리 우수기업은 전국 공항과 항만에서 '전용 출입국 심사대'를 이용할 수 있으며, 카드의 유효기간은 3년으로 카드 소지자와 동반 3인까지 동일한 혜택을 받을 수 있다.

② 준법·사회공헌기업에 대한 비자 발급 혜택

외국인 직원 채용을 위한 '사증 발급인정서' 발급 신청 시 첨부 서류 간소화 및 업체 방문 실태조사를 면제받을 수 있다.

③ 신용보증기금 우대지원

신용보증기금이 원금에 대해 보증하는 금액의 비율을 일반 기업에는 80%를 적용하나, 일자리 우수기업에 대해서는 90%까지 적용한다. 더불어 신용보증기금이 보증서를 발행할 시 매월 발생하는 비용인 보증비용을 0.2%(평균 0.5%~3%) 차감하는 혜택을 주고 있다.

④ 행정안전부 물품 적격 신인도 가점 부여

지방자치단체에서 집행하는 물품 제조·구매 입찰의 낙찰자 적격 심사·결정 시 신인도(가. 품질관리 등 신뢰 정도) 항목에서 1.0점의 가점을 부여받을 수 있다.

⑤ 금융기관 여신 금리 우대

신한은행의 '일하기 좋은 기업 대출', 국민은행의 'KB Green Wave_ESG 우수기업' 대출에 포함되어 운전자금 등의 용도로 각각 0.5%, 0.4%의 금리 우대 지원을 받을 수 있다.

• 그림 3-12   우수기업 인증 마크 및 인증패

인증 마크   인증패

(3) 우대조건 확대를 통한 고용 우수기업 지속 발굴

위험부담을 감수하며 법무보호대상자를 고용하고 있는 기업에 보다 많은 우대 제도가 도입되어 기업체의 참여를 더욱 이끌어내야 할 것이다. 이를 위해 공단은 2021년 독자 법률의 입법 시도를 통해 법무보호대상자를 고용하는 사업주에게 세제를 지원하거나 계약 체결 시 우대 등 고용 유인책 제공의 필요성을 제기하였다. 동 법률안은 법무보호대상자 고용 우수사업주를 선정하여, 사업을 지원하는 규정과 국가 또는 지방자치단체가 공사, 물품, 용역 계약 체결 시 우대할 수 있는 법적 근거를 담고 있다.

2. 취업 조건부 가석방 제도 확대 운영

(1) 취업 조건부 가석방 제도

교도소의 과밀 수용을 해소하고 법무보호대상자의 조속하고 안정된 사회복귀 촉진과 취업률 제고를 도모하기 위해, 법무부는 모범 수형자를 대상으로 한 취업 연계 가석방 제도를 실시하고 있다. 2018년 10월 운영계획을 수립하여, 2019년 2월부터 6개월간의 시범 실시를 거쳐 2019년 8월 전면적으로 확대하였다.

(2) 취업 조건부 가석방 절차

• 그림 3-13 취업 조건부 가석방 절차

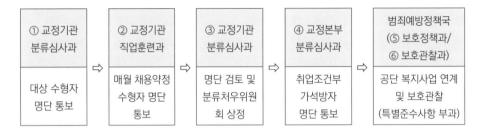

(3) 취업 조건부 가석방 대상자의 법무보호복지사업 연계

공단은 취업 조건부 가석방자의 사후 관리 강화와 부가 법무보호복지서비스를 통한 재범 방지 및 건강한 사회복귀를 도모하기 위해, 우량기업을 지속적으로 발굴하여 법무보호대상자 맞춤형 취업을 강화하였다. 또한 민원 및 부정 사례의 사전 방지를 위하여 '신규 채용약정 희망업체 가이드 라인'을 제작하여 배포하였다. 아울러 허그일자리지원 프로그램 참여 가능 기간을 확대하여, 취업 조건부 가석방자들이 동 프로그램 참여 후 바로 취업할 수 있는 제도적 장치를 마련하였다.

(4) 취업 조건부 가석방 현황

• 표 3-24 | 최근 5년간 취업 조건부 가석방자 중 허그일자리지원 프로그램 참여자 현황

[단위: 명]

연도	가석방 인원	허그일자리 참여 인원	종료(퇴사 등)	재직자
2019	53	51	51	0
2020	18	18	18	0
2021	17	17	17	0
2022	14	14	14	0
2023	9	9	4	5
계	111	109	104	5

최근 5년간 취업 조건부 가석방 대상자 총 111명 중 허그일자리지원 프로그램 참여자는 109명(87.6%)이다. 퇴사 등의 사유로 종료된 사람은 104명이고, 현재 취업을

유지하고 있는 인원은 5명으로 나타났다.

취업 경로는 공단을 통한 취업자가 84명(75.7%), 교정기관을 통한 취업자가 24명 (21.6%), 기타 3명(2.7%)이다. 취업 직종은 생산·제조업 분야가 68명(61.3%)으로 가장 많았고, 환경·청소 16명(14.4%), 운전 9명(8.1%), 서비스 5명(4.5%), 건설 분야 4명 (3.6%), 식품 가공 3명(2.7%), 사무·관리 3명(2.7%), 물류 유통 3명(2.7%) 순으로 나타났다.

공단은 78개의 채용약정 희망 기업을 확보하였고, 취업 조건부 가석방 대상자의 요구에 상응하는 다양한 업체를 확보하기 위한 노력을 기울이고 있다.

(5) 취업 조건부 가석방 확대를 위한 정책적 지원

앞의 〈표 3-24〉에서 확인할 수 있듯이 취업 조건부 가석방 제도를 시범 실시하고 전면 확대한 2019년의 참여자가 51명으로 가장 많았고, 이듬해인 2020년 18명, 최근 2023년 9명으로 현저히 줄어들었다. 취업 조건부 가석방 제도의 본래 취지인 교정의 과밀 수용 해소와 모범 수형자의 안전한 사회복귀 및 취업률 제고를 위해서 취업 조건부 가석방 요건의 제도적 완화에 대해 재고해 볼 필요성이 엿보인다. 그리고 연고가 없거나 출소 후 보호 관계가 미약한 수형자에게는 지역별로 운영되고 있는 공단 지부(소)의 생활관을 활용하여 취업할 수 있는 여건을 마련해 주는 등 다양한 방식으로 경제적 자립을 지원하여야 한다.

또한 모범 장기수나 무기수들에게도 기회를 부여하여, 가석방 기간과 취업 유지 의무 기간을 정하여 자유로운 경제활동을 통한 생산적 복지를 실현하여야 할 것이다. 더불어 취업 조건부 가석방을 희망하는 모든 법무보호대상자를 허그일자리지원 프로그램에 참여시켜 기본적인 취업 교육을 진행하고, 직업 심리 검사 결과에 따른 희망 직종에 일자리를 매칭하여 직업 적응을 도와 장기 근속할 수 있도록 노력하여야 할 것이다.

3. 법무부 일자리 우수기업연합회 구성

(1) 법무부 일자리 우수기업연합회

기업 중심의 연합회 구축으로 법무보호복지사업 지원을 위한 일자리 우수기업 봉사 네트워크를 형성하고 기업주도의 포용과 나눔문화 활성화를 통한 법무보호대상자 취업 지원 강화를 목적으로 2023년 4월 법무부 일자리 우수기업연합회가 출범하였다. 2024년 2월 기준으로 임원사 8개 기업, 정회원사 27개 기업, 준회원사 8개 기업으로 총 44개의 회원사로 구성되어 있다.

(2) 법무부 일자리 우수기업연합회 주요 사업

사업구분	세부 내용
직접 고용 및 취업 연계	◇ 123운동 추진 - 하나(1)의 회원사에서 두 명(2) 이상의 법무보호대상자 고용, 세 명(3) 이상의 대상자 타 사업장 취업 연계 ◇ 일자리 기반 확충 - 1 기업 1 출소자 고용 운동 전개 및 연합회 주관 권역별 취업박람회 개최 등을 통한 취업 연계 추진 ◇ 특정 대상자 채용 - 보호수용 조건부 가석방자, 소년원 및 소년 보호관찰 대상자 등 특정 대상자에 대한 우선적 취업 연계 지원 ◇ 멘토링 지원 - 회원사와 취업자의 1:1 결연을 통해 안정적인 직장 내 애로사항 파악 및 장기 근속 등 지원
법무부 일자리 우수기업 확대 추진	◇ 우수기업 확대 - 회원사 해당 지역 내 고용 협력기업 고용인원 파악을 통한 법무부 일자리 우수기업 연간 10여 개 인증 ◇ 회원사 영입 - 법무부 일자리 우수기업 및 고용 협력기업 대상 지역별 연합회 사업 설명회 개최 등 영입 지속 추진
경제적 지원	◇ 구직활동 수당 - 구직 중인 법무보호대상자에 대한 수당지원을 통해 안정적인 구직활동 유도 ◇ 취업 성공 수당 - 허그일자리프로그램 미참여자에 대한 수당지원을 통해 근속 유도 ◇ 장기근속 수당 - 장기근속에 대한 동기부여 및 자립 지원을 위한 수당지원 ◇ 모범 취업자 선정 - 연말 근속 등을 고려, 모범 취업자를 선정, 연합회 표창 및 수당 등 지원 ◇ 자녀 장학금 - 장기근속 취업자 자녀 대상 장학금 지원

취업지원 및 홍보 추진	◇ 홍보 강화 – 유튜브, SNS, 공단 소식지(모바일) 활용 및 홍보영상 제작 등 연합회 활동 사항에 대한 홍보 지속 추진 ◇ 관련 기관 협력 강화 – 취업지원 관련 기관(공단·교정·보호관찰) 행사 지원 등 유기적인 업무 체계 구축 ◇ 수기집 발간 – 연합회 활동 및 취업지원 관련 우수사례에 대한 수기집 발간, 관련 기관 및 지역사회 배포
기타	◇ 교육지원 – 집단상담 등 법무보호대상자 진로 설정 교육 시 업체 소개 및 취업 동향, 우수사례 등 특강 지원 ◇ 직장 체험 – 구직 중인 법무보호대상자에게 직장 견학 및 실습 등 현장 실무 경험 습득을 위한 직장 체험 지원

• 그림 3-14 법무부 일자리 우수기업연합회 활동

권역별 취업박람회 개최

공단·교정 취업지원사업
합동 성과대회 지원

제 3 절 | 창업지원

Ⅰ 개관

공단은 기술을 습득한 후 자금이 부족하여 창업하지 못하는 법무보호대상자에게 창업 기회를 제공하여 안정적인 사회 정착 기회를 부여한다. 직업훈련 교육 이후 자격증을 취득하였거나, 특정 직종 취업 활동으로 숙련 기술을 습득한 자 중 창업을 희망하는 법무보호대상자에게 소자본 창업에 필요한 임대보증금 및 운영비를 최장 6년간 지원한다.

서민금융진흥원(舊 휴면예금관리재단)과 창업지원 지원금 협약을 체결하여 2009년부터 실시되었다. 2010년 최대 4천만 원이었던 지원 금액을 최대 5천만 원으로 증액하였고, 「보호관찰 등에 관한 법률」의 개정으로 동법 제65조 제1항 제3호에 법적 근거가 마련되어 신규 사업으로 도약하였다. 2016년 창업지원 기간을 최대 4년에서 6년으로 확대하여 현재에 이르고 있다. 공단 내부적으로는 효율적인 업무추진을 위한 제반 절차와 지원에 따른 준수사항 등을 「창업지원업무처리지침」을 통하여 규정하고 있다. 2009년부터 2023년까지 총 212명에게 창업지원이 제공되었다.

창업지원 관련 규정

「창업지원 업무처리 지침」
– 한국법무보호복지공단에서 서민금융진흥원 등으로부터 지원받아 법무보호대상자를 대상으로 하는 창업지원 사업에 대한 효율적 업무추진을 위한 제반 절차와 지원에 따른 준수 사항 등을 정함으로써 법무보호대상자의 경제적 자활 독립을 도와 건전한 사회복귀를 촉진시켜 주는 것을 목적으로 한다.

창업지원은 법무보호대상자에게 창업에 필요한 사업장 임차보증금을 지원하는 제도이다.[20] 창업지원 대상자는 창업지원 약정서 상의 제반 의무를 성실히 이행하여야 하며, 창업지원과 관련된 공단 및 서민금융진흥원의 정당한 요청 사항에 대해 적

---

20 「보호관찰 등에 관한 법률 시행령」 제41조 제3항.

극 협조하여야 한다.[21]

1. 지원 방식

공단과 창업지원 대상자의 약정 체결 및 대상자의 본인부담금 납부, 공단과 임대인 간 임대차 계약 체결로 성립한다. 운영비 및 시설비 지원자로 선정된 경우 해당 지원금을 지급한 후 개시한다.[22]

2. 대상자 선정 기준

법무보호대상자 중 자립 의지가 뚜렷하고 생활 근거지가 있으며, 자격증 취득 후 취득 자격증을 활용하려 하거나 동 업종에 1년 이상 근무 또는 운영한 경력자 혹은 창업지원 전문기관 등에서 창업 교육을 이수했거나, 본인부담금 납부 약정서를 제출한 자를 창업지원의 대상 후보로 선정하고 있다.[23]

3. 지원 내역

창업지원 대상자 1인에 대한 지원금은 임차보증금, 운영지원비 및 시설비 합계 최대 5천만 원 이내로 하고, 지원금의 담보로써 대상자는 임차보증금 50% 이상의 금액이나 부가세를 포함한 임차료 12개월분을 합산한 금액 중 큰 금액을 부담하여야 한다.

창업지원 대상자는 월 임차료와 관리비를 부담하며, 임차료·관리비·운영비 및 시설비 분할 상환금을 지정된 기한까지 지부(소)장에게 납부하고, 지부(소)장은 임대인에게 지체없이 전달하여야 한다. 또한 운영비 및 시설비를 지급받은 날을 기준으로 6개월 후부터 상환 기간을 18개월 이내로 지정하여 매월 원금과 원금의 연 3% 이자를 균등분할 한 금액으로 상환하여야 한다.[24]

임차료 없는 전세 계약의 경우 대상자는 임차보증금 20% 이상의 금액을 부담한다.[25]

---

21 「창업지원업무처리지침」 제14조.
22 위의 지침 제5조.
23 앞의 지침 제6조.
24 위의 지침 제10조.
25 위의 지침 제10조의2.

4. 지원 기간

신규 대상자에 대한 창업지원 기간은 2년으로 하되, 필요한 경우 2년의 범위 내에서 2차에 한하여 총 6년까지 연장할 수 있다.

지부(소)장은 최초 창업지원 기간 만료일 6개월 전에 창업지원 연장 희망 여부를 대상자에게 확인하여야 하며, ① 직전 지원 기간의 임차료 및 관리비 등을 전액 완납한 자, ② 직전 지원 기간의 대출금 이자를 전액 완납한 자, ③ 거주지가 명확한 자 등의 3가지 요건을 모두 충족하는 경우 연장 신청을 보호심사회에 상정한다.

Ⅱ 현황

1. 개시 현황

• 표 3-25 | 최근 5년간 창업지원 개시 현황

[단위: 명]

연도	2019	2020	2021	2022	2023	계	비고
							2009~2018
인원	5	2	5	2	4	18	194

공단은 서민금융진흥원 복지사업자로 선정된 2009년부터 2023년까지 총 212명에 대하여 창업지원을 실시하였다. 사업 시행 후 9년간(2009~2018년) 194명(91.5%)이 사업에 참여했으나, 그 이후 창업의 어려움에 직면하면서 점차 창업지원의 신청자가 줄어든 결과를 확인할 수 있다.

2. 업종별 현황

• 표 3-26 | 업종별 현황

[단위: 명]

구분	요식업	소매업	서비스업	건축업	제조업	교육	정보통신	농축산	기타	계
인원	94	39	19	18	15	6	6	3	12	212

창업지원이 시작된 2009년부터 2023년까지의 창업지원 대상자 212명 중 44%에 달하는 94명이 요식업을 창업하였고, 소매업이 39명(18.3%), 서비스업 19명(8.9%), 건축업 18명(8.5%), 제조업 15명(7%), 교육 6명(2.8%), 정보통신 6명(2.8%), 농축산 3명(1.4%) 순이었다. 기타 업종으로 12명(5.7%)이 건강원, 체육시설 등을 창업했다.

제4장
가족지원

I 개관[26]

　주거는 외부의 위협으로부터 사회적·심리적 피난처를 제공하고 안정감을 제공하기에 전반적인 삶의 질과 직결된다. 또한 안정적인 거주 공간은 지역사회 내 네트워크를 구축하고, 사회 내 관리·감독을 준수할 수 있는 기반을 제공한다. 즉, 거주할 곳이 존재함으로써 사회적 낙인의 노출, 반사회적인 사람과의 접촉 등 재범에 영향을 미칠 수 있는 부정적인 환경에서 회피할 가능성이 높아진다.

　사회통제이론은 가족과 강한 애착이 사회적 유대 요소 중 하나로, 범죄와 범행을 통제하는 영향력을 갖는다고 설명하고 있고, 배우자, 자녀들과 강한 유대관계는 출소자의 사회복귀에 긍정적인 영향을 미치는 것으로 나타나고 있다. 이러한 논의를 바탕으로 주거지원과 재범과의 관계를 양적으로 검증한 연구를 분석한 결과 법무보호복지서비스를 통해 안정적 주거를 지원받은 출소자는 주거가 불안정하거나 노숙상태의 출소자에 비해 재범을 저지를 확률이 낮은 것으로 나타났다. 이처럼 안정적인 거주 공간은 가족들이 함께 모여 살 기회를 제공하며, 출소 이후 단절되었던 가족과의 유대를 다시 연결하는 데 큰 도움이 된다.

---

26 홍명기/공정식, "주거지원 대상 출소자의 지원 기간 내 재범 위험에 대한 탐색적 연구", 교정연구 제30권 제3호(2020), 70-71 참조.

법무보호대상자는 사회복귀 과정에서 취업 및 경제적 어려움, 변화된 사회에 대한 부적응, 안정적 주거확보의 어려움, 사회적 냉대와 편견 등 상당히 복합적이고 어려운 상황에 부닥치게 된다. 또한, 기혼 수용 및 출소자 10명 중 4명(37.2%)이 배우자와 이혼하여 가정이 해체된 경우라고 한다.[27] 이러한 상황에서 거주지 불안정까지 겹치면 안정적으로 사회에 복귀하기 매우 힘든 상태로 빠져들어 재범의 위험성도 높아질 수밖에 없다.

결과적으로 주거지원은 출소자가 출소 직후 겪을 수 있는 다양한 어려움을 지원하고 해결해 줌으로써, 원활한 사회복귀를 유도하고 재범을 방지하는 역할을 하는 것으로 나타났다.

공단은 이런 법무보호대상자의 특성을 반영하여 2005년부터 「주거지원사업 업무처리지침」을 제정하여 주거지원사업을 추진하고 있다.

Ⅱ 서비스 개요

1. 목적

부양가족이 있는 무주택 법무보호대상자에게 시세보다 저렴한 주택 지원을 통해 가정 회복, 재범 방지 및 건전한 사회복귀 촉진 도모하는 것을 목적으로 한다.

2. 지원 대상과 내용

법무보호대상자 본인을 제외한 부양가족이 1인 이상이고, 자립과 가정 회복을 위해 주거지원이 필요하다고 인정되는 자에 대해 한국토지주택공사공사에서 임차 주택을 공급받아 지원한다.

3. 주거지원 신청 및 상담

주거지원을 희망하는 법무보호대상자가 직접 공단을 방문하거나 교정·보호관찰소 등 법무 관계 기관에서 도움이 필요한 신청자에 대해 공단으로 의뢰 공문을 발송하여 주거지원을 신청한다. 주거지원 신청서를 접수받은 공단에서는 주거지원 서비

---

27 한국법무보호복지공단, 출소자 가정 복원을 위한 가족 실태 조사 및 중장기 지원 방안 연구(2015), 5.

스에 대한 목적, 내용, 자격요건, 준비 서류 등에 대한 안내를 위한 1차 상담을 실시하고 준비한 서류를 토대로 2차 심층 상담을 진행한다.

● 표 3-27 | 주거지원 필수 준비 서류

제출 서류	비고
수용(출소)증명서 또는 보호관찰 이행 확인서	교정기관, 보호관찰소
판결문	법원 또는 검찰청
주민등록등본 1부	행정복지센터
혼인관계증명서 1부	
가족관계증명서 1부	
지방세 세목별 과세증명서(본인, 배우자, 동거가족 등)	
서약서 1부	한국법무보호복지공단
주거지원 동의서 1부	
증명사진(본인) 1매 함께 거주할 가족 단체 사진(본인 포함) 1매	신청자 준비
현재 주거 중인 주거 환경 사진 (각 6매 이상) (방, 거실, 주방, 베란다, 욕실, 건물 외부)	
무상거주 사실 확인원 1부 또는 본인 및 동거가족 명의 계약인 경우 임대계약서 사본 1부	
본인 또는 동거가족 명의 통장 사본 1부 (정기적금 또는 청약저축만 가능)	

4. 심사

주거지원이 공단의 타 보호서비스와 다른 점은 지부에서 진행되는 보호심사를 통해 서비스가 진행되지 않고, 외부 위원으로 구성된 심사위원회 조직을 통해 심사가 이뤄지며, 이를 통과해야 비로소 서비스 제공이 가능하다는 점이다. 주거지원이 최대 10년까지 거주할 수 있도록 지원해 주는 사업임을 감안할 때 입주 필요성 여부를 판단하는 심사는 매우 중요하다고 할 수 있다.

(1) 입주 심사

신규로 배정받은 주택에 거주하게 될 법무보호대상자의 입주 자격 여부 심사를 위해 주거지원 심사위원회를 통해 심사를 진행한다. 심사는 필요에 따라 수시로 진행이되며 본 심사에 통과된 법무보호대상자에 한해 입주 절차를 진행한다.

(2) 연장 심사

주거지원 연장 심사는 지부(소) 보호심사회를 통해 진행되며, 기존에 거주 중인 대상자의 기간 연장(2년 단위 재약정/ 최장 10년)을 목적으로 하고 있다.

주거지원 연장을 위해 최초 주거지원 기간 만료일 3개월 전에 연장 희망 여부를 법무보호대상자에게 확인하여 연장 심사를 진행하며, 저축금, 근로활동 자립계획 이행 여부를 중점으로 심사한다.

(3) 주거지원 심사위원회

주거지원 사업에 중요한 입주 심사 업무를 관장하는 기구로, 위원장을 포함하여 5인 이상 15인 이하의 외부 위원으로 구성되며, 위원장은 보호관찰관 또는 법무보호에 관한 지식과 경험이 풍부한 자원봉사자 중에서 선발하여 이사장의 승인을 받아야 한다.

주거지원 심사위원은 신청자의 범죄 이력, 가족관계, 경제적 능력뿐만 아니라 과거부터 현재 그리고 미래의 생활계획 등 법무보호대상자가 처한 일련의 상황을 파악해야 한다.

5. 입주

주거지원 심사 회의가 종료되면 담당자는 법무보호대상자와 그 가족들에게 심사 결과를 전달하고 입주 상담을 진행한 후, 입주 희망 지역, 동거가족 수 등을 토대로 관할 한국토지주택공사 담당자에게 물건 배정을 요청하고, 담당자가 잔여 물건 확인 후 공단으로 물건을 배정하게 되면, 주거지원 업무 담당자는 법무보호대상자에게 열람 기간(3일) 내 대상 주택을 둘러보고 입주 여부를 결정하도록 안내한다.

법무보호대상자가 입주 결정 및 한국토지주택공사 계좌에 보증금을 입금하고 계약을 체결하는 것으로 주거지원이 마무리된다. 이 경우 법무보호대상자는 계약 체결 후 계약일로부터 60일 이내 입주를 이행하여야 한다.

6. 사후 관리

공단은 주거지원 대상자로 선정되어 입주한 법무보호대상자의 3개월 이상 임대료 및 관리비 연체, 이웃 주민과의 갈등에 의한 민원 야기, 재범, 대상자 사망 등 생활 실태 여부를 확인하기 위한 사후 관리를 실시하고, 이를 통해 주거지원을 계속할 수 없는 상황이 발생할 경우 주거지원 계약해제 또는 해지를 할 수 있다.

또한 고액 임대료 연체(12개월 이상 임대료 미납) 해결을 위해 2023년 12월 '고액 임대료 연체 해결 심사위원회'를 구성하여 장기 고액 임대료 연체 대상자 해결을 위한 노력을 하고 있다.

7. 서비스 제공 흐름도[28]

방 문
【준비서류】
• 수용(출소)증명서 또는 기관의뢰서, 신분증(주민등록증 또는 운전면허증)
※교정시설 수형자의 경우 예비 입주 희망자 추천받아 상담 등 선정 절차 가능

↓

1차 상담
【요건상담】
• 주거지원에 대한 1차 상담 진행
• 주거지원 요건 및 준비 서류 안내

↓

본인 준비
【준비사항】
• 주거지원 심사에 필요한 서류 준비 (지방세 세목별 과세증명서, 임대차 계약서, 가족사진, 주민등록등본, 수급자증명서·취업확인서 등 서류)

↓

2차 상담 및 보호신청
【신청서류】
• 주거지원신청서, 법무보호서비스 신청서, 개인정보동의서, 주거지원 심사자료 준비

↓

주거지원심사회 개최·선정
【심사기간】 필요 시 수시 심사
【심사주체】 주거지원심사위원회: 외부 전문가 등으로 구성
【심사내용】 주거지원 입주대상자 선정
【물건배정소요기간】 평균 60일(한국토지주택공사 공급 물량에 따라 좌우)

↓

---

28 공단 주거지원 실무편람.

선정자 입주물건 요청 및 배정	【진행내용】 • 공단에서 한국토지주택공사공사에 선정자 인적 사항 및 지원 대상 입주 물건 요청 • 한국토지주택공사공사 물건 배정 통보 → 대상자 물건 확인 후 입주 의사 결정 (공단 지원 보증금을 제외한 본인 부담 보증금 납부)
약정 및 제소전 화해계약체결	【약정 및 계약내용】 • 한국토지주택공사공사 계약 체결 및 주거지원 약정 체결 (2년 단위 재약정, 최대 10년 거주) 【입주기간】약정 체결 후 2개월 내 • 제소 전 화해계약서 작성: 계약 해지 및 퇴거 사유 발생 시 조속한 해결
주거지원 진행 및 관리	【진행내용】 • 3개월마다 자립활동 조사보고서 작성, 매월 임대료 납부 여부 등 확인 【연장심사】2년 단위, 만료 3개월 전 연장 신청서 제출 ※ 임대료·관리비 연체 시 연장 불가 【해제 및 해지사유】 • 기간 만료, 월 임대료·관리비 등을 3개월 이상 미납부, 재범, 대상자 사망, 약정 후 2개월 내 미입주, 지원 물건 전대 및 고의 손괴
퇴거 및 종료	• 퇴거: 기간 만료 및 재범은 4개월, 사망은 6개월 이내 퇴거 일자 조절 • 건물 퇴거에 따른 원상회복 의무 준수

III 현황

공단은 2001년 경남지부의 '해피홈' 3호 시범운영을 시작으로 2005년 6월 법무부, 건설교통부, 한국토지주택공사 등이 참여한 가운데 법무보호대상자 주거지원 방안에 대한 업무협의를 진행한 후, 동년 8월에 공단 주거지원 사업 추진을 위해 건설교통부의 「매입 및 전세 임대 업무처리지침」에 법적 근거를 마련하고 2005년 11월 한국토지주택공사로부터 전세임대주택 14호를 공급받아 주거지원 서비스를 시작하였다.

이후 공단은 2006년 1월 법무부와 건설교통부의 '법무보호대상자 주거지원 공동추진협약 체결'을 통해 주택 133호를 공급받고, 주거지원 입주자 선정 등 관련 업무를 투명하고 공정하게 추진하기 위한 주거지원 심사위원회를 공단 본부에 구성·창립하여 본격적인 주거지원을 추진하였다.

또한 2020년 8월에는 법무보호대상자 입주·연장 심사 시 주택 소유 및 재산 정도를 객관적으로 확인할 수 있도록 '지방세 세목별 과세증명서' 제출을 의무화하고, 법무보호대상자의 금전적 부담 완화를 위해 10개월 임대료를 선납하는 '자립보증금 제도'를 폐지하였다. 이윽고 2021년 2월에는 신규입주(본부 심사위원회), 재입주(지부·소 심사위원회)로 이원화되었던 입주 심사를 지부·소 심사위원회에서 통합하여 진행하는 것으로 개선하고, 필요시 상시 회의 개최로 빠른 입주가 가능하도록 지원하여 입주 지연으로 인한 포기 사례를 최소화하는 등 주거지원 서비스 내실화를 추진하였다.

● 표 3-28 | 최근 5년간 주거지원 현황

[단위: 가구 수]

연도	2019	2020	2021	2022	2023	계
가구	220	110	156	154	147	787

주거지원은 공단의 중점 추진사업으로, 2023년 자체 고객만족도 설문조사 결과의 전체 지원 서비스 만족도(평균 91.4점)와 비교하여 주거지원의 만족도는 4.4점 이상 높은 95.8점을 기록했다. 이를 통해 법무보호대상자와 가정이 공단의 주거지원에 매우 만족하고 있다는 점을 확인해 볼 수 있다.

또한, 국내 3년 이내 교정시설 출소자 재복역률이 24.7%인 것에 비해 주거지원 퇴거자 중 3년 이내 재범으로 인한 퇴거는 89명인 7.2%에 불과하여 출소자의 안정적인 주거확보는 사회 내 자립 및 가정 회복을 위한 중요한 요소임이 확인되었다. 이에 공단은 2019년 1월 가족희망사업을 본격적으로 추진하며 출소자 가족에게 지원되던 주거지원을 수용자 가족까지 확대하여 지원하기 시작했다. 이는 가장의 수감으로 주거가 불안정한 수용자 가족에게 더욱 실질적으로 도움이 될 수 있는 지원방안을 마련하여 수용자 가족의 주거 안정성을 높이고 가족 해체를 미연에 방지하기 위함이다.

Ⅳ 발전 방안

주거란 '개인적인 공간'이라는 의미를 넘어서 심신의 안정을 제공하는 공간이며, 위험한 외부 환경으로부터 보호하고, 가족과 소속된 지역사회와의 관계를 정립하는 공간이라는 의미를 지니고 있다. 그러나 법무보호대상자의 경우 이러한 주거 공간의 확보에 상당한 어려움을 가지고 있다. 공단의 주거지원은 법무보호대상자와 그의 가족에게 일정 기간 주거 공간을 제공함으로써, 가족 구성원의 심적 안정과 임대보증금 등의 경제적 지원을 통해 원활한 사회복귀를 촉진하고 재범률까지 낮추는 결과를 가져온다고 볼 수 있다. 따라서 주거지원의 통계학적 수치 및 자료를 이용한 과학적 연구를 통해, 효과성과 재범 인자 요인을 세부적으로 검증하여 주거지원 서비스 영역 확대를 이루어나가야 할 것이다. 아울러 그 요인을 실제 현장에 적용하여, 법무보호대상자와 가족의 주거 안정에 실질적인 도움을 줄 수 있도록 노력해야 한다.

이를 위해 주거지원 반납 물건의 재입주 강화,[29] 수도권과 광역시에 편중되어 있는 관리 물량을 중소 도시로 확대하여 주거지원 관리 물량에 대한 지역별 편차 해소, 신규 주거지원 대상자 확보를 위한 홍보, 공단과 한국토지주택공사와의 지속적인 협조 관계 유지를 통한 신규 입주 물건 확보, 공단 관리물건 수리·보수, 공실 이후 월 임대료 납부 면제, 10년 만기 퇴거자에 대한 개인 계약 전환(명의변경) 등 다양한 정책 시행을 통한 주거지원의 내실화 추진이 필요하다. 이와 더불어 주거지원에 대한 예산 및 전문인력 충원으로 주거지의 노후화에 따른 열악한 주거환경을 개선하는 사업으로까지 영역을 확대한다면 더욱 질 높은 서비스가 이루어질 수 있을 것이다.

---

29 2019년도 대비 재입주 물건 23호 증가, 신규 물건 110호로 축소.

제 2 절 | 결혼지원

I 개관

법무보호대상자 중 약 48%는 결혼 관계의 변동이 발생하고, 그중 약 80%는 결혼 관계를 중단한 것으로 나타났다. 심지어 수치심 또는 범죄사실 발각 등에 대한 불안감 때문에 법무보호대상자 스스로 가족과의 관계를 단절하는 경우도 있으며, 그 과정에서 수형 동료들과의 관계가 강화되기도 한다. 따라서 법무보호대상자에게 결혼을 통해 가족을 재구성하도록 돕는 일은 범죄유혹의 요소인 수형 동료들과의 만남을 억제하는 효과를 지녀 재범 방지에 매우 중요한 보호 요인으로 기능할 수 있다.

가족이라는 울타리 안에서 법무보호대상자는 가족을 보호하고, 자녀를 양육해야 하는 가장이며, 그들의 생계를 위해 취업하려고 노력하는 과정에서 자연스럽게 재범과 거리를 두게 된다.

공단은 혼인신고를 하고 가정을 꾸리고 살고 있으나 경제적 이유로 결혼식을 올리지 못하고 있거나 결혼을 희망하나 경제적 이유로 결혼식을 할 수 없는 법무보호대상자 부부에게 결혼식을 올릴 수 있도록 지원하고 있다.

II 서비스 개요

1. 목적

경제적 이유로 결혼식을 올리지 못하고 있는 법무보호대상자의 결혼지원을 통해 '가족'이라는 울타리를 마련함으로써 가족관계 강화 및 재범 방지를 목적으로 한다.

2. 지원 내용

새출발을 알리는 부부들을 축하하고 응원하기 위해 공단 직원과 자원봉사자가 함께 예식 장소, 주례 등 예식 관련 모든 절차를 기획하고 준비할 뿐 아니라, 개인 또는 기업 등으로부터 각종 축의금품까지 후원받아 합동 결혼의 형식으로 결혼을 지원하고 있다.

• 그림 3-15   결혼지원 사진

결혼식 모습

전통혼례 모습

3. 사후 관리

결혼지원을 받은 법무보호대상자에 대한 지속적인 멘토링·사후 관리 등을 통해 부부 교육, 가족 상담 등 전문가를 활용한 상담 지원, 주거지 불안정 해소를 위한 주거지원, 전문 기술 취득을 통한 더 나은 일자리 취업 알선 지원 등 다양한 연계 지원으로 건강한 가정생활을 영위할 수 있도록 지원하고 있다.

• 그림 3-16   결혼지원 대상자 사후 관리 프로그램

부부행복교육   의사소통교육

4.서비스 제공 흐름도

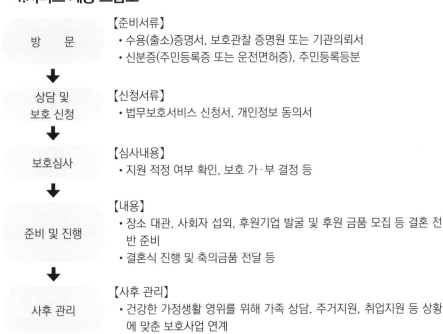

방 문	【준비서류】 • 수용(출소)증명서, 보호관찰 증명원 또는 기관의뢰서 • 신분증(주민등록증 또는 운전면허증), 주민등록등분
상담 및 보호 신청	【신청서류】 • 법무보호서비스 신청서, 개인정보 동의서
보호심사	【심사내용】 • 지원 적정 여부 확인, 보호 가·부 결정 등
준비 및 진행	【내용】 • 장소 대관, 사회자 섭외, 후원기업 발굴 및 후원 금품 모집 등 결혼 전반 준비 • 결혼식 진행 및 축의금품 전달 등
사후 관리	【사후 관리】 • 건강한 가정생활 영위를 위해 가족 상담, 주거지원, 취업지원 등 상황에 맞춘 보호사업 연계

Ⅲ 현황

1954년 4월 4일 진주사법보호회에서 출소자 30명을 대상으로 최초의 결혼지원이 진행되었다. 이후 1981년 갱생보호회 인천지부, 1984년 부산지부에서도 결혼을 지원한 결과 결혼 지원이 재범 방지에 긍정적인 효과를 준다는 평가가 회자하며 점차 사회적 의미를 갖게 되었고, 현재 전국으로 확대되어 진행하고 있다.

2020년에는 포스트 코로나 시대, 언택트 문화가 각광받는 사회 변화에 맞춰 기존 합동 결혼의 틀을 벗어나 작은 결혼식 형태의 변형된 결혼식도 지원하는 등 절차와 내용의 다양화를 시도하여 결혼 지원을 하는 등 현재까지 총 3,396쌍의 결혼을 지원하였다.

• 표 3-29 | 최근 5년간 결혼지원 현황

[단위: 쌍]

연도	2019	2020	2021	2022	2023	계
부부 수	103	100	112	121	121	557

Ⅳ 발전 방안

결혼지원은 그 자체로써 법무보호대상자에게 새로운 삶을 부여하는 의미를 지니고 있지만, 결혼 지원 이후 그들의 생활 수준이 크게 개선되지는 않은 것으로 파악되고 있다. 따라서 경제 능력 강화를 위한 신용 회복프로그램, 법무보호대상자 자녀 보호 프로그램, 법무보호대상자 가족 취업지원 프로그램 등 지원 대상을 본인에서 가족으로 확대하고, 재혼 가정지원 프로그램, 사회통합 강화를 위한 자원봉사 프로그램, 귀농 귀촌 프로그램, 관계 회복프로그램, 단주 프로그램, 자기 성장 프로그램 등 다양한 법무보호복지서비스 지원으로 지역사회 적응력을 높이게끔 도와야 할 것이다.

제 3 절 │ 학업지원

Ⅰ 개관

법무보호대상자의 자녀는 부모의 수감 사실을 인지한 후 또래 친구의 부모와 자신의 부모를 비교하며 괴로움을 경험하기도 하고, 학교 적응이 어려워 상담을 받지만 심리적인 충격에서 벗어나지 못하고 방황하는 모습을 보이기도 한다.[30]

부모의 교도소 수감에 따른 자녀의 발달단계별 문제 행동 연구에 따르면 7~10세

---

30 전지열 외 공저, "남편의 수감 생활 및 출소 과정에서 경험하는 출소자 아내의 자녀 양육, 자녀 발달 수준을 중심으로 ', 한국콘텐츠학회 논문지 제18권 6호(2018), 22-23면 참조.

자녀들의 경우 부정적 자아감, 발달상 퇴행, 민감한 스트레스 반응행동, 장래 충격 대응능력 손상 등이 나타난다고 보고되었고, 11~14세 자녀들은 행동 조절력 부족, 충격에 반응하는 행동을 보일 수 있다고 한다.[31]

전체 수용자의 90%가 남성인 우리나라[32]의 경우 가장의 수감으로 인해 갑작스럽게 생계를 책임져야 하는 상황에 놓인 수감자의 아내는 자녀 양육에 대한 부담으로 자녀를 방치하여 학업관리를 소홀하게 하기도 하고, 범죄자 가족이라는 사회적 낙인, 심리적 스트레스로 인해 가정해체로 이어지는 경우가 상당수를 차지한다. 특히 청소년기 자녀의 경우는 부모의 범죄, 가정해체가 학업 중단의 원인이 되기도 하고 학업 중단은 비행 및 청소년 범죄로 이어져 범죄가 대물림 되는 현상으로 나타나기도 한다.

최근 성인 범죄자의 학력 수준이 점점 높아지고 있는 추세[33]이다 보니 공단의 학업지원이 법무보호대상자 자녀에 대한 지원으로 집중되고 있으나, 매년 소년범죄자(14~19세)의 비율이 증가하고 있는 현시점에서 법무보호대상자 자녀와 그 가정뿐만 아니라 학령기에 있는 청소년 범죄자의 학업 수행 및 적응을 위한 더욱 적극적인 지원이 필요할 것이다.

Ⅱ 서비스 개요

1. 목적

열악한 경제적 여건 및 가정환경으로 인해 학업 수행에 현저한 어려움을 겪고 있는 법무보호대상자 또는 자녀들의 학업 수행에 필요한 현금 및 물품 지원을 통해 가족기능 회복 및 성공적인 사회 정착지원을 목적으로 한다.

2. 지원 내용

법무보호대상자 자녀 중 초, 중, 고교에 재학 중이거나 이에 상응하는 검정고시를

---

31 전지열 외 공저, 위의 논문, 22-23면 참조.
32 법무연수원, 범죄백서(2023) 참조.
33 법무연수원, 범죄백서(2023) 참조.

준비하는 사람을 대상으로 학업을 마칠 수 있도록 학업에 필요한 물품(교재, 교복 등) 또는 지역 자원봉사 단체 및 대학생 법무보호위원 등 자원봉사자를 활용한 개인 학습지도, 문화 체험 활동, 상담 등을 지원한다.

공단에서는 자녀의 학업지원이 필요한 법무보호대상자가 직계비속임을 증명하는 서류(주민등록등본, 가족관계증명서 등)를 지참하고 공단에 방문하여 신청서를 제출하면, 공단 지부(소) 보호심사회를 통해 대상자의 경제적 상황, 가정환경 등을 면밀히 검토 후 지원이 필요하다고 판단되는 경우 학업에 필요한 물품(교재, 교복 등) 구입을 위한 현금을 직접 지원하거나, 지역 자원봉사 단체 및 대학생 법무보호위원 등 자원봉사자를 활용하여 개인 학습지도, 문화 체험 활동, 상담 지원 등을 하는 간접 지원의 방식으로 학업을 지원하고 있다. 현금지원은 기본 1회(총 4회 지원), 학습지원은 1년간 지원을 하나 필요한 경우 보호심사를 통해 횟수나 기간을 연장할 수 있다.

3. 사후 관리

학업지원 담당자는 대상자의 동의를 받아 통신, 방문, 면담 등 다양한 경로를 통하여 자녀의 학업 성취도 상황, 교우 관계, 부모와의 관계 문제 등 호소 문제 파악을 위한 사후 관리를 실시한다. 또한 상황에 따라 대학생 법무보호위원들과 자녀들을 상호 매칭하고 결연을 맺은 후 학습지도, 인성 함양 등 적절한 개입을 통해 법무보호대상자와 자녀와의 관계 개선 및 자녀의 정상적인 학교생활 유지를 지원하고 있다.

4. 서비스 제공 흐름도[34]

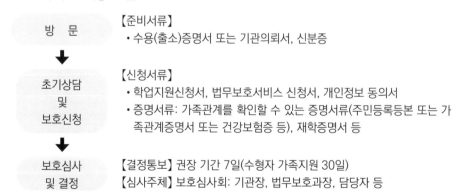

방 문

【준비서류】
• 수용(출소)증명서 또는 기관의뢰서, 신분증

초기상담
및
보호신청

【신청서류】
• 학업지원신청서, 법무보호서비스 신청서, 개인정보 동의서
• 증명서류: 가족관계를 확인할 수 있는 증명서류(주민등록등본 또는 가족관계증명서 또는 건강보험증 등), 재학증명서 등

보호심사
및 결정

【결정통보】 권장 기간 7일(수형자 가족지원 30일)
【심사주체】 보호심사회: 기관장, 법무보호과장, 담당자 등

---

34 공단 학업지원사업 업무처리 지침

| 학업지원 | 【지원내용】
• 직접지원: 급식비, 교복, 학용품 등 학업 유지에 필요한 물품 구입 비용
• 간접지원: 대학생보호위원 등의 자녀 학습지도 및 멘토링 |

| 사후 관리 | • 법무보호대상자 동의 하에 진행(최대 1년) |

Ⅲ 현황

공단은 2014년부터 법무보호대상자의 미성년 자녀 학습 환경 개선을 위해 학업지원을 실시하였으며, 2019년 가족희망사업을 시작하며 지원 대상을 출소자 자녀에서 수용자 자녀로, 지원 횟수나 금액도 확대하여 지원하고 있다. 법무보호대상자의 자녀는 양육자의 범죄 사건 이후 학교생활에 부적응하거나 친구 관계에 어려움을 보이는 경우가 많으며, 보호자의 부재로 인해 가정 경제의 몰락과 빈곤을 초래해 자녀의 학업에 큰 지장을 야기한다. 학업지원은 이러한 위기에 놓인 법무보호대상자 자녀가 정상적인 학교생활을 유지하도록 돕고 나아가 범죄의 대물림 현상을 예방하는 데 큰 의의가 있다.

• 표 3-30 | 최근 5년간 학업지원 현황

[단위: 명]

연도	2019	2020	2021	2022	2023	계
인원	1,418	1,651	2,287	2,880	3,209	11,445

Ⅳ 발전 방안

법무보호대상자 자녀의 경우 부모의 범죄로 인한 폭력, 정서적 불안정, 가출 등 일반적인 가정에 비해 환경적 위험에 더 많이 노출되어 정상적인 교육을 받지 못하는 경우가 많다. 따라서 학업지원이 학업 수행을 위한 물품 제공 등 일회성 지원으로 그치지 않고 보호청소년 대안교육, 검정고시 지원, 보호청소년 캠프, 사회 적응

교육, 중독예방 교육 등 다양한 분야의 교육지원으로 그 영역을 확대하여 지원할 필요가 있다.

제 4 절 | 가족희망사업

I 개관

출소 후 법무보호대상자가 직면하는 가장 큰 문제는 이혼 또는 별거 등의 가족 해체로 인한 가족과의 유대감 상실이다. 법무보호대상자를 향한 가족의 따뜻한 응원과 격려는 재범 감소의 중요한 요인이다. 이에 기반하여 사회적 약자인 법무보호대상자와 가족과의 유대감을 긴밀하게 형성시키고, 성공적인 사회복귀 지원으로 범죄 대물림이란 악순환의 고리를 차단하여야 할 것이다. 이러한 차원에서 법무보호대상자 개인 위주의 관리·지원이라는 기존의 법무보호복지서비스 방식은 재범을 방지하는 데 다소나마 한계에 봉착하였다.

이렇듯 가족지원은 법무보호대상자와 가족과 지역사회의 유대감을 고양하여 재범을 방지하는 데 기여하며, 법무보호대상자의 조속한 사회복귀와 사회안전망 구축을 동시에 실현할 수 있는 중요한 수단이라고 할 수 있다. 따라서 가족과의 상호 관계에 입각하여 법무보호대상자의 취업, 대인관계, 심리적 문제 등을 효과적으로 수행해 나가야 할 것이다.

II 서비스 개요

1. 목적

가족의 수감 생활로 인해 가족 해체 위기에 처해 있는 법무보호대상자 가족의 심리·사회적 건강 회복 지원을 통해 범죄의 대물림 및 재범 예방을 목적으로 한다.

2. 지원 내용

(1) 수형자 가족 접견지원 프로그램

장거리 이동으로 인한 비용 발생 및 건강 문제 등으로 수형자 접견에 어려움을 겪는 수형자 가족의 면접권 향상 도모를 위해 수형자 가족에 대한 접견 지원 프로그램을 실시하고 있다.

수형자 가족 접견 지원 프로그램은 일반 접견지원과 동행 접견지원으로 나누어지며, 일반 접견 지원에서는 접견을 위해 소요되는 교통비를 보전하는 개념의 현금을 지원하고, 동행 접견 지원은 공단 직원 또는 자원봉사자가 차량을 이용해 동행하여 접견을 지원하고 있다. 이 프로그램은 접견의 어려움이 있는 수형자 가족이 접견을 통해 가족관계를 지속적으로 유지하여 가정해체를 막는 역할을 담당하고 있기에 법무보호대상자들의 실질적인 필요를 충족시켜 만족도가 매우 높은 편이다.

● 표 3-31 | 수형자 가족 접견지원 프로그램

> ‣ 일반 접견지원
>   • [지원 대상] 수형자의 배우자 및 미성년 자녀
>   ※ (조손 가정) 가족관계 증빙 후 수형자의 부모에게 지원 가능
>   • [지원 내용] 접견 1회당 가구별 일반 접견 비용 지원(최대 4회)
>
> ‣ 동행 접견지원
>   • [지원 대상] 수형자의 배우자 및 미성년 자녀
>   • [지원 내용] 공단 직원 또는 자원봉사자가 차량을 이용해 수형자 가족과 동행하여 접견 장소까지 인솔

(2) 수형자 가족지원

불안정 상태에 있는 수형자 가족에게 출소자에 한정되었던 학업지원, 주거지원, 심리상담, 긴급지원을 수형자 가족에게 확대하여 지원함으로 가족 해체로 인한 범죄 대물림, 재범 등을 미연에 방지하기 위함이다. 학업지원의 경우 기존의 방식을 그대로 유지하면서 학습지도 등 간접 지원을 강화하는 방안이 추가되었다. 단순한 학습지도를 넘어서서 수형자 자녀와 놀이, 문화 체험 등을 함께하며 전인적인 멘토가 되어 줄 수 있도록 서비스의 질을 높였다. 또한 각 지부(소)에 장학위원회를 두어 품행이 올바르고 학업성적 향상에 노력한 수형자 자녀에게 소정의 장학금을 지원할 수 있도록 하였다.

주거지원의 경우 지원 시기를 출소 전으로 앞당겨 일정한 자격을 갖추고 주거지원 심사를 통과한 수형자 가족에게는 조속히 주거지원 주택에 입주할 수 있도록 지원하여, 수형자 가족들의 주거 안정성을 높이고 있다.

(3) 가족 친화 프로그램

법무보호대상자 및 가족의 심리·사회적 건강 및 가족 간 친밀감 증진을 위해 2가구 이상이 참여하는 집단 프로그램 형식으로 전문 강사가 진행하는 가족 교육, 1박 이상의 숙박형 캠프, 공연 관람, 스포츠 활동, 체험 활동 등 다양한 문화 체험 지원 등 다양한 종류의 가족 친화 프로그램을 실시하고 있다.

• 그림 3-17   가족 친화 프로그램 활동

체험활동(꿀찰빵 만들기)

체험활동(루지체험)

체험활동(고추장 만들기)

가족 캠프(사랑의 편지 쓰기)

부부 교육

가족 교육

3. 사후 관리

가족희망사업을 통해 법무보호대상자 가족을 지원하는 경우 해당 기간 동안 중도 이탈하지 않고 안정적인 생활을 할 수 있도록 통신, 방문, 면담, 서신 등을 통해 사후 관리를 실시하고 있다. 이를 통해 법무보호대상자 및 가족의 근황, 주 호소 문제 등을 파악하고 주기적인 수퍼비전을 제공, 필요시 전문기관 연계로 가족관계 강화 및 안정적인 사회복귀를 지원하고 있다.

4. 서비스제공 흐름도

방 문

【준비서류】
• 수용(출소)증명서 또는 기관의뢰서, 신분증

초기상담 및
보호신청

【신청】
• 가족희망사업(수형자 접견지원, 수형자 가족지원, 가족친화프로그램) 신청

심사 및 지원

【심사】
• 환경조사 실시, 보호심사회 심의를 통한 지원 결정
【지원】
• 수형자 접견지원: 접견사실 확인(접견확인서), 동행접견지원 등
• 수형자 가족지원: 학업지원, 심리상담, 긴급지원, 주거지원 실시
• 가족친화프로그램: 가족교육, 가족캠프, 문화체험 등 실시

사후 관리

【수형자 접견지원】 접견비 지급, 수형자 출소 여부 등 가족근황 확인 등
【수형자 가족지원】
• 학업지원: 주기적인 수퍼비전
• 심리상담: 전문 치료기관 이관 등
• 긴급지원: 진로, 교육, 생활지도, 취업활동 독려 등
• 주거지원: 임대료 연체, 민원 발생 여부 등 생활 실태 지속 파악 등
【가족친화프로그램】
• 참가 가족 소감 청취, 가족 근황 확인 등

Ⅲ 현황

공단은 가족 해체 위기에 처해 있는 법무보호대상자의 가정 회복과 미성년 자녀가 올바르게 성장할 수 있도록 2014년 경기도 오산시에 가족 희망센터를 건립하여 가족 상담, 가족 캠프 등 가족 친화 프로그램을 진행하기 시작했다. 이후 가족 희망센터가 교육·연구 기관으로 기능이 확대되고 출소자 가족뿐 아니라 수용자 가족에게도 법무보호복지서비스 지원의 필요성이 대두됨에 따라 2019년 1월 '수용자 가족지원사업 추진 계획' 수립을 통해 전국 지부(소)에서 본격적인 가족희망사업을 추진하게 되었다.

2019년 12월에는 경제적 빈곤이나 건강 등의 문제로 수형자 접견에 어려움을 겪는 수형자 가족에게 접견을 위한 일정 비용과 동행 서비스를 지원하는 신규 프로그램인 '수형자 가족 접견지원 프로그램'을 도입하여 진행하고 있다.

• 표 3-32 | 최근 5년간 수형자 가족 접견지원 현황

[단위: 명]

연도	2019	2020	2021	2022	2023	계
인원	–	279	421	498	659	1,857

2018년 국정감사를 통해 수형자의 미성년 자녀들은 범죄의 제2차 피해자로서, 적극적인 보호 대책이 필요하다는 지적 사항이 대두되었다. 이에, 동년 11월 적극적인 피해 방지책을 수립하기 위하여 법무부는 공단과 함께하는 '수형자의 미성년 자녀에 대한 보호 체계 구축(안)'을 발표하였다. 이러한 법무부의 계획에 따라 공단은 2019년 1월 자체적으로 '수형자 가족지원사업 계획(안)'을 마련하고 전국적으로 수형자 가족지원사업을 실시하고 있다.

• 표 3-33 | 최근 5년간 수형자 가족지원 현황

[단위: 명, 가구]

연도	총인원	경제적 지원				심리상담			학습 지도	주거 지원
		긴급 지원	학업 물품 지원	접견 지원	장학금 지원	개인 상담	집단 상담	심리 검사		
2019	840	181	523	–	51	152	10	54	158	14
2020	802	271	320	279	14	255	89	141	41	14
2021	971	339	270	421	7	368	217	147	43	9
2022	945	261	222	498	7	292	143	181	17	2
2023	1,150	291	254	659	7	321	124	185	15	3
계	4,708	1,343	1,589	1,857	86	1,388	583	708	274	42

2020년 1월부터는 가족 교육, 가족 캠프, 문화 체험 등 지원을 통해 가정해체 위기에 처해 있는 법무보호대상자의 가정 회복과 미성년 자녀의 바른 성장을 지원하기 위한 다양한 가족 친화 프로그램을 진행하고 있다.

• 표 3-34 | 최근 5년간 가족 친화 프로그램 실시 현황

[단위: 명]

연도	2019	2020	2021	2022	2023	계
인원	36	493	541	784	943	2,797

Ⅳ 발전 방안[35]

1. 시설 내 처우와 사회 내 처우에 연속되는 일관된 가족지원 제도의 필요

영국, 미국 등 많은 선진국은 범죄자의 원활한 사회복귀를 추진하는 정책 수립에 있어 출소 전의 수용자와 출소 후의 출소자를 분리하여 접근하기보다는, 시설 내 처

---

35 김기환, "출소자 가족지원사업의 현황과 과제-법무보호복지공단의 가족희망사업을 중심으로", 교정담론 제13호 제3권(2019) 발췌(인용).

우와 사회 내 처우가 연속되도록 일관적이고 지속적인 서비스를 제공하려는 노력을 기울이고 있다. 미연방교정연구소(National Institute of Correction)의 TPCI 모델(시설 내 처우와 사회 내 처우의 통합적 관리체계 모델)은 교도소 입소부터 석방 이후 사회자원 연계 및 사회 적응에 이르기까지 관련 기관의 정보공유와 협력적 정책집행이 이루어지도록 설계되었다.

가족지원 관련 사업으로 현재 우리의 교정본부에서 실시하고 있는 프로그램으로는 가족 만남의 날 행사, 가족 사랑 캠프 등이 있고, 이외에 2013년부터 의정부교도소를 시작으로 전국 단위의 구금 시설과 인근 건강가정지원센터가 협력하여 수용자를 위한 가족 상담, 교육, 캠프 등의 프로그램을 제공하는 법무부와 여성가족부 연계 사업도 운영되고 있다. 이러한 사업수행의 노력은 충분한 가치를 가지고 있지만, 엄밀한 관점에서 수용자의 개별적 특성과 범죄 유발 욕구의 사정(assessment)에 근거하여 집행되고 있다고 볼 수 없음은 물론, 출소 후의 연계도 거의 이루어지지 않고 있는 실정이다.

시설 내 처우와 사회 내 처우에 연속적이고 일관적인 가족지원이 제공되려면 미국의 경우와 같이 법무보호대상자의 특성과 욕구에 부합하는 사회복귀 계획 및 개별적 처우가 기해져야 하며, 이를 담당하는 사례관리자(Case Manager)가 있어야만 한다. 미국의 경우 사례관리자가 시설 내에 소속되어 사회 내 기반의 사례관리자와 협업하기도 하고, 사회 내 기반의 동일한 사례관리자에 의해 진행되기도 하는 등 다양한 형태로 운영되고 있다. 중요한 점은 사례관리가 법무보호대상자의 위험과 욕구 등의 사정에 기반을 두어 이루어진다는 것이고, 개별적 특성에 맞는 사례계획수립과 더불어 종합적이고 문제해결을 위한 표적 지향적인 서비스가 기해진다는 사실이다.

2019년부터 시범적으로 운영되고 있는 공단의 수형자 가족지원은 시설 내 처우와 사회 내 처우의 연속적 서비스 제공이라는 차원에서 주목할 만한 정책이라고 할 수 있다. 교정기관과의 협업을 통해 수형자의 가족 관련 욕구를 파악하고 심리상담, 긴급지원, 학업지원, 주거지원 등 사회에 남겨진 가족에게 필요한 서비스를 제공하고 있다. 수용 단계에서부터 가족지원이란 수혜를 받는 자에게 출소 이후까지 서비스가 지속적으로 제공될 수 있고, 출소 이후 상황변화에 따르는 추가적인 서비스 역시 제공받을 수 있다. 다만 현재 사업은 극히 미미한 비율로 시범적으로 실시되고 있다. 따라서 가족지원 사업뿐만 아니라 수형자·출소자 지원 사업 전반에 있어 성공적인 사회복귀를 지원하는 효과적 서비스 확산을 위해서 교정기관과 공단의 정보공유 강화 및 전폭적인 협업에 더불어 교정본부와 범죄예방정책국 차원에서의 출소자 지원 통합 사업에 대한 전기를 마련할 수 있는 정책적 결단이 필요하다.

2. 지역사회의 참여 부족 극복과 민간의 관심 및 협력 활성화

가족의 문제는 가족 구성원의 역동, 잘못된 가족 규칙, 비생산적인 의사소통 등 가족 내적인 요인만이 아니라, 경제적 빈곤 및 취업 문제, 지역 공동체와의 결속 부족과 적절한 자원 활용 미흡 등 여러 과제가 복합적으로 구성되어 있을 수 있다. 공단 자체의 노력만으로는 부족하며, 지역사회의 전문기관과 관계 부처 등과의 긴밀한 협업 및 참여 유도를 통해서 해결 가능성을 높일 수 있다. 공단은 자원봉사 단체인 법무보호위원의 기능별 분과로 가정복원위원회를 구성하고 있고, 대학생 자원봉사자를 일부 활용하여 학업지원 등을 제공하고 있으나, 전체적인 관점에서 지역사회자원의 활용과 지역 관련 단체 협력 네트워크 구축에 관한 노력이 다소 부족한 상황이라고 보인다.

미국은 다양한 민간의 지역사회 기반(community-based), 종교 기반(faith-based)의 단체가 가족지원에 참여하여 출소자의 사회복귀를 적극 지원하고 있다. 또한 정부는 각종 기금과 교부금을 활용하여 효과적인 프로그램을 장려하며 전폭적인 예산지원을 하고 있다. 가족지원에 있어서 지역사회자원 동원 활성화와 관련된 가장 큰 문제는 법무보호대상자를 향한 지역사회 주민의 부정적 인식과 선입관일 것이다. 공단 시설 등의 이전 계획이 입주 예정지 인근 주민의 반대로 보류되고 있는 상황에서, 해당 지역사회 주민들에게 법무보호대상자 사회복귀를 위한 적극적인 협력을 요청하기란 여간 어려운 일이 아니다.

법무보호복지서비스의 궁극적 목표인 재범 예방을 통해 지역사회의 안전 강화를 도모하고, 범죄로 인해 낭비되는 사회적 비용 절감은 물론, 범죄자의 지역사회 재통합을 도모하여 보다 건강하고 조화로운 지역사회 공동체를 구축한다는 점에 대한 국민적 공감대가 확보되어야 한다. 이를 위한 대국민 홍보 노력과 주요 정책 기관들의 관심과 협조를 구하는 노력이 지속적으로 필요한 상황이다.

2020년 9월 법무·검찰 개혁위원회의 제23차 권고에 따르면, 수용자 자녀의 생존·보호·발달·참여의 권리를 보장하고, 수용자의 교정시설 적응과 출소 후의 성공적인 사회복귀 토대를 마련할 수 있는 정책 개선이 필요하다. 재범 사례의 증가로 국민의 불안감이 증폭함에 따라 정·학계에서는 지원방안을 강구하여 재범 방지에 힘써 줄 것을 요구하고 있다. 따라서 법무보호복지는 법무보호대상자 개인에 초점을 맞추었던 그간의 지원 범위를 확대하여 그들의 가족까지 끌어안을 수 있는 '시선의 확장'을 이루어야 할 것이다.

제5장
상담지원

I 개관

출소는 단지 수형자가 일정 기간을 수감시설에서 지내다가 일반 사회로 이동하는 개인적인 문제만이 아니며, 출소자가 사회 재적응에 실패하는 경우 재범의 악순환으로 연결되어 사회 안전을 위협하는 위험 요소가 될 수 있다.[36] 재범의 원인에 대해서는 다양한 의견이 존재하는데, 국내외 선행연구는 살펴보면 공격적 성향, 낮은 자존감, 알코올 중독 및 남용과 성장기 트라우마 사건과 같은 개인적 특성들과 직업 불안정성, 사회적 결속의 미비 등을 주요 원인으로 꼽고 있다.[37]

최근에 이르러 법무보호대상자의 재사회화 도모와 재범률을 낮추기 위한 방안으로 심리적 지원이 중요한 요소로 부각되고 있다. 이에 따라 공단은 법무보호대상자의 심리·정서 지원을 위하여 2012년부터 상담심리, 임상 심리, 범죄 심리, 정신보건사회복지 등을 전공한 전문가를 각 지부(소)에 배치하였다. 심리 전문가는 심리검사, 개인 및 집단상담, 가족 교육 프로그램 등의 전문적인 심리상담 서비스를 제공하고 있다. 이로 인해 기존의 물질적 시혜 중심의 법무보호복지서비스에서 법무보호대상자의 정서적 측면까지 확대하여 지원할 수 있는 기반을 마련하였다.

---

36 이동훈 외 공저, "출소자 대상의 보호사업 및 심리상담 서비스가 재범 여부에 미치는 효과성 연구", 상담 및 심리치료 제31호 2권,(2019), 504면.

37 이동훈 외 공저, 위의 논문, 504면.

심리상담은 1:1 개인 상담, 집단상담, 심리검사 실시 및 해석으로 나뉘며 상담 주제에 제한 없이 법무보호대상자 및 가족들의 심리적 호소 및 문제를 중심으로 이루어지고 있다. 주요 호소 문제는 출소 이후 사회 적응 과정에서 느끼는 우울, 불안, 대인관계 위축, 가족 문제, 재범 충동, 각종 중독문제 등으로 다양하다.

심리상담 관련 규정

「보호관찰 등에 관한 법률」 제65조

「보호관찰 등에 관한 법률 시행령」 제45조의4
- 심리상담 및 심리치료는 법무보호대상자에게 심리적 안정과 사회 적응을 위한 상담 및 「정신건강증진 및 정신질환자 복지서비스 지원에 관한 법률」에 따른 정신건강전문요원 등 전문가에 의한 치료를 실시하는 것으로 한다.

※ 실시 세부 사항은 공단 예규인 '심리상담 업무처리 지침'을 제정하여 규정하고 있다.

---

1. 목적

법무보호대상자와 그 가족의 심리적 문제를 파악하여 전문적·치료적 개입을 함으로써 그들이 건강한 심리상태를 유지하고 사회적 지지기반이 되는 안정적인 관계를 조성할 수 있도록 지원하는 것을 심리상담 실시의 목적으로 한다.

2. 대상자

공단의 법무보호복지서비스 수혜를 받을 수 있는 법무보호대상자와 그 가족이 해당되는 데, 아래 항목 중 어느 하나에 속하고 심리상담 및 치료적 지원이 필요한 자를 말한다.

(1) 출소자 및 출소 예정자(수용자 포함)

(2) 보호관찰대상자(수강명령, 사회봉사 대상자 포함)

(3) 소년보호처분대상자(소년원, 청소년꿈키움센터 포함)

(4) 법원 및 검찰청 기관의뢰 대상자(벌금형 처분, 조건부 기소유예자 포함)

(5) (1)~(4)에 포함된 대상자의 배우자(사실혼 포함) 및 사촌 이내의 혈족 및 인척

(6) 법무부의 「수용자 사회복귀 지원 등에 관한 지침」에 따라 교정시설의 장이 추천한 자의 배우자(사실혼 포함), 직계존속비속(부모, 자녀 등)

3. 서비스 제공의 원칙

(1) 보호는 친절하고 성실한 태도로 공정하게 하여야 하며, 대상자의 의사를 존중하며 대상자가 건강한 정신건강을 가질 수 있도록 노력해야 한다.
(2) 대상자가 약물, 입원 등 전문 치료기관에서 지원 받기를 희망할 때에는 적극적으로 필요한 조치를 취하여야 한다.
(3) 대상자의 심리적 어려움 수준에 따른 단계적이고 체계적인 개입을 통한 맞춤형 심리상담 서비스를 진행하도록 노력해야 한다.
(4) 심리상담을 진행하는 대상자의 신변상 위험이 감지되었을 경우 지체없이 보고 후 조치를 취할 수 있도록 한다.

4. 서비스 제공 흐름도

접 수
【준비서류】
• 방문: 출소(수용)증명서, 보호관찰이행확인서, 기관의뢰서 등 신분증 또는 주민등록 등본
• 교정기관 수형자: 수용증명서, 교정시설 장의 추천(의뢰) 공문

초기상담 및 보호신청
【신청서류】
• 상담동의서, 법무보호서비스 신청서, 개인정보동의서

보호심사 및 결정
【결정통보】권장기간 7일
【심사주체】보호심사회: 지부(소)장, 법무보호과장, 담당자 등

상담지원
【지원내용】
• 생활고충상담: 개인상담, 개인의 애로사항 및 일상적인 상담
• 심리치유상담: 2인 이상 집단에 대한 상담 및 교육
• 심리검사: 구술, 지필 및 검사 도구를 사용하는 검사
• 집단상담(허그): 허그일자리지원 프로그램 참여 대상자에 대한 상담 및 교육
• 가족상담: 가족 구성원에 대한 상담 및 교육

사후 관리
• 법무보호대상자 동의 아래 진행(최대 1년)

Ⅱ 현황

• 표 3-35 | 최근 5년간 심리상담 지원 현황

[단위: 명]

연도	2019	2020	2021	2022	2023	계
인원	12,694	12,669	13,816	14,923	16,088	70,190

공단의 자체 연구 결과, 심리상담 서비스를 받은 법무보호대상자가 그렇지 않은 자에 비해 숙식제공 기간 동안 저축액이 더 높은 것으로 나타났고, 취업 활동에 있어서도 평균 근속일이 긴 것으로 나타났다. 또한 심리상담을 4회 이상 지속적으로 받은 법무보호대상자들이 그렇지 않은 집단에 비해 재범률이 낮은 것으로 나타나 심리상담의 재범 감소 효과를 입증하였다.

2018년에는 '긍정심리 프로그램'을 개발·보급하여, 법무보호대상자에 대한 상담적 개입에 새로운 관점을 제시하였다. 이는 사람들이 저마다의 강점을 가지고 있으며, 이러한 강점을 개발하여 안정적 심리상태 유지와 스트레스 관리 등 사회적으로 적응 태도를 가진다는 '긍정심리학'의 입장을 반영한 것이다. '긍정심리 프로그램'의 적용은 그간 주로 법무보호대상자의 결핍 요인에 머무른 관심에서 한발 더 나아가 감사, 낙관성, 용기 등 긍정 정서의 인식을 바탕으로 법무보호대상자의 심리적 보호 요인을 향상하는 개입으로써 의미가 있다.

또한 공단은 2018년 법무보호대상자의 특성을 반영한 심리검사 도구인 심리 건강 척도(KPHI-RC)를 자체 개발하여 숙식제공 대상자의 생활관 입소 시 분류심사를 강화하고, 수준별 심리상담 개입 방안을 마련했다. 기존에는 숙식제공 대상자의 심리상담 참여 동기를 고려하지 않고 동일하게 처치하였으나, 개선 후에는 생활관 입소 시 KPHI-RC와 대면 면담을 통해 고·중·저 3단계로 위험도를 구분하여 수준별로 처치하고 있다. 이로 인하여 고위험군을 대상으로 심리상담을 집중적으로 실시하고 관리하는 시스템으로 개편하였고, 제한된 인력과 자원을 보다 효과적으로 사용할 수 있게 되었다.

한편 2020년 법무·검찰 개혁위원회는 공단에 무연고 정신질환 출소자 지원방안의 강구 및 시행을 권고하였다. 경찰통계에 따르면 정신질환 범죄자의 재범률은

64.9%로 일반 범죄자(44.9%)에 비해 높고, 피해의 정도와 파장력이 큰 편이다. 또한 2023년부터 강력 범죄를 저지른 법무보호대상자에게 '보호수용 조건부' 가석방 제도를 실시함에 따라 출소 후 곧바로 사회로 복귀하기 전 가석방 기간 동안 공단 생활관에서 생활하며 심리상담·직업훈련과 같은 교육을 실시하는 등 공단이 완충작용을 하게 되었다. 향후 정신질환 출소자 및 강력 범죄 출소자의 관리 필요성이 강화되는 가운데 심리상담의 중요성은 계속 증대될 것으로 보인다.

Ⅲ 상담 방법과 대상자 관리

1. 개인 상담과 집단상담

심리상담은 심리학을 기반으로 상담의 전문성을 갖춘 상담자와 내담자가 만나 상담 관계 내에서 내담자의 치유와 성장을 위해 진행하는 전문적 활동이다. 공단에서는 전국 지부(소)에 심리상담을 주 업무로 하는 전문성을 갖춘 직원을 배치해 상담 직원과 상담이 필요한 법무보호대상자(가족)와 1:1로 진행하는 개인 상담을 실시하고 있으며, 숙식제공 대상자 집단 또는 특정 주제를 두고 법무보호대상자(가족)를 대상으로 한 집단상담을 실시하고 있다. 이를 통해 우울, 불안 등 법무보호대상자가 가지고 있는 심리적 문제에 대한 접근뿐만 아니라, 출소 후 생활계획을 세우고 적응의 과정에서 느끼는 고충에 대한 토로, 물질 오남용 주의 및 타인과 관계 맺기 등 교육적 목적 등 다양한 관점에서의 상담 개입으로 법무보호대상자의 사회복귀를 지원하고 있다.

2. 심리검사

심리검사는 성격, 지능, 적성과 같은 인간의 다양한 심리적 특성들에 대해 파악하려는 목적을 가지고, 다양한 심리검사 도구들을 이용하여 이런 특성들을 양적·질적으로 측정하고 평가하는 일련의 절차를 말한다. 심리검사를 통해서 개인차에 대해 파악할 수 있으며, 심리적인 과정 자체에 대한 이론적 통찰을 얻을 수 있다.[38]

면담, 행동 관찰, 개인력 등의 자료를 참조하여 법무보호대상자를 종합적으로 평가하며, 특히 공단은 법무보호대상자의 범죄력, 환경조사, 적응력 예측 지표 등의 기초

---

38 최정윤, 심리검사의 이해, 시그마프레스(2016) 1면 참조

자료를 통해 재범 고위험군 대상자의 관리에 집중하고 있다. 이를 위해 공단은 법무보호대상자의 특성을 고려하여, 2017년부터 법무보호대상자 전용 심리 건강 척도인 KPHI-RC[39]를 자체 개발하여 시행하고 있다. 그리고 기존의 KPHI-RC가 성인 법무보호대상자의 특성을 기반으로 개발되어, 청소년 법무보호대상자의 특성을 반영한 버전인 KPHI-RC-A를 후속 개발하여 2023년부터 시행하고 있다.

(1) KPHI-RC

① 개발 배경 및 목적

법무보호대상자는 출소 이후의 사회 적응 과정에서 낙인효과, 현실과의 괴리감, 가족관계 불화, 사회적 냉대 등의 스트레스 취약 환경에 노출되어 있다.[40] 따라서 법무보호대상자의 심리·정서적인 문제에 대한 적절한 개입이 없이 방치될 경우, 장기적으로 재범의 위험성이 대폭 증가할 가능성이 높다.[41]

그간 공단은 법무보호대상자의 심리 건강 문제를 다루기 위해 일반적인 임상 심리 검사 도구를 사용하였으나, 일반 국민을 대상으로 표준화한 심리검사 도구를 법무보호대상자에게 적용하기에는 일정 부분 한계가 존재해 법무보호대상자의 특성이 반영된 심리검사 도구를 연구하고 개발하였다.

② 척도 구성

KPHI-RC는 크게 정신건강 척도, 보호 척도, 타당도 척도란 3개의 주 척도로 구성되어 있으며, 각 척도의 하위 구성요소(소 척도)는 다음의 〈표 3-34〉와 같다.

정신건강 척도는 임상 척도에 가까우며, 이에 부수한 7개의 소 척도는 법무보호대상자의 심리적 특성을 가장 잘 반영하는 척도이다. 정신건강 척도에서의 높은 점수는 심리적인 문제를 내포하고 있으며, 종합적인 심리평가 및 체계적 상담의 필요성을 보여준다. 보호 척도는 정신건강 척도와 대비되는 척도이며, 높은 점수는 성공적인 사회복귀 가능성을 내포한다. 공단의 사회복귀 및 재활프로그램의 성과를 직접적으로 확인할 수 있는 척도이다. 타당도 척도는 검사 대상자의 응답 타당성을 검증

---

39 Korea Psychological Health Inventory for Released Convict 약칭.

40 한국법무보호복지공단, "보호대상자 긍정심리 증진 프로그램 효과성 검증 및 심리 건강 척도 표준화 연구"(2017), 54면.

41 한국법무보호복지공단, 앞의 연구, 54면.

하는 척도로, 일정 기준을 충족할 경우에만 검사 결과를 유의미하게 해석할 수 있도록 구성된 척도이다.

• 표 3-36 | KPHI-RC 소척도 해석[42]

척도 구분	척도 설명 및 해석
우울 (DEP)	슬프고 불행한 감정을 느끼는 정도로 T점수가 높을수록 우울감을 많이 느낀다고 할 수 있음
불안 (ANX)	불쾌한 일이 예상되거나 위험이 닥칠 것처럼 느껴지는 불안정한 정동·정서적 상태로 T점수가 높을수록 대인관계 민감성이 높다고 할 수 있음
대인예민성 (IS)	사회적 의식, 주변의 평판, 타인의 기대 등에 반응하는 정도로 T점수가 높을수록 대인관계 민감성이 높다고 할 수 있음
신체화 (SOM)	정신적 고통이나 억압이 신체의 통증, 질병 등으로 나타나는 현상을 말하며 T점수가 높을수록 신체화 증상이 강하다고 할 수 있음(예: 화병)
정신증 (PSY)	환각, 망상, 충동 통제 곤란, 기괴한 행동 등의 증상으로 T점수가 높을수록 정신적으로 혼란한 상태이거나 불편감이 높은 것을 의미함. 적당한 수준의 T점수는 풍부한 상상력과 사고의 유연성을 나타냄
반사회성 (AS)	사회의 전통, 도덕, 규율, 조직 등에 대한 적의와 공격성을 나타내는 것으로 T점수가 높을수록 반사회성이 높은 것을 나타냄. 적당한 수준의 T점수는 명확한 자기 주장성을 나타냄
음주문제 (AP)	음주로 인한 행동 문제 경력이 있거나 음주 중독 또는 중독 가능성을 나타내는 척도로, T점수가 높을수록 음주 행동 위험군으로 볼 수 있음
사회적 지지 (SS)	대인관계 속에서 충분히 인정·지지 받고 있다는 주관적 느낌으로, T점수가 높을수록 지지받는 느낌이 충분하다는 것을 의미함
자존감 (SE)	자기 스스로를 존중하고 사랑하는 마음으로, T점수가 높을수록 자존감이 높음

(2) KPHI-RC-A

① 개발 배경 및 목적

공단은 2017년 KPHI-RC(심리 건강 척도)의 개발·실시를 통해 법무보호대상자의 심리적 특성을 파악하고, 맞춤형 상담을 실시하기 위해 노력해 왔다. 시간이 지나며,

---

42 한국법무보호복지공단, 위의 연구, 59면.

기존의 KPHI-RC가 가진 성인 법무보호대상자의 특성과는 다른, 청소년 법무보호 대상자의 특성을 반영한 새로운 검사 도구의 필요성이 제기되었다.

이에 2022년부터 KPHI-RC의 청소년 버전인 KPHI-RC-A[43]의 개발에 착수하여, 청소년 대상자의 특성에 맞추어 척도 내 하위 요인을 수정하였고 문항을 개편하는 작업을 거쳐, 2023년부터 청소년 법무보호대상자의 상담 과정에서 이를 활용해 오고 있다.

② 척도 구성

KPHI-RC-A는 성인 버전과 마찬가지로 정신건강 척도와 보호 척도, 타당도 척도의 3가지 주 척도로 구성되어 있으며, 각 척도의 하위 구성요소는 다음의 〈표 3-35〉와 같다.

정신건강 척도 내 하위 구성요소에서는 청소년기 특성을 반영하여 성인 버전의 하위척도에 속했던 '대인 예민성, 신체화, 정신증'이 빠지고, '냉담, 분노 조절/충동성'이 추가되었다. 그리고 성인 버전의 하위척도 '음주 문제'는 청소년기 중독 취약 요소를 보다 포괄적으로 망라한 '중독 경향성'으로 개선되었다.

또한 보호 척도의 하위 구성요소에서도 '자존감'이 '자기효능감'으로 개정되었고, 청소년기에 주요한 주제인 '가족관계, 또래 관계'가 새로 포함되었다. 타당도 척도에서는 수검자의 '반응 일관성'과 '거짓말 여부'를 확인하여, 검사 실시에 대한 태도 분석 및 결과의 해석에 적용할 수 있도록 하였다.

---

43 Korea Psycholgical Health Inventory for Released Convict Adolescent의 약칭.

• 표 3-37 | KPHI-RC-A 소척도 해석

소척도	척도 설명 및 해석
우울 (DEP)	우울감, 미래에 대한 희망, 긍정적인 자기 인식, 자책감, 자살 생각 등을 평가하는 척도로 T 점수가 높을수록 관련된 문제가 더 많음을 의미함
불안 (ANX)	불안과 높은 긴장 수준, 그리고 이와 관련된 신체적 증상 등을 평가하는 척도로 T 점수가 높을수록 관련된 문제가 더 많음을 의미함
냉담 (CYN)	공감 능력 부족, 정서적 무관심 등을 평가하는 척도로 T 점수가 높을수록 관련된 문제가 더 많음을 의미함
분노조절 /충동성 (ANG/ IMP)	분노 조절 어려움, 충동성 및 공격성 등을 평가하는 척도로 T 점수가 높을수록 관련된 문제가 더 많음을 의미함
반사회성 (AS)	규칙 준수 어려움, 무책임함, 반항성 등을 평가하는 척도로 T 점수가 높을수록 관련된 문제가 더 많음을 의미함
중독경향성 (APS)	물질(술, 담배, 약물) 및 행위(스마트폰, 게임, 도박, 性) 중독을 평가하는 척도로 T 점수가 높을수록 관련된 문제가 더 많음을 의미함
가족관계 (FAM)	가족의 존중과 화목, 지지와 소통 정도를 평가하는 척도로 T 점수가 높을수록 가족 관계가 양호하다고 인식하고 있음을 의미함
또래관계 (REL)	긍정적인 또래 관계 형성, 관심과 소통 능력 함양 등을 평가하는 척도로 T 점수가 높을수록 또래 관계가 양호하다고 인식하고 있음을 의미함
자기효능감 (SE)	자신에 대한 신뢰와 긍정적 자기 인식 등을 평가하는 척도로 T 점수가 높을수록 자기효능감이 높음을 의미함
사회적 지지 (SS)	주변에서 자신을 지지해주는 정도와 긍정적인 자원 등을 평가하는 척도로 T 점수가 높을수록 사회적 지지가 안정적임을 의미함

[사례] 보호수용 대상자 사례 관리 (전자장치 부착 대상자)

심 리 치 료 결 과 보 고 서

작성일자: 2024년 **월 **일

성 명	김00 (19**.**.**. /남)	장 소	지부 내
치료 기간	2024.**.**.~2024.**.**. (총13회기)	작 성 자	임OO(6급)
의뢰 사유 및 주호소	보호수용 가석방 대상자로 음주 후 크고 작은 폭력 행사로 19범의 전력 있으며, 경제적 어려운 상황 가운데 전자장치 부착으로 일상생활에 어려움 호소 나타남.		
사전 평가	1) 20대 초반 일찍 결혼하여 자녀를 1명 두었으나 30년 전 이혼하고 자녀가 성인이 되며 독립시킨 뒤 줄곧 홀로 생활함. 2) 홀로 생활하며 수족관 관리, 전국을 다니며 뱃일, 막노동 등 전전하는 가운데 음주에 자주 노출이 되고 과음하는 습관이 생김. 3) 술에 취하면 타인의 말이 버릇없게 들리고, 자신에게 시비하는 것으로 보여 언쟁을 벌이거나 폭력 행사로 반응함. 4) 주취폭력으로 인한 잦은 법적 문제에 이어, 자신이 나이를 먹으며 계속 술과 관련된 문제로 교정에 드나들어서는 안되겠다고 자각함.		
치료 목표	1) 금주 습관 이어가기 2) 취업 준비를 통한 앞으로의 생활 계획하기 3) 자신에 대한 긍정적인 자아개념 확립하기 4) 생활목표 세우기		

회기	날짜	시간	내용
1	2024.00.00	17:00-17:50	수용 이력 및 이전 생활 확인 / 주호소문제의 탐색 / 상담에서의 비밀보장 및 한계에 대한 안내 등
2	2024.00.00	13:00-13:50	인식하는 문제의 종류와 이에 따른 어려운 점 확인 / 가족관계 등 보호요인 여부 확인
3	2024.00.00	13:00-13:50	생활계획서 작성 등 규칙적인 생활 위한 계획 세우기
			(중략)
13	2024.00.00	13:00-13:50	상담 실시로 이어진 내적 변화 / 상담 종료 후에도 금주 목표를 이어갈 수 있도록 다짐 및 지지 / 경제적 어려움을 타개하기 위한 대상자의 노력을 지지

검사	◎ KPHI-RC, K-BDI-II, MMPI-2 실시 금주 목표를 세웠지만 음주와 문제상황 발생 등 잦은 실패 경험으로 자존감이 낮아진 상태. 미래에 대한 비관, 불안, 근심이 나타남. 생활자원 및 보호요인의 결핍으로 인해 적응적 어려움이 있을 수 있음. 자신이 내적으로 가진 기준, 관점이 타협되지 않아 타인과 마찰 등 관계맺음에 어려움 가능성.

치료 평가 및 소견	◎ 상담 목표 평가
	
	1. 금주 습관 이어가기
	  1) 교정 수용 중 금주하게 되었으나 가석방 기간 중에도 금주 실천을 이어나가고, 이를 가석방 기간 종료 후에도 습관화하고자 함.
	  2) 노력: 비는 시간에 가만히 있는 것보다 주변 지역을 산책하는 등 운동하는 것이 잡념을 쫓는데 도움. 글 쓰거나 그림을 그리는 등 생각을 정리하고, 자신을 표현하는 취미활동 습관에 지지.
	
	2. 취업 준비를 통한 앞으로의 생활 계획하기
	  – 경제적으로 어려움이 있으나 가석방 기간 내 전자장치 부착으로 일용직 나가기에도 제한되는 부분이 있어 힘들어 함. 걱정하는 점에 대해 공감하며, 그래도 명령을 준수하면서 그 사이 허그일자리 프로그램 참여 등 취업을 위한 할 수 있는 준비를 차근차근 하도록 안내함. 기술교육원 입교하여 소형건설기계조종 과정 이수함.
	
	3. 자신에 대한 긍정적인 자아개념 확립하기
	  1) 기존 다시는 술 마시지 않겠다고 다짐했다 실패하고, 음주로 인한 문제행동을 벌이게 되어 스스로 '실패자'로 낙인찍는 경향.
	  2) 술을 즐기던 습관을 걷기 등 운동, 글쓰기와 그림 그리기 등 자신이 좋아하는 활동으로 대체할 수 있도록 격려.
	  3) 생활계획표를 작성하여 하루 일과 중 계획대로 생활하는 점을 지지하는 등 매일 작은 성취감을 경험하도록 함.
	
	4. 생활목표 세우기
	〈단기〉
	  1) 건강하고, 문제없이 가석방 기간을 마치는 것
	  2) 직업을 위한 준비를 통해 취업하는 것
	〈장기〉
	  1) 금주 습관을 계속 이어 나가, 앞으로 술로 인한 문제를 만들지 않는 것
	  2) 취업을 통해 경제적으로 안정되는 것
	
	◎ 전문가 소견
	  음주로 인해 발생한 문제로 잦은 수감의 반복, 자신의 현재 나이(60대)를 감안해 자존감이 낮아진 상태. 앞으로 음주와 문제상황 발생의 패턴이 반복되는 것을 우려하는 마음에 공감함. 그리고 교정 입소 이후 현재까지 금주하고 있고, 이를 가석방 이후까지 이어나가고자 하는 다짐에 지지를 보내며 자신의 계획을 실행하는데 필요한 사항을 점검함.
	(중략)
	  잦은 음주와 문제상황 발생 등으로 가족들과 소원해졌고 꽤 오랜 시간 진행된 상태로, 가석방 후 귀휴할 공간과 지지체계의 결핍이 이후 생활계획에 있어 걸림돌이 될 수 있음. 취업을 통해 경제적 문제를 해결하는 것이 우선으로 허그일자리 프로그램 참여와 기숙사 생활 가능한 구직 면접처 안내하는 등 자립 여건을 마련할 수 있도록 도움. 자신이 생각하고 있는 관점이나 기준이 강한 편으로 타인과 관계맺음에 어려움이 있을 수 있어 유연성을 발휘할 수 있도록 안내함.

Ⅳ 발전 방안

공단은 출소 및 보호관찰 중인 법무보호대상자 본인은 물론, 수형자의 배우자 및 자녀 등 가족에 대한 상담적 개입으로 사회 적응 및 정서, 가족관계 등 다양한 측면에서 도움을 제공하고 있다. 이러한 상담 지원은 사회적으로 날이 갈수록 그 중요성이 강조되고 있으며, 공단은 아래와 같이 대상자의 특성을 고려한 다양한 상담 프로그램을 개발하여 법무보호대상자와 사회의 요구에 부응하고자 한다.

공단은 심리상담 분야의 다양한 학술 연구용역 및 내부 연구를 통해 법무보호대상자의 정서적 특성 및 주변 요인에 대한 탐색을 실시하고 있다. 그리고 법무보호대상자를 대상으로 한 KPHI-RC의 축적된 데이터에 대한 분석연구 등을 통해 이를 토대로 정리한 법무보호대상자의 특성과 이에 대한 맞춤형 전문 치료 프로그램의 개발 필요성이 대두된다. 그렇다면 보다 효과적인 상담 개입으로 법무보호대상자의 조속한 자립 지원이 가능해질 것이다.

특히 2023년부터 실시 중인 '보호수용 조건부' 가석방 대상자의 공단 생활관 입소는 일반인과 법무보호대상자가 가진 각기 다른 특성에 대한 이해의 측면을 넘어, 법무보호대상자 간에도 범죄유형의 특성과 이에 따른 접근의 변별이 요구되는 바 이러한 특성을 고려한 전문 치료 프로그램의 강화가 필요하다.

그리고 공단은 형사처분 집행과 사회복귀의 중간 단계에 위치하고 있어 법무보호대상자의 상담에 있어 교육적 접근을 요구한다. 따라서 앞으로는 법무보호대상자의 특성에 맞춘 개별 집단상담 프로그램 구성에 교육적 요소를 포함하여, 그들의 대인 기술 증진 및 사회 적응력 등을 높이는 방안에 대한 심도 있는 고민이 필요하다.

제 2 절 | 사전상담

I 개관

교정기관 구금으로 일정 기간 사회와 격리된 법무보호대상자와 보호관찰 등 부과의무 준수 필요성이 있는 법무보호대상자의 사회 재진입과 적응 과정에는 생활·경제·정서 등 여러 측면에서 적지 않은 어려움이 있는 것이 사실이다. 이 과정에서 공단은 법무보호복지서비스의 안내 등 적절한 개입을 통해 법무보호대상자가 사회복귀를 원활하게 준비할 수 있도록 지원하는 역할을 하고 있다.

1987년부터 공단은 상담 관련 전문성을 보유한 직원과 일정 자원봉사 교육을 이수한 자원봉사자가 교정기관·보호관찰소를 방문하여 출소예정자 및 보호관찰 대상자를 만나 인간관계를 형성하며, 재범 유발 요인의 파악 등 사회복귀 과정에서의 어려움을 청취하여 맞춤형 법무보호복지서비스를 안내하고 사회복귀를 돕는 집단상담 및 개별상담을 주기적으로 실시하고 있다.

2021년부터 2023년까지 매년 출소자·보호관찰자 평균 33,146명을 대상으로 사전상담을 실시하여 10,285명(30.9%)에게 법무보호복지서비스를 제공하였으며, 참여비율은 허그일자리프로그램(44.1%), 긴급지원(38.3%), 직업훈련(4.1%), 숙식제공(2.2%)에 이르고 있다.

사전상담 관련 규정

「보호관찰 등에 관한 법률」 제65조

「보호관찰 등에 관한 법률 시행령」 제45조의2
- 사전상담은 출소 예정자에게 출소 전에 법무보호복지서비스의 방법을 안내하고 자립계획 등에 대하여 상담을 실시하는 것으로 한다.

「법무보호의 실시에 관한 규칙」 제8조
- 법무보호대상자의 개인별 특성에 맞는 보호 대책을 미리 강구하기 위하여 교도소·구치소·소년교도소 및 소년원의 수용자, 보호관찰 및 사회봉사·수강명령 대상자 등에 대하여 사전상담을 실시한다.

※ 실시 세부 사항은 공단 예규인 '사전상담 업무처리 지침'을 제정하여 규정하고 있다.

---

1. 목적

법무보호대상자에게 공단의 법무보호복지서비스를 안내하고, 향후 자립계획에 대한 상담을 진행하여 원활한 법무보호복지서비스 제공과 법무보호대상자의 건전한 사회복귀 촉진을 사전상담 실시의 목적으로 한다.

2. 대상자

(1) 출소예정자(소년원 임시 퇴원생 등) 및 법무부의 「수용자 사회복귀 지원 등에 관한 지침」에 따라 교정시설의 장이 추천한 자
(2) 보호관찰처분을 받은 자(수강명령, 사회봉사 등)

3. 실시자

공단 직원 및 '자원봉사자 전문화 교육'을 이수한 법무보호위원

4. 내용

(1) 사전상담 대상자에게 공단 및 법무보호복지서비스 안내
(2) 향후 자립계획 상담을 통해 법무보호대상자의 건전한 사회복귀를 돕는 정보를 제공하고 구체적인 생활계획을 세울 수 있도록 도움

5. 서비스 제공의 원칙

(1) 사전상담 대상자에 대한 상담은 친절하고 성실한 태도로 공정하게 하여야 하며, 사전상담 대상자의 의사를 존중하고 욕구를 잘 파악하여야 한다.
(2) 사전상담 대상자가 법무보호복지서비스를 받고자 하는 관할 지역을 파악하여 최대한 불편함 없이 서비스를 받도록 필요한 조치를 취하여야 한다.

6. 서비스 제공 흐름도

접수

【준비서류】
• 사전상담기록서(교정시설, 보호관찰소, 소년원)
• 사전상담 실시 내용 전산 등록

타관 송부
및 담당자 인계

• 사전상담 대상자의 생활(예정)지 관할 지역 지부(소)로 전산상 송부

안내문 발송 등
(대상자 관리)
【사전상담 대상자 관리】
• 출소예정자는 출소예정일 전에 안내문 발송
• 출소 및 사전상담 실시 이후 연락을 취하여 법무보호복지 서비스 실시 안내
【조치 및 처리 내용 관리】
• 안내문 발송 등 이후 진행 내용 전산 등록
• 사전상담 종결 사유 발생 시 종결 내용 전산 등록

대상자 관리
모니터링

• 사전상담 업무 담당자는 사전상담 대상자가 누락되지 않고 법무보호복지서비스 지원이 체계적으로 이루어질 수 있도록 해당 업무 담당자를 통한 관리

보호종료

• 법무보호복지서비스 개시자는 사전상담 종결됨
• 일정 기간 경과 시 일괄 종결처리
  (사전상담 실시일 및 출소예정일 90일 경과)

II 현황

• 표 3-38 | 최근 5년간 사전상담 지원 현황

[단위: 명]

연도	2019	2020	2021	2022	2023	계
인원	32,052	21,332	29,467	31,847	38,124	152,822

• 표 3-39 | 최근 5년간 사전상담을 통한 타 법무보호복지사업 개시 인원

[단위: 명]

구분	2019	2020	2021	2022	2023	계
상담인원	32,052	21,332	29,467	31,847	38,124	82,851
개시인원	7,081	7,326	11,257	9,139	10,459	25,664
개시율(%)	22.1	34.3	38.2	28.7	27.4	29.6

• 표 3-40 | 최근 5년간 사전상담을 통해 개시된 타 법무보호복지사업

[단위: 명]

구분	허그일자리	긴급지원	직업훈련	숙식제공	기타	계
평균 개시인원	3,988	3,476	443	246	897	9,052
비율(%)	44.1	38.4	4.9	2.7	9.9	100

2020~2021년에는 COVID-19의 영향으로 교정기관, 보호관찰소 내 다중 밀집, 외부인 출입이 불가하여 사전상담 실시 건수가 전년 대비 감소하였다.

이에 공단은 법무부와 협업을 통해 2020년 2월부터 임시 사전상담 체계를[44] 가동하였으며, 법무보호복지사업 안내 동영상을 제작하는 등 사전상담 실시를 위해 노력한 결과 2022년에는 COVID-19 이전 수준에 근접하게 실시 건수가 회복되었고, 2023년에는 증가세를 이어갔다.

Ⅲ 발전 방안

사전상담은 사회복귀를 앞둔 법무보호대상자에게 법무보호복지서비스를 안내하여 생활·경제·정서 등 적응 곤란 해소를 위한 정보 제공은 물론, 본인의 사회복귀 계획 구체화를 지원한다. 이에 사전상담 참여자 중 실제 법무보호복지서비스 지원으로 이어지는 비율이 증가될 수 있도록 심층 상담 및 제도 개선 등 추가적인 논의가 필요하다.

이를 위해 공단은 2024년부터 기존 방식의 사전상담뿐만 아니라 전화상담을 추

---

[44] 교정·보호 직원이 사전상담 실시 후 공단으로 사전상담기록서 송부.

가하여 법무보호복지서비스 개시 전 필요시 빠르고 간편한 유선 상담을 지원한다. 그 밖에 '찾아가는 법무보호복지서비스 안내'를 통하여 공단 직원이 일정 시간에 교정기관 및 보호관찰소에 상주하여 법무보호대상자와 함께 즉각적인 상담을 실시할 수 있도록 노력하고 있다.

제 3 절 | 멘토링 및 사후관리

◆ **멘토링 및 사후관리 관련 규정**

「보호관찰 등에 관한 법률」 제65조

「보호관찰 등에 관한 법률 시행령」 제45조의5
– 사후 관리는 법무보호복지서비스를 받은 법무보호대상자에게 사회복귀 상황을 점검하여 필요한 조언을 하는 것으로 한다.

「법무보호의 실시에 관한 규칙」 제33조
– 사후 관리는 법무보호대상자를 보호 종료한 때부터 본인의 동의를 얻어 실시하여야 한다. (중략) 보호·진로·교육·상담·생활지도 등 멘토링 관리를 성실히 실시하여야 한다.

1. 목적

현재 법무보호복지서비스 수혜 중 또는 법무보호복지서비스의 지원이 종료된 법무보호대상자 및 그 가족에 대해 일정 기간 동안 생활의 어려움 청취, 선행의 지도·장려, 주거 및 교우 관계 등 환경 개선을 통하여 건전한 사회복귀를 이루도록 돕는 것을 멘토링 및 사후 관리의 목적으로 한다.

2. 대상자

(1) 현재 법무보호복지서비스 수혜 중인 법무보호대상자 및 가족
(2) 법무보호복지서비스 지원이 종료된 법무보호대상자 및 가족 중 사후 관리 실시에 동의한 사람

3. 방법

담당 직원 및 법무보호위원과 면접·유무선 통신·방문 등을 통해 실시한다.

4. 서비스 제공의 원칙

(1) 법무보호대상자와 그 가족에 대한 멘토링은 건전한 소통 관계를 제공할 수 있도록 필요한 상담 방법 등을 사전에 준비하여 실시한다.

(2) 법무보호대상자와 그 가족에 대한 사후 관리는 법무보호대상자와 가족의 동의를 구하여 실시하며, 그들의 자립 과정에 적절한 지원이 되도록 한다.

5. 서비스 제공 흐름도

멘토링 실시	【실시 개요】 • 특별한 서류가 필요하지 않음 • 법무보호복지서비스 실시 과정에서 면담, 방문, 유선, 문자, 기타 방법으로 진행 • 본인 신청, 직원, 자원봉사자, 상담전문가 등 실시 가능
↓	
관리	• 멘토링 실시 내역 전산 등록 관리
↓	
멘토링 종료 및 사후 관리 개시	【멘토링 종료】 • 법무보호복지서비스의 지원 종료되는 때 【사후 관리 개시】 • 기존 멘토링 종료 • 사후 관리 동의 여부 확인 후 개시 • 최장 1년 동안 멘토링 실시와 동일한 방법으로 진행
↓	
관리	• 사후 관리 실시 내역 전산 등록 관리
↓	
사후 관리 종료	• 일정 기간 경과 시 종결됨 • 법무보호대상자 종결 의사 표현 또는 연락 두절 등 기타 사유 종결 가능

Ⅱ 현황

공단은 법무보호대상자의 니즈(Needs)를 고려한 다양한 법무보호복지서비스를 실시함과 동시에 그들이 건전한 사회복귀를 위하여 면접·통신·방문 등의 방식을 매개로 법무보호대상자와 꾸준히 소통하고 있다.

멘토링은 숙식제공, 직업훈련, 주거지원, 긴급지원, 학업지원 진행 중인 대상자(또는 가족)에게 진로·교육·상담·생활지도 등을 실시하는 것이며, 사후 관리는 법무보호복지서비스가 종료된 이후 본인 동의하에 일정 기간 동안 정상적인 주거 생활과 직업 활동 격려, 선행유지 등과 가정·주거·교우 등 환경 개선 노력 등을 이어나가도록 소통하는 것을 말한다.

멘토링 및 사후 관리는 공단 직원, 지역 내 자원봉사자가 다양한 방식을 통해 담당하고 있으며, 멘토링 및 사후 관리 진행 중인 법무보호대상자가 타 지역으로 주거를 이전하는 경우에도 새로 이동하게 된 지역의 관할 지부(소)로 이관하여 중단 없이 멘토링 및 사후 관리를 꾸준히 이어나갈 수 있다.

법무보호복지서비스 종료 후 1년간 사후 관리를 실시하며, 필요에 따라 기간 연장이 가능하다. 그리고 실시기간 경과, 법무보호대상자 미동의 등의 사유로 지속이 불가능한 경우 사후 관리를 종료한다. 멘토링 및 사후 관리를 실시하여, 단순히 개별적인 지원과 종료로 끝나는 것이 아닌 자립 상황에서의 어려움 등을 공유하고, 공감과 적절한 지원 필요성에 대해 환기하는 등 직원, 자원봉사자, 법무보호대상자의 소통을 통한 건전한 교감 경험에 영향을 미친다.

● 표 3-41 │ 최근 5년간 멘토링 및 사후 관리 지원 현황

[단위: 명]

구분	2019	2020	2021	2022	2023	합계
멘토링	9,054	9,756	13,518	16,516	18,139	66,983
사후 관리	8,094	9,416	9,294	8,770	9,869	45,443
합계	17,148	19,172	22,812	25,286	28,008	112,426

제 4 절 | 사회성향상교육

Ⅰ 개관

일정 시간 사회와 격리되어 있다가 사회로 재진입하게 된 법무보호대상자는 적응에 어려움을 겪는 경우가 적지 않다. 이에 공단은 안전 수칙, 공중보건 상식, 개인 신용과 금융 상식 등 개인이 사회생활을 영위하는 데 필수적인 내용을 교육하여, 법무보호대상자가 지역사회의 구성원으로 온전히 복귀할 수 있도록 지원한다.

사회성향상교육 관련 규정

「보호관찰 등에 관한 법률」 제65조

※ 실시 세부 사항은 공단 예규인 '사회성향상 교육 업무처리 지침'을 제정하여 규정하고 있다.

---

1. 목적

법무보호대상자가 지역사회의 구성원으로 온전하게 복귀할 수 있도록 사회 적응능력과 대인관계의 원만성 등을 증진시키고자 하는 것이 사회성향상교육의 실시 목적이다.

2. 대상자

법무보호대상자, 사회성 향상 및 정서 지원이 필요하다고 여겨지는 법무보호대상자의 가족이 대상자이다.

3. 내용

기초 소양 교육, 체험교육, 봉사활동, 심리 치료, 마약류 예방 교육, 그 밖에 대상자의 사회성을 향상하기 위한 교육 등이 있다.

4. 방법

교육 내용 각 분야 기관의 담당자, 전문가, 저명인사 등을 강사로 초청하여 강의, 체험 활동 등 다양한 방법으로 실시한다.

5. 서비스 제공의 원칙

(1) 법무보호대상자의 의사를 존중하여, 사회성 향상에 도움이 되도록 적절한 교육 과정을 준비하여 제공한다.

(2) 교육을 실시함에 있어 참여자의 개별적 특성을 파악하고, 교육 효과를 높일 수 있는 다양한 방법을 적용한다.

6. 서비스 제공 흐름도

참여자 모집	• 특별한 서류가 필요하지 않음 • 참여자 공고 또는 신청자 접수, 직원 모집 등으로 대상자 선정 • 대상자의 사회성 향상 및 정서 지원을 위해 필요한 경우 가족의 교육 참여 가능
교육 진행	• 각 분야 기관의 담당자, 전공자, 저명인사 및 자격증 소지자 등 전문가를 강사로 하여 실시
관리	• 교육 시행 내용 및 결과 등 전산 등록 관리
종료	• 교육에 4회 이상 출석한 경우 수료 처리 (수료증 등 별도의 수료 관리 없음)
평가 및 반영	• 참여자 대상 교육에 대한 만족도 조사와 교육 관련 희망 사항 등 접수 가능 • 차년도 교육계획 수립 시 참고

Ⅱ 실시 현황 및 발전 방안

사회성향상교육은 기초 소양 교육과 체험교육, 봉사활동, 심리 치료, 마약류 사범 교육 등으로 이루어져 있으며, 지역사회 기관과의 적극적 협력을 통해 법무보호대상자의 사회 적응력 향상을 위한 다양한 프로그램을 제공하고 있다.

• 표 3-42 | 사회성향상교육의 종류 및 내용

구 분	내 용
기초 소양 교육	• 주민행정, 생활·산업 현장의 안전 수칙, 신용 회복 및 서민금융, 보건 상식, 생활법률 등의 안내 및 교육
체험교육	• 적지·산업 현장 등 견학, 공연 관람, 운동경기 등의 체험
봉사활동	• 사회복지시설 및 농촌·수해·재해 지역 등에서의 봉사
심리 치료	• 집단상담, 미술·원예·웃음 등을 통한 심리 치료
마약류 사범 교육	• 마약류 사범 대상 법무보호복지사업 추천, 출소 후 행동 요령, 지역사회 복지서비스 안내 등 적응 교육(24년 신설)
※ 그 밖에 대상자의 사회성을 향상하기 위한 교육 가능	

• 표 3-43 | 최근 5년간 사회성향상교육 진행 현황

[단위: 명]

연도	2019	2020	2021	2022	2023	계
인원	3,674	3,716	4,202	4,421	4,661	20,674

사회성향상교육에 참여하는 법무보호대상자의 수는 해를 거듭할수록 점차 증가 추세에 있다. 2022년 기준 교육 참여 인원의 75.3%(3,330명)가 4회 이상 교육 참여하는 등 다방면의 프로그램으로 구성된 교육이 법무보호대상자의 사회성 향상에 큰 도움이 되고 있다.

교육 수혜자의 욕구를 반영하고 사회적 변화에 걸맞은 폭넓은 교육을 위하여 2018년 8월부터 사회성향상교육에 대한 법무보호대상자의 만족도 및 희망 사항을 조사하고 있다. 그리고 2024년에는 기존 사회성향상교육의 종류에 '마약류 사범 교육'을 추가하여, 점차 늘어가는 마약류에 대한 사회적 관심을 환기하고, 예방적 측면을 강화하고자 하였다. 이와 같이 공단은 법무보호대상자의 사회 적응력 향상에 필요한 다양한 맞춤식 교육과 변화하는 사회의 요구에 민감하게 대응할 수 있는 주제 선정으로 실질적인 교육을 위하여 노력하고 있다.

제6장
관계 기관

공단은 대표적인 관계 기관인 검찰, 법원, 교정기관, 보호관찰소(준법지원센터)와 긴밀한 협조체계를 구성하여, 법무보호대상자에 대한 맞춤형 체계적 법무보호복지서비스를 제공함으로써 범죄 없는 밝은 사회를 만들기 위한 노력을 전개하고 있다. 이 장에서는 관계 기관의 역할과 공단과의 협조 내용에 대하여 살펴보도록 한다.

제 1 절 ⟩ 검찰

Ⅰ 개요

검찰(檢察)은 범죄를 수사하고, 사법경찰관의 수사를 사법적으로 통제하며, 공소(公訴)를 제기·유지하고, 재판의 집행을 지휘하는 등 다양한 업무를 수행하는 국가의 형사사법 권력작용이다. 이와 같은 검찰권을 행사하는 사법관을 검사(檢事)라고 한다.

Ⅱ 법무보호복지서비스 연계

공단은 「검찰사건사무규칙」 제71조에 의거하여 2015년부터 검찰청으로부터 의뢰를 받아 법무보호조건부 기소유예 처분 대상자를 지원하고 있으며, 2020년 법무보호조건부 기소유예 활성화 방안으로 행정절차 개선을 통해 기소유예 제도의 안정적 정착과 검찰과의 협업체계를 강화하고 있다.

◈ **법무보호조건부 기소유예 제도**
- 생계형 범죄자 등을 대상으로 허그일자리 프로그램 참여, 기술교육원 훈련과정 이수 등 **공단 법무보호복지서비스 참여를 조건**으로 기소유예 기회를 주는 제도

◈ **검찰사건사무규칙 제71조(기소유예결정시의 부수절차)**
- ① 검사가 **기소유예의 결정을 하는 경우**에는 피해자를 엄중히 훈계하고 개과천선할 것을 다짐하는 서약서를 받아야 한다.
  ② 제1항의 경우에는 감호자·연고자 또는 범죄예방자원봉사위원에게 신병인도조치를 하거나 **한국법무보호복지공단 등 보호단체에 보호**를 알선할 수 있다.

Ⅲ 법무보호조건부 기소유예의 내용과 절차

구 분		세부 내용
① 협업 및 홍보	⇨	❖ **(공단 → 검찰)** 법무보호복지서비스·기술교육원 등 사업 안내 실시
② 기소유예 처분	⇨	❖ **(검찰)** 피의자 기소유예 여부 결정 ❖ **(검찰 → 공단)** 법무보호복지서비스 참여 조건부 기소유예 **의뢰 공문* 발송** * 대상자 인적사항 및 희망 법무보호복지서비스 기재
③ 기소유예 대상자 관리	⇨	❖ **(공단)** 법무보호복지서비스 개시* 및 법무보호위원 결연 등 * 기존 자료 활용 가능(환경조사서, 동의서, 서약서 등) * 검찰 의뢰 공문 → 증빙자료로 활용 가능
④ 종료	⇨	❖ **(공단 → 검찰)** 교육 참여 및 이수 등 지원 결과 공문 회신

제 2 절 | 법원

I 개요

법원(法院)이란 소송 사건에 대한 법률적 판단(재판)과 법적 분쟁의 당사자 조정·화해 등 국가 사법권을 행사하는 국가기관이다. 대한민국 「헌법」에 따라 최고법원인 대법원과 각급 법원으로 조직되어 있다.

II 법무보호복지서비스 연계

공단은 「아동학대범죄의 처벌 등에 관한 특례법」 제36조, 「가정폭력죄의 처벌 등에 관한 특례법」 제40조에 의거하여 판사의 보호처분 결정으로 아동학대 및 가정폭력 행위자를 공단 생활관 시설에 위탁하여(감호위탁) 피해자와 분리 조치함으로써, 피해자의 정서적 안정 도모 및 권익을 보호하고 행위자에 대해서는 상담 및 교육을 통해 성행을 개선하고 있다.

◆ **아동학대범죄의 처벌 등에 관한 특례법 제36조 제1항 제6호**
- **제36조(보호처분의 결정 등)** ① 판사는 심리의 결과 보호처분이 필요하다고 인정하는 경우에는 결정으로 다음 각 호의 어느 하나에 해당하는 보호처분을 할 수 있다.
  6. 법무부장관 소속으로 설치한 감호위탁시설 또는 법무부장관이 정하는 보호시설에의 감호위탁
  ※ 법무부고시 제2022-304호(아동학대처벌법에 따른 감호위탁시설 지정 고시), 2022. 8. 1. 시행

◆ **가정폭력범죄의 처벌 등에 관한 특례법 제40조 제1항 제6호**
- **제40조(보호처분의 결정 등)** ① 판사는 심리의 결과 보호처분이 필요하다고 인정하는 경우에는 결정으로 다음 각 호의 어느 하나에 해당하는 보호처분을 할 수 있다.
  6. 법무부장관 소속으로 설치한 감호위탁시설 또는 법무부장관이 정하는 보호시설에의 감호위탁
  ※ 법무부고시 제2023-210호(가정폭력처벌법에 따른 감호위탁시설 지정 고시), 2023. 6. 14. 시행

※ 법무부장관이 정하는 감호위탁 보호시설로 공단 생활관이 지정·고시되어 운영 중임

Ⅲ 감호위탁의 내용과 절차

준비(1단계)		협의 (2단계)		대상자 확보 및 관리 (3단계)
• 시설 현황 안내 (규모 및 입소 현황) • 입소 시 지원 프로그램 수립(성행 교정 등)	⇨	• 관련 기관 시설 현황 공 유(법무부, 관할 법원) • 관할 법원 방문 협조	⇨	• 담당 판사 지속 연계 • 보호관찰소 협조 강화 (대상자 멘토링 등) • 대상자 입소 및 관리 등
공단, 법원		공단, 법무부, 법원		공단, 법원, 보호관찰소

구 분		세부 내용
① 감호위탁 처분	⇨	❖ **(법원)** 가정폭력·아동폭력 대상자 감호위탁 및 보호관찰 처분 * 범죄의 경중에 따라 야간출입제한, 접근금지 명령 등 추가 처분 ❖ **(공단)** 대상자 신병 인수
⇩		
② 감호위탁 실시	⇨	❖ **(공단)** 대상자 감호위탁 및 초기 상담 실시 ❖ **(보호관찰소)** 대상자 보호관찰 개시 및 법원 처분에 따른 야간 출 입 제한 장치(전자팔찌) 등 부착
⇩		
③ 감호위탁 관리	⇨	❖ **(공단)** 취업, 심리상담 등 법무보호복지서비스 개시와 입·출입 관 리, 생활 태도 불량 및 준수사항 위반 시 법원에 처분 변경 신청 * 처분 사항(야간 출입 제한, 접근금지명령)에 따라 대상자 관리 ❖ **(보호관찰소)** 야간 출입 추적 등 관리 및 보호관찰·법원처분 위 반 시 처분 변경 ❖ **(법원)** 대상자의 감호위탁 및 보호관찰 수행 태도에 따른 처분 변경
⇩		
④ 종료	⇨	❖ **(공단 → 법원)** 감호위탁 종료 통보 및 사후 관리 실시

제 3 절 │ 교정기관

Ⅰ 개요

교정기관은 형사처분을 받은 범죄인에 대해 '시설 내 처우', 즉 폐쇄적인 시설에 격리·수용하는 기능을 통해 수형자의 교정·교화와 건전한 사회복귀를 도모한다. 대표적인 집행기관으로는 교도소와 구치소가 있다.

「형의 집행 및 수용자의 처우에 관한 법률」 등에 의거하여 수형자의 교화·개선과 재사회화를 위한 교정교육이 이뤄지며, 구체적으로 직업훈련, 생활지도 교육, 학과교육 및 인성 교육 등이 이에 해당한다. 또한 교정시설에서 근로정신을 함양하고 기술교육을 습득하기 위하여 교도작업을 부여하기도 하는 등 출소 후 원활하게 사회에 복귀할 수 있도록 다양한 프로그램이 진행된다.

Ⅱ 법무보호복지서비스 연계

「보호관찰 등에 관한 법률」 제3조는 형사처분 또는 보호처분을 받은 사람을 법무보호대상자로 규정하고 있다. 그리고 공단은 동법 제65조와 「수용자 사회복귀 지원 등에 관한 지침」 등에 의거하여 법무보호복지서비스가 필요한 출소예정자를 위해 교정기관에 직접 방문하여 사전상담을 진행하고 있다.

특히 2015년부터 「수형자 취업 및 창업지원 업무 지침」에 의거하여 공단의 허그일자리 프로그램을 교정기관과 협력하여 진행하고 있으며, 수형자의 입소부터 출소 후까지 체계적인 취업지원을 통해 범죄로부터 안전한 사회 기반을 마련하고 성공적인 사회복귀를 도모하고 있다.

◆ **보호관찰 등에 관한 법률**
- 제3조(대상자) ③ 갱생보호를 받을 사람(이하 "갱생보호 대상자")은 형사처분 또는 보호처분을 받은 사람으로서 자립갱생을 위한 숙식제공, 주거지원, 창업지원, 직업훈련 및 취업지원 등 보호의 필요성이 인정되는 사람으로 한다.
- 제65조(갱생보호의 방법) ① 갱생보호는 다음 각 호의 방법으로 한다.
  1. 숙식제공 2. 주거지원 3. 창업지원 4. 직업훈련 및 취업지원 5. 출소예정자 사전상담
  6. 갱생보호 대상자의 가족에 대한 지원 7. 심리상담 및 심리치료 8. 사후 관리
  9. 그 밖에 갱생보호 대상자에 대한 자립지원

◆ **수형자 취업 및 창업지원 업무지침**
- 제19조(대상자 선정) ① 취업·창업 교육대상자는 다음 각 호의 자로 한다.
  1. 잔형기 3개월 미만 수형자
  2. 잔형기 3개월 이상인 자로 교육의 필요성이 인정되는 자

Ⅲ 허그일자리지원 프로그램의 내용과 절차

구 분	세부 내용
① 참여자 추천	❖ **(교정기관)** 법무부(직업훈련과) 수형자 취업 및 창업지원 업무지침 제5장 제19조에 의거, 1:1 상담을 통해 구직 의사가 있는 수형자를 선발 ❖ **(교정기관→공단)** 허그일자리지원 프로그램 참여 희망자 추천 의뢰 공문 발송 * 추천서, 참가신청서, 동의서, 구직신청서 등 붙임서류 포함
② 참여자 선정	❖ **(공단)** 정부 재정 일자리 참여, 사업자 등록 및 고용보험 가입 여부, 재참여자 유예기간 등 허그일자리지원 프로그램 참여요건 확인
③ 선정 결과 및 상담 일정 안내	❖ **(공단 ↔ 교정기관)** 1단계(취업설계) 대면상담 및 집단상담 등 상담 일정 협의 ❖ **(공단 → 교정기관)** 허그일자리지원 프로그램 추천대상자 선정결과 통보서 공문 발송

⇩

| ④ 1단계 상담 실시 | ⇨ | ❖ **(교정기관)** 상담 장소 등 상담 여건 마련, 수형자 및 상담사 동행 및 개호
❖ **(공단)** 수형자와 1:1 맞춤 취업 상담을 통해 취업 활동 계획수립 |

⇩

| ⑤ 1단계 상담 종료 | ⇨ | ❖ **(공단)** '형의 집행' 사유로 출소일까지 허그일자리지원 프로그램 유예[45] (최대 8개월)
❖ **(교정기관)** 취업 매칭반[46] 참여 수형자는 2단계(직업훈련) 전환하여 관리 |

제 4 절 | 보호기관(보호관찰소, 준법지원센터)

I 개요

보호관찰소(준법지원센터)란 법무부의 소속기관으로서, 보호관찰 조건부 형 선고대상자나 집행유예 대상자, 법원 소년부 결정에 따라 보호관찰 대상이 된 소년, 형 집행 중 가석방된 자 등에 대해 보호관찰 등을 행하는 기관이다.

「보호관찰 등에 관한 법률」에 따라 설치된 보호관찰소는 대표적인 '사회 내 처우' 집행기관으로서, 사회 재통합을 위해 교도소나 소년원에서 석방된 사람들이 건전하고 조속하게 사회로 복귀할 수 있도록 본인과 가족 간의 관계 회복을 도모하고, 일자리를 제공하는 등의 활동을 펼치고 있다.

---

45 허그일자리지원 프로그램 참여자가 일정 사유로 인하여 서비스 참여가 곤란한 경우 취업지원을 정지하고, 참여자 자격을 일정 기간 보류해 주는 것을 의미한다.

46 취업의지가 강한 모범 수용자를 대상으로 교정 또는 소년원 내에서 실시하는 직업훈련 과정을 뜻한다.

Ⅱ 법무보호복지서비스 연계

「보호관찰 등에 관한 법률」 제3조는 형사처분 또는 보호처분을 받은 사람을 법무보호대상자로 규정하고 있다. 그리고 동법 제66조에 의거하여 보호관찰소의 장은 법무보호가 필요한 보호관찰 대상자를 위해 공단에 법무보호복지서비스를 신청할 수 있으며, 공단은 보호관찰소 개시 교육을 통해 공단 소개 및 사업 안내를 진행한다. 이를 통해 향후 공단을 방문한 대상자에게 법무보호복지서비스를 지원함은 물론, 자녀 학업지원, 심리상담, 결혼지원 등 대상자의 건전한 사회복귀 및 재범 방지를 위해 대상자 가족 회복 서비스를 병행하고 있다.

◆ **보호관찰 등에 관한 법률**
- **제3조(대상자)** ③ 갱생보호를 받을 사람(이하 "갱생보호 대상자")은 형사처분 또는 보호처분을 받은 사람으로서 자립갱생을 위한 숙식제공, 주거지원, 창업지원, 직업훈련 및 취업지원 등 보호의 필요성이 인정되는 사람으로 한다.
- **제66조(갱생보호의 신청 및 조치)** ① 갱생보호 대상자와 관계 기관은 보호관찰소의 장. 제67조 제1항에 따라 갱생보호사업 허가를 받은 자 또는 제71조에 따른 한국법무보호복지공단에 갱생보호 신청을 할 수 있다.
  ② 제1항의 신청을 받은 자는 지체없이 보호가 필요한지 결정하고 보호하기로 한 경우에는 그 방법을 결정하여야 한다.
  ③ 제1항의 신청을 받은 자가 제2항에 따라 보호결정을 한 경우에는 지체없이 갱생보호에 필요한 조치를 하여야 한다.

Ⅲ 법무보호복지서비스의 내용과 절차

구 분		세부 내용
① 협업 및 홍보	⇨	❖ **(공단 → 보호관찰소)** 법무보호복지서비스 안내 및 홍보
⇩		
② 법무보호 안내	⇨	❖ **(보호관찰소)** 공단 법무보호복지서비스 개시교육 요청 ❖ **(공단)** 보호관찰소 개시 교육을 통한 공단 소개 및 사업 안내
⇩		
③ 법무보호 신청	⇨	❖ **(보호관찰소 → 공단)** 법무보호사업 신청자 **의뢰 공문* 발송** 　* 대상자 인적 사항 및 희망 법무보호복지서비스 기재
⇩		
④ 법무보호 실시 · 대상자 관리	⇨	❖ **(공단)** 법무보호복지서비스 개시 및 법무보호위원 결연 등 　* 공단 법무보호위원(자원봉사자) 결연을 통한 사후 관리 실시
⇩		
⑤ 종료	⇨	❖ **(공단 → 보호관찰소)** 법무보호복지서비스 지원 결과 공문 회신

제 4 편

법무보호복지의 과제와 전망

제1장
법무보호복지의 실천 과제

지원 프로그램의 전문화와 지원 영역 확대

I 지원 프로그램의 전문화

1. 법무보호대상자의 욕구 반영

매슬로우(Maslow)의 욕구 단계에 따라 법무보호대상자의 욕구 서비스를 분류하여 살펴보기로 한다. 첫째, 생리적 욕구는 식생활 지원, 경제적, 의료적 혜택 등이 법무보호대상자를 둘러싸고 있는 환경으로부터 충족되어야 할 가장 기본적인 욕구라 볼수 있다. 둘째, 안전 욕구로는 의식주 해결과 숙식제공 등을 들 수 있다. 셋째, 소속과 애정의 욕구와 관련된 프로그램은 대인관계 회복프로그램, 가족 상담, 가족 캠프 등이다. 넷째, 심리상담, 약물 교육, 자존감 향상을 위한 교육, 가족관계 회복프로그램 등은 존중의 욕구에 속하며, 다섯째, 자아실현 욕구로는 취업, 진로 상담, 자기 개발, 전문 자격증 취득, 취미·여가 활동, 자원봉사활동 등을 들 수 있다.

이와 같이 법무보호대상자의 욕구는 개인마다 다양함을 발견할 수 있다. 따라서 법무보호대상자별 상황과 욕구에 맞는 적합한 지원 프로그램이 이루어져야 할 것이다. 또한 범죄 유형과 개인적 특성이 모두 다르기에 다양한 법무보호복지서비스 중 어떠한 서비스가 적합한지 우선적으로 판단하여야 한다. 그러므로 물질적 지원과 함께 법무보호대상자의 심리와 정서를 동시에 살펴야 하며, 가족과 사회와의 유대감을 향상시킬 수 있는 관계적 측면에도 주의를 기울여야 할 것이다.

이처럼 법무보호대상자의 성공적인 재사회화를 위해서는 생활지원, 취업지원 등과 같은 서비스 제공뿐만 아니라 상담지원, 가족지원 서비스에도 중점을 두어야 할 것이다. 사회적 자립을 통한 가족관계 회복과 낙인 극복을 위한 법무보호대상자의 노력을 적극 지원하고 지지할 수 있도록, 그들의 욕구를 적극 반영한 법무보호복지사업의 적극적이고 선제적 전개가 필요하다.[1]

2. 지원 프로그램의 질 향상

법무보호복지서비스는 숙식제공, 긴급지원, 기타지원, 주거지원, 결혼지원, 학업지원, 가족친화프로그램, 수형자 가족 접견지원, 직업훈련, 취업알선, 허그일자리지원프로그램, 창업지원, 심리상담, 멘토링 및 사후 관리, 사회성향상교육, 사전상담 등으로 구성되어 있다. 이와 같은 지원 프로그램의 질을 전반적으로 향상시키기 위해서는 숙식제공, 직업훈련, 취업알선 등의 내실화가 필요하고, 사후 관리를 강화하는 방향으로 법무보호대상자의 처우를 개선하여야 한다.[2]

법무보호복지서비스의 전반적인 질적 향상을 위해서는 첫째, 지원 프로그램에 대한 효과성 검증이 필요하다. 효과성 검증을 통해 서비스의 장단 판단을 거쳐 보다 보완된 서비스 제공을 통해 법무보호대상자의 원활한 사회복귀와 재범을 방지하여야 한다. 예를 들어 심리치료프로그램의 효과성을 위해서는 심리 치료 표적(targets) 접근이 필요하며 평가를 신뢰할 수 있도록 연구 방법의 엄격성과 객관성 확보를 위한 노력이 필요하다.[3]

둘째, 법무보호대상자 범죄유형별 지원 프로그램이 차별화가 되어야 한다. 예를 들어 알코올, 마약 등 정신건강에 어려움을 겪고 있는 법무보호대상자에게는 일반 대상자와 차별화된 프로그램 지원이 필요하다. 영국의 경우 마약중독, 알코올 중독 문제를 해결하기 위해 재정착 지원단체(resettlement service finder)를 통한 전문 프로그램을 지원하고 있다.[4]

---

1 유병선, "법무보호복지제도의 발전방안 연구", 유원대학교 석사학위 논문(2020), 86면 참조.
2 최영신, "우리나라 수형자 사회복귀과정의 단계와 지원 방안", 형사정책연구 제20권 제1호(2009), 10-12면.
3 채인석, "전자발찌를 착용한 성폭력범죄자의 심리치료프로그램에 관한 연구", 법무보호연구 제2권 (2016), 139면.
4 최응렬/김종길, "외국의 수형자 재활프로그램의 현황 및 비교 고찰", 사회과학연구 제18권 제3호 (2011), 76면.

셋째, 사후 관리의 일환으로 전문적인 사례관리가 필요하다. 사례관리(case management)란 복합적인 욕구와 다양한 문제를 가지고 있는 자에게 지역사회 자원과 연계하여 효과적이고 효율적으로 서비스를 제공하는 사회복지 통합 실천 방법론의 일환이다. 특히, 정신건강에 어려움을 겪고 있는 법무보호대상자에게 사례관리는 효과적이면서 효율적인 서비스로 지원될 수 있다.

3. 전문인력 확충과 예산 지원체계 개선

지원 프로그램의 전문화를 위해서는 전문인력과 예산지원이 뒷받침되어야 한다. 이를 위해서 법무보호복지서비스 담당 인력 확충 및 전문성 개발, 전문 자격증 신설 및 교육·훈련 컨설팅, 교육·훈련 기관 간 네트워크 구축 등이 필요하다. 아울러 지원 프로그램에 대한 내실화된 운영을 위하여 예산지원 체계가 개선되어야 한다. 즉, 법무보호복지서비스 제공자의 조직, 인력, 예산이 적절히 배치되어야 되어야 하며, 교도소·보호관찰소·공단 등의 원활한 협력관계를 구축하여야 한다.

Ⅱ 지원 영역 확대: 보건복지부 긴급지원제도 이관

1. 긴급복지지원제도 개관

긴급복지지원제도는「긴급복지지원법」에 의거하여, 위기 상황에 놓여 생계유지가 곤란한 저소득 가구에 생계·의료·주거지원 등 필요한 지원을 일시적으로 신속하게 지원하여 위기 상황에서 벗어날 수 있도록 돕는 제도이다.[5]

긴급복지지원의 목적은 생계 곤란 등의 위기 상황에 처하여 도움이 필요한 사람을 신속하게 지원함으로써 이들이 위기 상황에서 벗어나 건강하고 인간다운 생활을 하게 함을 목적으로 하고 있다(긴급복지지원법 제1조). 긴급복지지원 대상은 주 소득자의 실직으로 소득 상실, 중한 질병 등 위기 사유로 생계유지 등이 어렵게 된 위기 상황에 처한 가구를 말한다.[6] 위기 사유에 '교정시설에서 출소한 자가 생계가 곤란한 경우'에 해당하는 출소자도 지원 대상자로 포함되어 있어, 그들의 지원을

---

5 보건복지부 긴급복지지원, https://www.mohw.go.kr/menu.es?mid=a10708010100
6 보건복지부, "2024년 긴급복지지원사업 안내"(2024), 2면.

법무보호대상자를 전문적으로 지원하는 공단으로 이관할 필요성에 대해서 대두되고 있다.[7]

2. 긴급복지지원제도의 내용

「긴급복지지원법」제9조에 의하여, 주 급여는 생계·의료·주거비·사회복지시설 이용 비용이고, 부가급여로 초·중·고교생의 수업료, 그 밖의 위기 발생으로 생계 유지가 곤란한 자에게 지원하는 겨울철 연료비·해산비·전기요금 등이 있다. 또한 사회복지공동모금회, 대한적십자사 등 민간 프로그램과 연계한 상담·기타 지원 등이 있다.

3. 긴급복지지원제도의 지원 절차

긴급복지지원제도의 지원 절차는 〈그림 4-1〉과 같다. 위기 상황 발생 후 지원 요청은 긴급지원대상자(위기상황에 처한 사람)와 친족, 그 밖의 관계인은 구술 또는 서면 등으로 관할 시장·군수·구청장에게 지원요청을 하면 된다. 신고 주체는 긴급지원대상자를 발견한 사람, 진료·상담 등 직무수행 과정에서 긴급지원대상자가 있음을 알게 된「긴급복지지원법」제7조 제3항 제1호 내지 제11호에 해당하는 사람을 말한다.

---

7 김정현/조희원, "출소자 긴급지원 문제점 및 전달체계 개선방안 연구", 교정복지연구 제83호(2023), 1~27면.

• 그림 4-1　긴급복지지원제도의 지원 절차[8]

4. 긴급복지지원제도의 이관 필요성

　　공단은 출소예정자 사전상담 업무를 「법무보호의 실시에 관한 규칙」과 「사전상담 업무처리지침」에 근거하여 진행하고 있다. 공단이 법무보호대상자를 대상으로 한 긴

8　보건복지부, 위의 안내, 14~15면.

급복지지원사업을 담당하게 된다면 석방 전 교육을 실시하여 수혜자를 사전에 선발할 수 있고, 출소예정자는 수혜 여부를 출소 전에 통보받아 본인의 사회복귀 계획을 수립하는 데 용이하게 활용할 수 있다. 이를 위해서 보건복지부의 사회보장위원회에서 공단의 법무보호복지서비스를 사회보장사업으로 등록하고, 공단의 직원이 긴급복지지원사업을 수행할 수 있는 범위 내에서 사회보장정보시스템을 자유롭게 이용할 수 있는 조치가 요구된다. 이와 같은 절차를 공단 관련 규범에 규정하는 것 역시 필요하다.

긴급복지지원 대상자로 선정된 출소 예정자는 출소 후 3~6개월간 긴급생계급여를 지원받아 조속하고 안정적인 사회 정착이 가능하여 재범 부란(孵卵) 기간[9] 동안의 재범률을 낮출 수 있다. 또한 긴급복지지원사업의 전체 지원 대상자 중 17.7%를 차지하는 법무보호대상자에 대한 대면상담과 지원을 공단에 이관한다면, 기초생활수급자, 장애인 등 타 복지수혜자를 대상으로 한 서비스의 질을 높이고 담당 공무원의 업무 피로도를 낮춰 생산성을 높일 수 있으며, 공단은 긴급복지지원대상 법무보호대상자에게 부가 서비스를 연계하여 생산적 복지를 실현할 수 있다.[10]

따라서 긴급복지지원제도가 공단으로 이관된다면, 법무보호복지 범주 안에서 개인별 요구를 반영한 서비스 지원과 철저한 사후 관리로 그들이 자립하도록 지원하여 법무보호대상자가 사회의 구성원으로 자리매김하도록 기능할 수 있다. 아울러 효율적 행정 분화 역시 기대할 수 있을 것이다.

---

9   김기두, "갱생보호의 이념과 실천", 서울대학교 법학 제9권 제2호(1967), 7면.
10   유병선, 앞의 논문, 86면.

ⓘ 빅 데이터의 의의 및 개념[11]

1. 빅 데이터 활용의 의의

인간은 다양한 분야에서 흔적을 남기며 수많은 데이터를 생성한다. 우리 사회는 지금 이 순간에도 엄청난 양으로 생성되고 있는 빅 데이터를 활용하여 가치를 창출하고 있다. 범죄 예방 분야에서는 다양한 데이터를 활용하여 범죄로부터 우리 사회를 보호하기 위한 노력이 이루어지고 있다. 일부 지역에서는 특정 범죄인이 근처에 거주한다는 사실만으로 극도의 두려움을 표현하고 있으며, 주민들이 관계 기관에 도움을 요청하며 불안을 표출하고 있다. 이와 관련하여 정부 기관에서는 지역사회 곳곳에 CCTV를 설치하거나 경찰 순찰을 강화하는 등 다양한 방안을 마련하고 지역주민들의 안전을 위하여 동분서주하고 있다.

살인 등 10대 강력 범죄와 사기 등 7대 재산범죄로 발생한 총 사회적 비용이 연간 약 158조 원에 이르는 것으로 추산됐다. 이러한 상황에서 최소의 비용으로 안전을 담보하기 위해서는 '사전 예방'차원의 다양한 방안 강구가 필요하다.

공단의 법무보호복지서비스 수혜자는 2010년 49,788건에서 2019년 105,490건으로 약 2배 증가해 오다가 2023년에는 141,508건(18,497명)으로 연간 14만 건의 법무보호복지서비스를 지원하고 있다. 하지만 데이터에 기반을 둔 객관적인 지원체계를 구축하지 못하고, 주로 담당 직원의 직관과 경험을 바탕으로만 지원되었던 것 역시 사실이다. 이를 극복하기 위해 현재 공단은 법무보호대상자의 데이터 분석 결과를 바탕으로, 맞춤형 법무보호복지서비스 제공을 위한 빅 데이터 기반 재범 방지 정책을 개발 중에 있다.

---

[11] 조희원 외 공저, "빅데이터 기반 출소자 재범 방지를 위한 AI 플랫폼 구축 연구", 교정복지연구 제70호(2021)에서 발췌.

• 그림 4-2 공단의 빅 데이터 내용 체계 개요

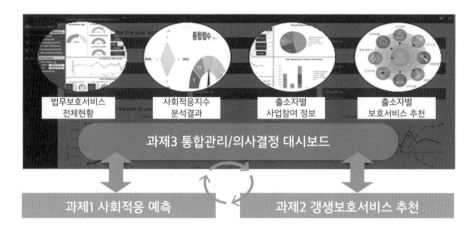

2. 빅 데이터의 개념 및 속성

빅데이터는 자료의 양(Volume), 속도(Velocity), 다양성(Variety)에 해당하는 3V를 기본으로 하여, 변동성(Variability)과 진실성(Veracity) 혹은 복잡성(Complexity) 그리고 시각화(Visualization)와 가치(Value)를 덧붙여 7V라는 특징을 지니고 있다.[12]

빅 데이터의 핵심은 데이터와 분석 기술 그 자체라기보다는, 기관 내·외부에 있는 자료의 조합을 통해 "새로운 가치를 창출할 수 있느냐?"에 달려 있으며, 이는 기존에 축적된 데이터와 새로운 데이터를 가지고 무엇을 어떻게 의미 있게 분석해 낼 것인가에 문제의식을 두고 있다.

상기의 내용을 바탕으로 재범 방지를 위한 빅 데이터는 ① 법무보호대상자에 관한 방대한 양적 자료, ② 주기적·실시간으로 생성되는 자료 ③ 구성요소 간, 구조 간의 네트워크로 연결되어 상호순환적인 관계를 맺고 있는 지역사회 내 법무보호대상자의 다양한 자료 ④ 정형·비정형·반정형 형태를 모두 포함하는 자료, ⑤ 시대적 변화와 이슈 등을 바르게 반영하여 자료가 지니는 다양한 의미와 패턴에 대한 개방적 태도, ⑥ 자료 저수지 속으로 가라앉아 있던 정보를 적합한 분석과 시각화를 통해 가치를 발견하여 의사결정 최적화를 지원하는 정보를 제공하는 일련의 과정 및 행위로 정의할 수 있다.

---

12 https://www.impactradius.com/blog/7-vs-big-data.

• 그림 4-3 법무보호대상자의 사회부적응 요인 분석을 위한 사회적응예측모형

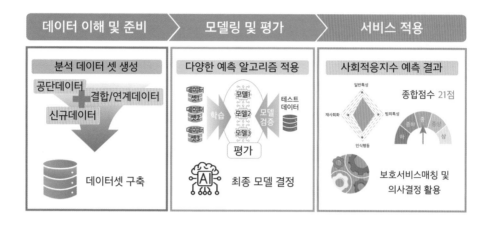

Ⅱ 재범 방지 빅 데이터 활용 방안

1. 데이터 기반 맞춤형 법무보호복지서비스 전개[13]

재범 방지 빅 데이터 활용의 기본 방향은 데이터 과학에 기반을 두어 법무보호대
상자의 재범 방지와 성공적인 사회복귀 촉진을 통한 범죄로 인한 사회적 비용을 절
감하고 사회안전망을 구축함으로써 개인 및 공공의 복지를 증진하는 것이다. 그리고
법무보호복지서비스를 통하여 재범하지 않도록, 법과 제도를 통하여 안정적으로 사
회에 복귀할 수 있도록 지원하는 것이다. 이를 위해서 재범 방지 빅 데이터의 적극적
활용을 통한 의사결정의 최적화와 데이터 기반 선제적인 맞춤형 법무보호복지서비
스를 지원할 필요가 있다.

---

13 조희원 외 공저, "빅데이터 기반 출소자 재범 방지를 위한 AI 플랫폼 구축 연구", 교정복지연구 제70호
(2021)에서 발췌.

● 그림 4-4 출소자 재범 방지 빅데이터 활용을 위한 추진 방안

2. 사회 적응 예측 지표 개발

사회 적응 예측 지표 개발은 2019년 학술연구 용역으로 경기대학교에서 수행하였으며, 공단으로부터 보호 지원을 받는 법무보호대상자의 사회 적응력을 증진하여 재범 방지를 이룰 수 있도록 개발되었다.[14]

(1) 사회 적응 예측 지표의 연구 방법

사회 적응 예측 지표의 연구는 선행연구 검토와 전문가 집단의 자문을 바탕으로 한 질적 연구와 공단으로부터 법무보호복지서비스를 제공받고 있는 법무보호대상자들을 대상으로 면담 조사 및 설문조사를 실시한 양적 연구를 종합적으로 수행하였고, 법무보호대상자용 사회 적응 예측 지표의 연구 방법 프로세스 흐름도는 〈그림 4-5〉와 같이 제시하였다.

---

14 이수정 외 공저, "보호대상자용 사회 적응 예측 지표 개발 연구용역보고서(Ⅰ)", 한국법무보호복지공단·경기대학교 산학협력단(2019).

• 그림 4-5   법무보호대상자용 사회 적응 예측 지표 연구 방법 프로세스

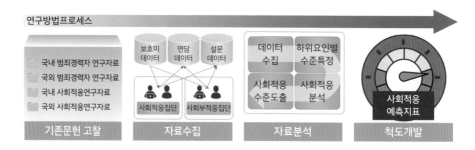

(2) 사회 적응 예측 지표의 하위척도

법무보호대상자의 주관적 사회 적응 인식을 파악할 수 있도록 구성된 재사회화 척도와 객관적인 사회 적응을 파악할 수 있는 일반 특성 척도, 범죄 특성 척도, 인식 행동 척도를 바탕으로 최종적인 사회 적응 예측 지표를 개발하였다. 사회 적응 예측 지표의 하위척도와 그를 이루고 있는 요인은 〈그림 4-6〉과 같다.

• 그림 4-6   사회 적응 예측 지표의 하위 척도

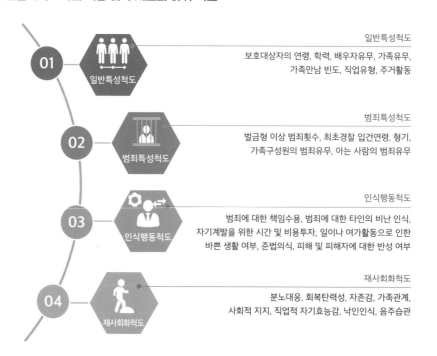

일반특성척도

01 일반특성척도
보호대상자의 연령, 학력, 배우자유무, 가족유무,
가족만남 빈도, 직업유형, 주거활동

범죄특성척도

02 범죄특성척도
벌금형 이상 범죄횟수, 최초경찰 입건연령, 형기,
가족구성원의 범죄유무, 아는 사람의 범죄유무

인식행동척도

03 인식행동척도
범죄에 대한 책임수용, 범죄에 대한 타인의 비난 인식,
자기계발을 위한 시간 및 비용투자, 일이나 여가활동으로 인한
바쁜 생활 여부, 준법의식, 피해 및 피해자에 대한 반성 여부

재사회화척도

04 재사회화척도
분노대응, 회복탄력성, 자존감, 가족관계,
사회적 지지, 직업적 자기효능감, 낙인인식, 음주습관

(3) 사회 적응 측정 및 정보의 전산화 활용 방안

개발된 사회 적응 예측 지표를 바탕으로 법무보호대상자의 사회 적응 수준을 법무보호전산 데이터에 전산화하여 이를 시스템화하여 구축하였다. 〈그림 4-7〉은 향후사회 적응 예측 지표를 활용하여 획득된 정보를 전산화하여 공단과 사회복지 시스템이 가지고 있는 정보의 결합 구상도이다. 법무보호대상자의 사회 적응 수준을 측정하여 법무보호복지사업 운영 현황 정보, 지역사회 복지지원 등과 결합한다면 이들의사회 적응 향상을 통해 재범 방지뿐만 아니라 지역사회 안전 시스템 망을 갖출 수 있을 것이라고 제언하였다.

• 그림 4-7 사회 적응 측정 및 정보의 전산화 활용 방안

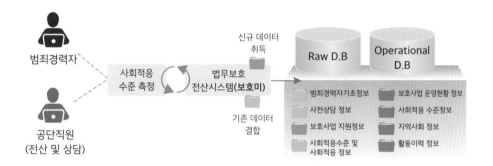

3. 법무보호 지능센터(가칭) 구축[15]

재범 방지 빅 데이터는 자료 그 자체를 의미하는 것이 아닌, 법무보호대상자를 둘러싼 지역사회 범죄 예방 생태계의 데이터를 체계화하고 법무보호복지사업 수행을지원하는 데 필요한 데이터를 수집 및 가공·처리하여 가치를 창출하는 것이다. 따라서 지역사회 범죄 예방이라는 가치 창출 극대화를 위해 빅 데이터 지표를 마련하여이에 해당하는 정보를 수집하고 활용할 필요가 있으며, 정책 추진 시 법무보호복지사업 의사결정 지원의 중심인 빅 데이터 기반 업무 전담 기구인 '법무보호 지능센터(가칭)'구축이 우선되어야 한다.

---

15 조희원 외 공저, "빅데이터 기반 출소자 재범 방지를 위한 AI 플랫폼 구축 연구", 교정복지연구 제70
호(2021)에서 발췌.

아울러 빅 데이터 기반 AI(artificial intelligence) 플랫폼 구축은 법무보호대상자에 대한 자발적 정보수집 기반 조성에 큰 의의가 있다. 법무보호대상자를 향한 단순한 처벌 및 관리 감독 중심의 접근은 그들의 온전한 사회 적응에 큰 도움이 되지 않고, 반발 우려의 위험성이 존재하며 사회적 비용 측면에서도 그리 효과적이지 않다. 이에 '재범 방지를 위한 빅 데이터 기반 AI 플랫폼'의 효율적 활용을 통한 법무보호대상자의 사회 적응 역량 강화가 보다 효과적일 것이다.

제 3 절 │ 민간 전문 시설 확장과 대국민 인식개선

I 민간 전문 시설의 확장

1. 지역사회의 역할과 지역사회 적응

범죄의 부정적인 영향을 받은 지역사회와 법무보호대상자의 관계가 회복되도록 지역사회의 인적, 물적 자원 등을 법무보호복지와 연동하여 활성화하는 것은 필수적이라 할 수 있다. 법무보호대상자가 지역사회에 받아들여지며, 지역사회가 그들을 수용하고 든든한 버팀목이 되어주는 관계로의 회복이 필요하다. 법무보호대상자의 문제에 대한 외면은 재범의 원인이 될 수 있으며, 범죄와 연관된 주변인에 상처를 남기고, 나아가 지역사회에 혼란을 초래하고 지역민 삶의 질이 떨어지며 공공안전의 큰 위협이 초래되기 때문이다.[16]

2. 재범 방지를 위한 민간 시설 확대 등 인프라 확충

출소자의 조속하고 안정적인 사회 정착을 위해서는 공단과 8개 민간 갱생보호법인 만으로는 한계가 뚜렷하다는 지적이 적지 않다. 국가가 주도하여 이루어지는 공적 서비스만으로는 법무보호대상자의 성공적 정착이라는 과제를 행함에 있어서 벽

---

16 배임호, "출소자 재범 방지를 위한 갱생보호사업의 실태와 발전방향", 교정연구 제60호(2013), 128~129면.

에 부딪힐 수밖에 없다. 따라서 법무보호복지를 민간의 영역으로 확대하여 신규 법무보호복지사업자의 참여를 더욱 적극적으로 유도하여야 한다.[17]

재범을 방지하기 위해서는 형사 제재만으로 역부족이며, 사회 제도 전반을 개선하고 교육과 복지의 확충 역시 뒷받침되어야 한다. '좋은 사회정책이 좋은 형사정책'이 듯이[18] 근시안적으로 범죄에 대한 공포심 때문에 강경 대응에만 집중하기보다는 우리 사회가 가지고 있는 교육 및 사회보장제도 등 취약계층을 위한 제도·정책에 법무보호대상자를 포함시키는 등의 방법으로 법무보호복지를 더욱 실질화하는 것이 범죄예방과 건전한 사회구축에 보다 기여할 수 있을 것이다.[19]

3. 공공기관과 민간 부문 간의 역할 분담

미국의 경우 중간 처우의 집과 같은 강제적 시설을 국가가 직접 관리하거나 민간에 위탁하고, 민간은 임의적 법무보호복지를 실시하여 공공과 민간의 역할이 균형과 조화를 이루고 있다.[20] 이와 같이 법무보호대상자의 상담 지원이나 사회성 향상을 위한 프로그램 등은 민간에 위탁하고, 공단은 다양한 서비스의 체계적이고 종합적인 지원에 더불어 대규모 자원과 전국적 조직체계를 효과적으로 활용할 수 있는 주거지원이나 창업지원과 같은 부문을 담당하는 것이 보다 바람직해 보인다.

초범, 경범죄자 등 관리가 상대적으로 용이한 법무보호대상자의 경우 민간에서 수용하고, 중범죄자나 누범자, 성범죄자 등은 공공부문에서 담당하는 방안 역시 고려해 볼 수 있다.[21·22] 그리고 "관련 기관·단체의 상호협력 원칙을 법령에서 명문화하고, 범죄자 재사회화에 관련되는 모든 정부 부처, 공단, 주요 민간 단체 대표자로 구성되는 법무보호복지 협의체를 설치하여 관련 기관·단체의 상호협력 방안에 대해 상시적으로 논의할 수 있도록 해야 한다."[23]는 점 역시 강조되고 있다. 공단과 민간 법무

17 강호성, "출소자 재범 방지를 위한 효과적인 지원방안", 보호관찰 제18권 1호(2018), 245면.

18 강호성, 위의 글, 248.

19 유병철, "외국의 갱생보호에 관한 비교고찰", 교정연구 제61호(2013), 90-91면 참조; 강호성, 위의 글, 248에서 재인용.

20 이원복 외 공저, "재범 방지를 위한 범죄자 처우의 과학화에 관한 연구", 한국형사정책연구원(2011), 456~457면.

21 이원복 외 공저, 앞의 글, 457면.

22 강호성, 앞의 글, 247면.

23 정신교/박경규, "공단 가족지원사업(수형자 가족지원) 활성화를 위한 법적·제도적 검토", 한국법무보

보호 법인과의 합리적인 관계를 정립하여 효율적으로 역할을 분담하자는 의견[24] 역시 존재한다. 이렇듯 공단을 중심으로 하여 법무보호·재활·갱생·교정 복지 관련 업무를 담당하는 공공기관과 종교기관 등 민간 단체 간의 유기적 관련성이 강화될 수 있도록, 통일화된 개별 법률의 제정이 시급하다.[25] 아울러 민·관·법무보호대상자의 3자 통합 진행 프로그램 개발 역시 요청된다.[26]

Ⅱ 대국민 인식개선

「보호관찰 등에 관한 법률」 제2조 제1항은 모든 국민은 동 법의 목적을 달성하기 위하여 그 지위와 능력에 따라 협력하여야 한다고 규정하고 있다. 법무보호복지서비스가 활성화되기 위해서는 일반 국민이 법무보호대상자가 우리 사회의 한 구성원임을 지각하고 인식하여 새로이 출발할 수 있도록 시민의식이 변화되어야 한다. 또한 재범 방지를 위해서 법무보호대상자를 사회에 복귀시켜야 한다는 당위성은 충분히 인정하면서도 그들을 향한 선입견으로 낙인화하고 고용을 기피하는 등의 결과를 낳고 있다. 이러한 사회 분위기라면 법무보호대상자의 자립과 재사회화는 어려움에 처하게 되고, 기본적인 생계유지를 위한 취업이 거절당한다면 다시 범죄의 유혹에 빠질 수밖에 없는 것이 현실이다.

이는 법무보호복지사업을 운영하는 전담 기관뿐만 아니라 모든 국민이 관심을 갖고 협조하는 분위기 속에서, 정책이나 예산이 수반되고 국민의 이해를 얻음으로써 소기의 목적을 충분히 달성할 수 있을 것이다. 따라서 법무보호복지사업의 필요성 및 효과성, 부정적 국민 인식 개선을 위한 체계적 홍보업무 전담 조직 및 운영이 필요하다. 전문적 홍보 전략 수립 및 추진을 기하기 위해서 각 분야 전문 실무자로 구성된 전담 기구 설치가 우선되어야 하며, 전담 기구에서는 법무보호복지사업에 대한 언론 대응, 홈페이지, SNS 관리, 공단 연감 및 소식지 발간, 홍보영상 제작 등으로 대국민 홍보활동을 강화해 나가야 한다. 이를 통해 법무보호복지사업에 대한 인식개선 및 대국민 참여 활성화를 유도할 수 있을 것이다.

호복지공단 가족희망센터(2018), 111면.

24 강호성, 위의 글, 246면.

25 홍완식, 앞의 글, 16~17면.

26 유병철, 앞의 글, 83면.

제2장
법무보호복지의 국제사회 동향

I 형사사법 모델 소개

형사사법 모델(criminal justice model)은 형사사법 제도를 설계하는 데 있어서 가이드 라인이나 형사사법 제도의 운용 측면을 평가하는 도구로 사용되고 있다.[27] 이러한 형사사법 모델은 다양한 관점에서 형사사법의 작용이나 기능, 그리고 그 특징 등을 이해하는 데 도움을 제공해 준다는 데 의미가 있다.[28]

학자마다 다양한 형사사법 모델을 제시하고 있으며, 이 절에서는 형사사법 모델인 범죄통제모델, 후견 모델, 치료 사법에 대해서 간략하게 살펴보고, 우리나라에서 2000년대 중반부터 형사사법의 주요한 모델로 주목받고 있는 회복적 사법에 대해서 자세히 소개하고자 한다.

1. 범죄통제모델

범죄통제모델의 관점은 사회 다수의 시민을 보호하기 위해서는 범죄자를 엄격히 통제해야 한다는 것이다. 이 모델은 형사사법의 효율성과 신속성을 강조하고 있으며,

---

27 김영중, "한국 형사법의 변천과정과 나아갈 방향 - 모델론을 통한 형사소송법 개정 평가를 중심으로-", 서울법학 제27권 제2호(2019), 161~162면.

28 최선우, "형사사법모델과 한국 형사사법의 특성에 관한 연구", 한국공안행정학회보 제24호(2006), 214~215면.

범죄통제에 집중하다 보면 형사사법의 그물에 걸려드는 자를 유죄의 의심으로 바라보게 된다. 아울러 이 모델은 수사 중심의 형사절차를 선호하며,[29] 범죄에 대한 제재를 통해 범죄행위를 하지 않도록 하는 효과를 지니고 있다.

2. 후견 모델

후견 모델의 지향은 범죄자의 관리와 보호를 통한 사회복귀이다. 처벌이 아닌 처우를 제안하며, 교화를 머무르지 않고 사회복귀를 추구한다. 이러한 후견 모델의 주된 방법은 지도와 보살핌이며, 형사절차 단계에서 '후견'이라는 관점에 입각하여 형사사법의 내용과 절차 등을 새롭게 구성하도록 요청할 수 있다. 대표적인 사례로써, 소년 사법과 가정폭력의 처리 절차에 후견 모델의 기제가 도입되었다.[30]

3. 치료 사법

치료 사법은 후견 모델로부터 한 걸음 더 나아가 관련 전문가를 사법 운용의 주체로 포함하는 모델이다. 약물 사범과 정신장애 범죄인에 대한 형사사법이며, 치료 사법의 지향은 사법을 통한 치료를 말한다.[31] 또한 치료 사법은 범죄자에 초점을 맞추고 있으며, 범죄 행동의 근원적인 문제를 해결하기 위하여 치료 서비스에 접근할 수 있는 기회를 제공하고 치료 여부를 감시함으로써 범죄자를 치료하여 재사회화하고자 한다.[32] 이를 위해 재판에 관련된 모든 사람들의 심리적 안정과 정서적 안녕을 향상시킬 수 있는 방식으로 재판 과정을 구성하고, 치료자로서의 법을 모색하기 위해 법과 더불어 심리학, 정신의학, 행동과학 그리고 범죄학과 같은 사회과학의 연구를 접목시킨 학제적인 접근을 진행한다.[33]

---

29 이승호, "우리나라 형사사법 모델의 전개와 전망 - 다양한 형사사법 모델의 통합적 운용을 제안하며-", 형사법연구 제29권 제3호(2017), 203~205면.

30 이승호, 위의 논문, 212~213면 참조.

31 이승호, 앞의 논문, 214면 참조.

32 성경숙, "치료적 사법의 개념과 그 적용가능성", 형사정책연구 제23권 제4호(2012), 33면.

33 성경숙, 위의 논문, 33면.

Ⅱ 회복적 사법의 개념

1. 등장 배경

전통적 형사사법 체계의 주연은 범죄자와 형사사법기관이었다. 범죄로 인해 많은 것을 잃고 억울한 환경에 처한 피해자(단체)는 '형사사법 체계'의 바깥 고리에 속한다는 이유로 무대 위로 등장할 수 없었다. 형벌의 구형과 집행으로 그들의 피해는 온전히 회복되지 않았고, 아픔과 상처를 쉽게 봉합하지 못하고 평생 곱씹어내야만 했다. 심지어 형사재판 도중 '화해와 용서'란 성스러운 가치를 지닌 손길조차 내밀 수 없었다.[34]

20세기를 마무리하는 시점에 이르러야 '피해자'는 형사사법체계의 주목을 받게 된다. '범죄피해보상제도'를 도입하는 국가가 점증했으며, 피해자-가해자 화해 프로그램(Victim Offender Reconciliation Program, 이하 'VORP')을 적극적으로 주창하는 이른바 '피해자의 르네상스'시대가 전개된다.[35]

1974년 캐나다 온타리오 주 소재 엘미라(Elmira) 법정에서 VORP의 원형이 태동된다. '화해와 보상'에 초점을 둔 VORP는 1977~1978년 미국의 인디애나 주 엘크하트(Elkhart)에서도 발화되어 미국 전역과 유럽에까지 확대되었다.[36] 특히, 북미권과 오세아니아에서는 '커뮤니티(지역사회 또는 지역 공동체)'를 VORP의 지표로 확대하여 새로운 형사사법 체계 형성 시도를 꾀하고 있다. 하워드 제어(Howard Zehr)는 응보적 사법(Retributive Justice)이란 기존의 패러다임을 극복하고자 VORP를 소개하고 이를 실무에 적극 권장하기 위해 '회복적 사법(Restorative Justice)'[37]이라는 용어를 사용하였고,[38] 이에 기반을 둔 정책과 제도가 전 세계적으로 확산된다.

---

34 반의사불벌죄와 친고죄는 형사사법의 전(全) 체계를 아우르는 '화해와 용서'라고 보기 어렵다.

35 김성돈, "우리나라 범죄피해자 우호적 형사정책의 과거, 현재, 그리고 미래", 피해자학연구 제20권 제 1호(2012), 107면.

36 Howard Zehr(손진 번역), 회복적 정의란 무엇인가?, KAP(2010), 182~184면.

37 일본에서는 '수복적 사법'이라고 표현하기도 한다(김상균 외 2명, 형사사법복지정책론, 청목출판사, (2007), 287). Restorative는 회복의, 복구의, 부활의, 복원하는 등의 의미를 지니고 있고, Justice는 정의, 공정, 사법 등을 뜻한다. 문헌에 따라 다양하게 소개하고 있지만, 국내 대다수 연구의 표현대로 '회복적 사법'이라고 표기하기로 한다.

38 회복적 사법이란 개념은 1977년 앨버트 이글래쉬(Albert Eglash)가 형사사법의 유형(처벌에 근거한 응보적 사법, 범죄자의 치료적 처우에 기초한 분배적 사법, 원상회복에 기반을 둔 회복적 사법)을 설명하고자 처음 사용하였다고 한다(김성돈, "형사사법과 회복적 사법", 성균관법학 제17권 제1호(2005), 407면; 홍금자 외 2명, 교정복지론, 학현사(2009), 324면 등).

2. 특징

'회복적 사법'은 다양한 의미를 함축하고 있는 포괄적 개념이기에 아직까지 통일된 개념화에 이르지 못하고 있다.[39] 한편 UN은 '범죄와 정의(사법)에 관한 비엔나선언(2000년)'에서 회복적 사법 관련 결의안을 채택하였고,[40] 2002년 4월 제11회 범죄방지 형사사법위원회의 승인 후 동년 7월 경제사회이사회에서 '형사사건에 있어서 회복적 사법 운용에 관한 기본원칙'을 공포하였다.[41] 이를 정리한 핸드북이 2020년에 개정되어 발간되었지만, 이 핸드북에서조차 회복적 사법이란 워낙 광범위하게 사용되며, 중점을 두는 입장에 따라 도출되는 개념이 다양하다고 한다.[42] 따라서 회복적 사법에 관한 각종 연구 문헌과 UN 발간물 등의 활용으로 공통된 개념과 특징을 추출하여 살펴보기로 한다.

현재까지 회복적 사법의 정착을 위해 적극적으로 활동하는 하워드 제어는 "궁극적으로 피해자와 범죄자의 회복 및 재통합뿐만 아니라 전체 커뮤니티의 안녕 등 모든 당사자의 균형에 관심을 두는"[43] 것이라고 회복적 사법을 설명한다. 또한 UN은 회복

---

39 이호중, "한국의 형사사법과 회복적 사법 – 과거, 현재, 그리고 미래", 형사법연구 제19권 제2호 (2007), 308~309면; 이진국/오영근, 형사사법체계상 회복적 사법이념의 실천, 한국형사정책연구원 (2006), 59면; 장규원, "회복적 사법과 범죄이론", 피해자학연구 제24권 제1호(2016), 291면; 안성훈, "회복적 사법과 재범방지에 관한 소고(1)", 범죄와 비행 2012년 12월호(2012), 73면 등은 "특정 범죄에 이해관계를 가진 모든 당사자가 그 범죄가 미친 영향 및 그 범죄의 장래에 대하여 가지는 함의를 어떻게 다룰 것인가 하는 문제를 해결하기 위해 함께 모이는 절차"란 Tony Marshall의 견해와 "범죄에 의해 야기된 피해를 회복하는 것을 사법의 주된 방향으로 잡고 있는 모든 행위"라고 풀이하는 Lode Walgrave의 의견을 소개하고 있다.

40 The Vienna Declaration on Crime and Justice: Meeting the Challenges of the Twenty-first Century, 10th United Nations Congress on the Prevention of Crime and the Treatment of Offenders, Vienna, 10-17 April 2000.

41 유럽연합(EU) 역시 '형사절차상 범죄피해자의 지위에 관한 기본원칙에 관한 유럽연합 이사회의 결정(Council Framework Decision of 15 March 2001 on the standing of victims in criminal proceedings)'을 범죄피해자를 도와주기 위한 피해배상 및 조정 관련 사항 등을 제시하고 유럽연합 각 회원국은 이사회 결정을 준수하는데 필요한 법과 규정을 이행하여야 한다고 명시(결정 제17조 참조)하였고, 독일, 영국, 벨기에, 스웨덴 등 유럽 국가는 배상과 조정 등 피해회복을 위한 관련 법률을 제정하고 시행하게 된다(장규원/백일홍, "회복적 이념의 형성 과정에 관한 고찰", 피해자학 연구 제22권 제2호(2014), 191면에서 재인용).

42 United Nations Office on Drugs and Crime, Handbook on Restorative Justice Programmes(Second Ed.) (2020), 4; 김성돈, "범죄피해자 보호·지원을 위한 회복적 패러다임의 실천방안", 피해자학연구 제16권 제1호(2008), 15면 참조.

43 Howard Zehr 외 1명, "The Little Book of Restorative Justice(UNICEF ver.)", https://sites.

적 사법의 관한 대부분의 견해는 다음과 같은 특징과 목적을 지니고 있다고 한다.[44]

〈회복적 사법의 특징〉

- 범죄 행위로 인한 피해에 초점
- 피해자, 가해자, 특정 절차 및 실무 관행에서의 후원자 또는 가족, 이해관계자, 전문가를 포함한 피해에 가장 영향을 받은 사람들의 자발적 참여
- 당사자 간의 준비 및 전문 회복적 실무가에 의한 과정의 간이화
- 사건의 전개와 그 결과에 대하여 상호 이해에 도달하기 위한 당사자 간의 대화, 무엇을 해야 하는지에 대한 합의
- 회복적 절차의 결과는 다양하며, 가해자의 후회와 책임 인식의 표명 및 피해자 또는 지역사회를 위해 어떠한 보상 조치를 취하겠다는 책무 포함 가능
- 피해자의 피해회복과 가해자의 갱생지원, 추가 피해 행위 중지에 관한 원조 제안

〈회복적 사법의 목적〉

- 피해자들에게 발언권을 부여하여 그들의 이야기를 경청하고, 자신들의 필요와 요구를 표현하도록 격려함과 동시에 그에 따르는 답변을 제공하며, 사건 처리 절차에 참여시키는 등의 지원
- 범죄로 훼손된 인적 관계의 회복과 최적의 범죄대응책에 대한 합의 도달
- 지역사회의 가치와 범죄 행동의 비난
- 모든 관련 당사자(특히 가해자)의 책임 부담 독려
- 회복적·미래지향적 결과의 확인
- 가해자의 인적(개별적) 변화 유도를 통한 재범의 방지 및 사회로의 재통합 촉진

이렇듯 회복적 사법이란 피해자, 가해자, 지역사회, 형사사법기관 등 형사사건에 연관된 모든 당사자를 포함시켜, 범죄란 피해자뿐만 아니라 지역사회에까지 널리 유무형의 피해를 끼친다는 것을 기본 전제로 하고 있다. 즉 회복적 사법의 체계란 피해를 원상복구 및 배상하고, 범죄행위의 책임을 가해자에게 부담하게 하며, 지역사회가 양자의 해결에 적극적으로 참여하는 데에 방점을 두고 있다. 이를 통해 기존 형사

---

unicef.org/tdad/littlebookrjpakaf.pdf, 31면.

44 United Nations Office on Drugs and Crime, 앞의 핸드북, 4~8면.

사법 시스템을 전반적으로 수정하여, '당사자 간 대화를 통한 화해(합의)'로 형사사건 해결의 보완을 요구한다.

3. 실천 프로그램[45]

다음의 〈표4-1〉과 같이 회복적 사법 프로그램은 형사사법 절차의 어느 단계에서든 실천될 수 있다.[46] 이렇듯 다양하게 전개될 수 있는 회복적 사법의 프로그램은 ① 피해자-가해자 조정(Victim-Offender mediation), ② 회복적 협의(Restorative conference), ③ 양형 서클(Sentencing circle)로 크게 나눌 수 있다.

● 표 4-1 | 회복적 사법 프로그램과 형사사법 체계[47]

형사사법 체계가 주목하지 않는 사건	기소 전	기소 후 선고 전	선고 후 양형 전	양형 후 재통합 전	수감 후 재통합 전
↓	↓	↓	↓	↙ ↘	↓
비공식 위탁	경찰 · 검찰 위탁	검찰 위탁	법원 위탁	보호관찰 교정단계 위탁	교정 · 교도소 위탁	가석방 기관 · NGO

회복적 사법

---

45 United Nations Office on Drugs and Crime, 앞의 핸드북, 23~36면.

46 물론 각국의 법제에 따라 법체계의 수정을 요할 수도 있다(United Nations Office on Drugs and Crime, 앞의 핸드북, 41면 참조).

47 United Nations Office on Drugs and Crime, 위의 핸드북, 41면.

(1) 피해자-가해자 조정(Victim Offender Mediation, 이하 'VOM') 프로그램

VOM은 북미와 유럽에서의 초기 회복적 사법 프로그램 중 하나였으며, 세계 각국에서 현재까지 가장 일반적으로 진행되고 있다. 피해자와 범죄자, 그리고 공정하고 중립적 자세를 취하는 제3자인 조정자(facilitator)는 VOM을 통해 발생한 범죄와 그 영향에 대해 직간접적인 방법으로 토론한다. 이는 피해자의 요구를 해결하는 한편 가해자의 범죄로 인한 피해의 책임 부담 보증을 목적으로 설계된 것이다. VOM의 운영은 정부 기관 또는 비영리 단체에 의하고, 경찰·검찰·법원·변호인·보호관찰소 등에 위탁할 수 있으며 때로는 가해자나 피해자의 요청으로도 가능하다. VOM은 다음의 4가지 기본 요건의 충족을 필요로 한다.

〈VOM의 기본 요건〉

- 가해자는 피해에 대한 책임을 지지 않으면 안 된다(적어도 부정하지 않는다).
- 피해자와 가해자는 조정에 참가하는 기본 전제로써 사건의 기본적인 사실에 합의한다.
- 피해자와 가해자 양쪽 모두가 VOM의 절차를 이해하고, 자진해서 실시하여야 한다.
- 피해자와 가해자는 VOM의 참여가 안전하다고 인식하여야 한다.

VOM은 기소 전·후, 판결 선고 전·양형 선고 후 단계에서도 이뤄질 수 있으며, 가해자가 투옥 중일지라도 성공적으로 기능할 수 있고 장기간 복역한 범죄자를 위한 재활 절차의 일부로 활용될 수도 있다.

실무적으로 조정자는 통상 피해자와 가해자 측이 조정에 임하기 전에 앞서, 양측을 미리 만나 성공적 조정을 위한 중재를 담당한다. 이는 무엇보다 피해자가 가해자와의 만남으로 2차 피해를 입지 않게끔 하고 가해자로 하여금 사건의 책임을 인정하게 하여, 양 당사자의 진실한 대면을 유도하도록 이루어진다. 피해자와 가해자의 직접 접촉이 가능할 경우, 일방 또는 쌍방이 지인이나 후원자를 동반하는 일도 드물지 않다.

이러한 대면은 여타의 장점에도 불구하고, 피해자와 가해자의 직접적인 접촉이 항상 가능한 것은 아니며 또한 피해자가 원하는 방식이 아닐 수도 있다. 따라서 조정자가 메시지(음성 또는 비디오 녹화 포함)를 전달하기 위해 당사자와 연속적·개별적으로 만나는 간접조정 절차도 널리 사용되고 있다.

VOM의 일련의 과정에서는 범죄의 당사자가 필요에 따라 타 절차에 따른 도움과 원조를 요청하는 경우가 많으며, 당사자는 범죄에 대한 정보를 요구하고 가해자들에게 어떻게 범죄의 영향(피해)을 받았는지 알릴 수 있다. 아울러 조정자에 의한 중재 과정은 피해자의 손실에 대한 배상이나 보상으로 연결될 수 있다.

(2) 회복적 협의(Restorative conference, 이하 'RC') 프로그램

지역사회 협의(Community conferences, 이하 'CC')나 가족 집단 협의(Family group conferences, 이하 'FGC')와 같은 RC는 피해자나 범죄자에 국한하지 않고 보다 많은 당사자가 참여한다는 점에서 VOM과 다르다. RC는 가족, 지인, 지역사회 대표, 때로는 경찰이나 그 외의 전문가가 협의의 진행을 맡는 공평한 제3자에 의해 소집되어 운영된다. 나아가 협의의 초점은 보다 넓고, VOM의 목적에 더해 가해자가 피해자와 피해자의 가족뿐만 아니라 가해자 자신의 가족과 친구들에게도 영향을 미쳐 관계를 회복할 기회를 제공하는 것을 목표로 하고 있다.

① 지역사회 협의(Community conference)

형사사법 제도를 전용할 수 있는 대안 프로그램으로도 사용할 수 있는 CC는 정부의 재정지원을 불문하고 지역사회단체나 공공기관에 의해 관리되기도 한다. 통상 가해자·피해자·기타 지역사회 구성원 등으로 구성되며, 가해자의 수탁기관이나 지역사회 단체는 가해자의 협약 준수 감시책임을 부담하기에 법 집행기관이나 사법 관계자의 직속 감독 하에 상기의 역할을 수행한다.

② 가족집단 협의(Family group conference)

FGC의 현대적 형태는 1989년 뉴질랜드의 청소년 사법절차에 적용되어, 현재의 회복적 사법 접근법 중 가장 체계적으로 제도화되었다. 이 프로그램은 현재 캐나다, 체코, 아일랜드, 남아프리카공화국, 호주, 미국 등에서 널리 사용되고 있다.

각 협의 과정에는 주최자(convener) 또는 조정자(facilitator)가 존재한다. 협의 과정의 초점이 통상의 중재 프로그램보다 다소 넓기 때문에, 피해자와 가해자의 가족과 친구 때로는 지역사회의 다른 구성원들이 모여 전문적으로 촉진된 과정에 참여한다. FGC는 당사자에게 바람직한 결과를 제공하고 범죄 결과에 대처하며, 위반행위의 재발을 막을 수 있는 적절한 방법을 찾는 것을 목적으로 하고 있다. FGC를 통해 가해자에게 범죄의 결과와 그에 대응한 보상계획을 수립하고, 중범죄의 경우(예를 들면 뉴질랜드 모델) 감시 또는 구금의 필요성을 결정할 수도 있다.

아울러 FGC는 피해자와 가해자를 모두 지원하기 위해 지역사회 구성원의 참여 역시 강조한다. 협의의 진행자는 앞으로의 절차와 논의의 대상을 설명하고, 이후 가족 구성원들은 자력으로 해결책을 찾아낸다.

FGC와 같은 RC는 가해자와 협력하고 지원할 수 있는 입장에 서 있는 폭넓은 관계자를 포함하는 경향이 있기에, 가해자가 합의된 결과를 끝까지 확실하게 수행할 수 있도록 하는 수단으로서 특히 효과적이다. 실제로 참여 구성원은 가해자의 향후 행동을 감시하고, 가해자가 동의한 재활과 보상 조치를 확실히 준수하는 데 계속적인 역할을 기여하는 경우가 많다.

(3) 양형 서클(Sentencing circle, 이하 'SC') 프로그램

① 서클의 의미

서구의 원주민들은 전통적으로 의사결정, 정신적 의식, 치유, 나눔, 가르침을 위해 대화 서클[48]을 이용해 왔다. 서클은 현대 형사사법 제도에 적응하여 범죄나 반사회적 행동에 대한 주민들의 우려에 대처하거나, 법 집행기관이나 교정기관 구성원에 대한 불편 사항을 해결하기 위한 방편으로 변모해 왔다.

현재 서구권에서 서클은 경범죄를 처리하고 분쟁을 해결하기 위해 학교에서 시행되며, 교도소나 기타 수용시설 내에서 보다 좋은 관계를 구축하고 폭력을 줄이기 위해서도 이용되기도 한다. 또한 지역사회로 복귀한 출소자나 구금 기간 후 학교에 복귀한 어린 학생들의 재통합(재사회화)을 도울 수도 있다. 서클은 주로 다음의 4단계로 이루어진다.

〈서클의 4단계〉

- 1단계: 특정 사건이 서클 절차에 적합한지 판단
- 2단계: 서클 참여 당사자의 준비
- 3단계: 서클 내에서의 합의 모색
- 4단계: 후속 조치의 제공 및 가해자의 합의 내용 준수 보장

---

48 문언의 의미를 그대로 전하기 위하여 원문 그대로 '서클'이라 표현하지만, 굳이 한역하자면 자리가 고정되어 있는 법정이 아닌 다른 곳에서의 서로 모여 마주 보고 앉아 자신의 의견을 밝히고 그에 따른 결론을 도출하는 '원형 회합' 등으로 표현할 수 있다.

② 양형 서클(Sentencing circle)

가해자에 선고될 양형에 관하여 당사자가 마주 모여 토론을 벌이는 SC는 법관과 변호인의 참여 여부에 관계없이 법원 안팎에서 이뤄질 수 있다. 양형을 선고할 법관은 SC의 의견에 구속받진 않지만, 서클 구성원의 견해는 양형 당시 법관의 귀중한 정보원이 될 수 있다.

SC의 운영에 있어서는 피해자가 더 이상 피해를 보지 않도록 주의를 기울여야 하며, 특히 참가자들과 지역사회의 목소리로서 서클이 지향하는 가치관을 실제로 반영하는 것이 중요하다.

SC는 사법 체계 관계자가 권력과 권한을 지역사회의 구성원과 함께 공유하는 전체적인 틀 안에서 회복적 사법의 원칙을 적용할 수 있는 방법을 제공하며, 배상과 처벌을 위한 다양한 선택지를 제공한다. 또한 가해자 개개의 상황, 각 케이스의 요건, 지역사회의 능력에 대응하는 유연한 해결책을 제공할 수 있다. SC는 공동체 의식을 강화하고 치유와 문제해결 과정을 통해 피해자와 가해자, 지역사회 공동체 구성원에게 힘을 실어주며, 피해자를 치료하는 것은 물론이고 가해자와 지역사회 구성원의 사회적 관계를 개선해 가해자의 갱생과 사회적 재통합(재사회화)을 촉진하는 것이 목표이기 때문이다.[49]

SC 외에도 호주·캐나다·뉴질랜드 등의 원주민에 대한 양형 절차에도 회복적 사법제도가 정착되고 있다. 예를 들어 호주에는 원주민 가정폭력이나 성폭력 가해자에게 판결을 내리는 원주민 판결재판소가 존재한다. 피해자와 지역사회 구성원의 선고 공판 참여가 가능해진다. 이 과정은 정식 판결의 일부가 되는 치유 계획으로 이어질 수 있다. 원주민 재판소는 문화적으로 보다 적절한 절차, 소통, 지역사회 참가의 증가를 제공함으로써 통상적인 지역사회 구축이라는 목적을 달성하고, 경우에 따라서는 지역사회와 사법 시스템의 관계를 개선할 수 있다.

---

49 캐나다의 SC는 다양한 범죄를 저지른 성인 및 소년 범죄자에게 사용되며, 일반적으로 ① 가해자의 서클 과정 참여 신청, ② 피해자의 치유서클, ③ 가해자의 치유서클, ④ 판결 요소에 대한 합의를 이루기 위한 판결서클, ⑤ 진행상황을 감독하기 위한 감독서클 등으로 다양하게 구성되어 있다. 서클은 합의한 결과에 대한 가해자의 준수를 감시하고, 판결이 선고된 후에도 지속적인 지원을 제공하는 데 관여하는 경우가 많다. 멕시코에서는 청소년 형사 사법 통합법에 근거해, 소년 사법 제도 내에서 12세부터 18세까지의 소년에게 적용되는 '회복 과정'이라고 불리는 3개의 조치 중의 하나로서 '회복 서클'이 있다. 소년이 책임을 받아들이는 것이 전제조건으로 하며, 소년사법제도 관계자, 피해를 입은 아동, 피해 지역사회 구성원이 모두 '회복 서클'에 참여할 수 있다.

4. 전통적 형사사법 체계와의 차이점

회복적 사법을 화두에 올리고 계속 연구 중인 하워드 제어는 전통적 형사사법 체계를 응보적 사법으로 파악하고 회복적 사법과의 차이를 다음의 〈표 4-2〉와 같이 대비하고 있으며, 이를 보다 구체화하면 〈표 4-3〉과 같다. 아울러 학계는 기존의 형사사법 체계에 대비하여, 감정적 요소의 적극 활용과 지역사회의 역할 부여를 회복적 사법의 특징으로 바라보고 있다.[50] 이렇듯 회복적 사법은 형사사법기관으로 대표되는 '국가'와 '범죄의 입증을 위한 수사와 재판' 및 '범죄자의 처벌'로만 형사체계를 규정짓지 아니한다.

국가보다는 범죄로 인해 특정 관계가 형성된 가해자와 피해자, 그리고 지역사회의 참여를 우선시하여 '응보'보다는 '대화를 통한 화해와 합의'라는 보다 인간적인 가치에 도달하고자 한다. 또한 범죄로 인한 피해의 영역을 양 당사자로 국한하지 않고 지역사회로 넓혀, 갈등과 분쟁의 해결 주체로 지역사회를 등장시키는 동력 역시 제공하고 있다. 형사체계의 진정한 목표가 '공동체를 위한 바람직한 삶'이라면 기존의 체계보다는 회복적 사법의 목적의식이 그에 근접함을 부인할 수 없을 것이다.

• 표 4-2 | 하워드 제어의 응보적 사법과 회복적 사법의 차이[51]

구분 / 사법 체계	응보적 사법	회복적 사법
범죄	규칙의 침해(깨어진 규칙)	사람 간 관계의 침해(깨어진 관계)
	기술적·법적 용어로 정의	도덕적, 사회적, 경제적, 정치적인 전체적 맥락에서 이해
범죄와 타 해악과의 관계	상이	관련
범죄의 갈등적 성질	희석	중요 인식
침해	추상적	구체적
피해자	국가	사람과 사람 간의 관계
당사자	국가와 가해자	피해자와 가해자

---

50 김성돈, "형사사법과 회복적 사법", 성균관법학 제17권 제1호(2005), 421~424면; 안성훈, "회복적 사법과 재범방지에 관한 소고(1)", 범죄와 비행 2012년 12호(2012), 75~78면 등.
51 Howard Zehr(손진 번역), 앞의 책, 212면.

피해자의 요구와 권리	무시	중심
개인 상호 간의 관계	무의미	중심
가해자의 상처	주변적 성질	중요

• 표 4-3 | 응보적 사법과 회복적 사법의 기본 가정[52]

비교 내용	응보적 사법	회복적 사법
범죄자	결함(장애)이 있는 존재	손해회복능력이 있는 존재
범죄자의 의무	처벌의 수용	손해배상활동의 책임
범죄행위	국가에 대한 침해 행위이자 법위반행위	특정인 또는 지역사회에 대한 침해 행위
범죄통제방법	형사사법체계	지역사회(일차적 책임 부담)
범죄의 책임	개인적 책임을 수반한 개별적 행위	개인과 사회에 대해 책임
범죄의 대응	처벌과 예방을 위한 고통부과	양 당사자의 회복을 위한 수단
처벌	범죄 억제 기능	행동 변화 곤란
피해자의 역할	주변적 존재	중심적 존재
범죄자와 피해자	대립적 관계	대화와 타협의 주체
문제해결의 주체	전문적 대리인에 의존	참여자들의 직접 관여
문제해결	비난, 죄, 과거에 초점	문제해결, 책무준수, 추후의 행위 여부에 관심
지역사회	방관자	원상회복과정의 촉진(조정)자

---

52 홍봉선, 교정복지론(제3판), 공동체(2013), 353면.

Ⅲ 회복적 사법과 법무보호복지

1. 용서와 치유

(1) 응보가 아닌 용서

회복적 사법은 기존 형사사법 체계의 시선이 범죄자의 교정, 처우, 개선 및 교화 등에만 집중되어왔음을 비판적으로 바라보고, 피해자와 사회적 공동체인 지역사회를 도외시했다는 점에서 착안된 개념이다.[53] 회복적 사법이 전면에 등장한 이후에야 비로소 피해자의 목소리에 더불어, 가해자와 피해자가 앞으로 삶을 영위해 나갈 지역사회의 협의가 분쟁과 갈등의 해결을 위한 중요한 역할을 지니게 되었다.

VOM, RC, SC 등과 같은 회복적 사법 프로그램은 가해자가 마땅히 받아야 할 공형벌을 주제로 삼지 아니한다. VOM은 가해자와 피해자가 직·간접적으로 자신의입장을 진술히 나타내고 이를 바탕으로 한 대화로 서로 간의 이해 격차를 좁히려 한다. RC와 SC는 지역사회란 하나의 공동체까지 참여하여 '가해자의 처벌'이 아닌 '가해자와 피해자의 진의'에 탐구한다.

2019년에 경찰청이 시범 운영한 '회복적 대화 프로그램'에 참가한 가해자와 피해자는 본 프로그램을 통한 오해와 원한, 피해 감정, 기타 불편한 감정 등의 해소 여부에 대해 긍정적인 답변을 나타내었으며, 가해자는 자신의 범죄 행위를 반성한다고 답변했고 피해자는 가해자를 향한 분노감이 상당히 줄어들었다고 표현했다.[54]

기존의 형사체계 하에서 피해자는 국가(경찰과 검찰)란 대행자에게 의존할 수밖에 없었기에 자신의 격하고 억울한 감정은 공허한 메아리로 맴돌 수밖에 없었다. 하지만 회복적 사법은 가해자로 하여금 내심의 진지한 반성과 피해자를 향한 책임을 통감하게 하는 기회를 부여하여, 피해자에게 응어리를 해소할 감정적 치유를 제공한다. 아울러 부지불식간에 발생한 피해자의 정신적·물적 손해 등을 배상할 의무를 가해자에게 부담시킨다. 회복적 사법 프로그램 참여자들 대다수가 가해자의 배상을 중요시하고, 가해자의 이행합의 역시 높게 나타난다고 한다.[55]

---

53 오영근 외 공저, 교정복지론, 양서원(2013), 51면 참조.
54 김문귀, "회복적 경찰활동(회복적 대화 프로그램) 평가: 가해자 및 피해자를 중심으로", 치안정책연구 제34권 제3호(2020), 148~153면.
55 조흥식/이형섭, 교정복지론-이론, 현장 그리고 실천, 학지사(2017), 452면.

이렇듯 회복적 사법은 우리에게 가해자와 피해자 및 지역사회가 진정으로 바라고 원하는 가치에 대해 정면으로 묻고 있다. 그것은 '가해자의 처벌'이 아닌 '용서와 화합의 장'으로 기능하는 형사체계일 것이다.

(2) 치유와 피해의 회복

현행의 형사체계 하에선 회복적 사법이 개입되더라도 이미 형을 선고받아 수감 중인 재소자의 형사처분이 가벼워지거나 면제되지는 않는다. 오히려 그렇기에 가해자와 피해자와의 자발적이고 허물없는 대화는 가해자에게 자생적인 변화와 정신적인 아픔을 치유하는 기회를 제공할 수 있다.[56] 가해자는 형벌의 집행으로 자신의 대가를 치른다는 관념에서 벗어나 피해자 측을 향한 진지한 사과와 반성을 통해 비로소 진정한 속죄의 길에 이를 수 있다. 아울러 회복적 사법은 가해자로 하여금 피해가 없었던 예전의 상황으로 돌아갈 수 있게끔 원상회복할 것을 요구하기에[57] 피해자 측의 경제적·비경제적 상처의 봉합이 시작될 수 있다는 큰 장점을 지니고 있다.

2. 가해자-피해자-지역사회(공동체)와의 유기적 체계

(1) 통합적 조직체 Network 구성

회복적 사법은 당사자로 일컬어진 기존의 형사체계에서 벗어나 사회 내 갈등의 해결과 상처의 치유를 가급적 모든 주변인들의 도움으로 이루고자 하기에, 가해자-피해자-지역사회 공동체와의 유기적 네트워크를 중요시한다. 하지만 이러한 망 체계 형성은 기존의 형사체계와는 이질적 요소이며, 공간과 인력, 예산 등의 사유로 수사기관과 법원에서 수월하게 진행되기는 어려워 보인다. 또한 가해자-피해자의 대화를 위한 교정기관 또는 수사기관으로의 방문은 피해자 측에게 또 다른 트라우마를 발생시킬 수 있으며, 교도관·검경·법관 관계자들 앞에서의 대화는 피해자 측으로 하여금 진실한 대화가 아닌 짐짓 가해자의 면죄부 부여가 아닐까라는 또 다른 고민거리를 부여하게 된다. 따라서 회복적 사법의 첫 단계인 '대화와 협의'는 제3의 장소에서 이루어지는 것이 바람직해 보인다.

---

56 정준영, "치유와 책임, 그리고 통합: 우리가 회복적 사법을 만날 때까지", 저스티스 통권 134-3호 (2013), 544면.

57 이승호, "회복적 사법과 우리나라의 형사제재체계", 형사법 연구 제19권 제3호(2007), 341면.

(2) 선진법무보호복지의 첩경

공단은 수사, 형의 선고와 집행을 직접 담당하고 있지 않기에 가해자와 피해자 공히 심리적 거리감과 방문의 부담이 적다. 아울러 전국에 걸쳐 지부(소)가 포진되어 있으며 각 지부(소)는 자원봉사위원과 함께하고 있기에, 가해자와 피해자의 대화 장소를 제공하는데 최적의 입지를 갖추고 있다. 또한 지부(소)에 배치된 심리상담 전문가가 가해자와 피해자가 만나기 전 양자의 심리를 점검하고, 진정한 대화를 나누기 위한 준비 여부에 대해 판단할 수 있으므로 이해관계를 위한 형식적 대화가 아닌 '용서와 치유'를 위한 실체적 정서 교류가 가능해진다.

한편 가해자는 출소 전 미리 공단에 방문하여 직업훈련, 취업지원 등을 통해 원상회복을 위한 계획을 꾀할 수 있으며, 피해자 측은 피해의 배상을 위해 적극적으로 자립하려는 가해자와 이를 지원하는 지역사회 봉사위원의 모습을 바라보며 상처의 회복을 가속화할 수 있다. 또한 피해자를 향한 가해자의 진정한 사과는 출소 후에도 얼마든지 가능하다. 이렇듯 회복적 사법의 기본 전제라 할 수 있는 가해자-피해자의 만남과 진지한 대화는 공단이 전담할 수 있으며, 이를 통해 용서와 치유, 피해의 원상회복이란 회복적 사법의 궁극적 목표에 가까이 다다를 수 있을 것이다.

3. 한계와 극복 방안

(1) 비판적 쟁점

회복적 사법은 기존의 형사체계와는 질적으로 다르기에 만약 두 이념이 혼재된다면 형사절차 전반에 통일성을 기하지 못하여 일반인들의 형사사법에 대한 불신을 초래한다는 비판[58]이 존재한다. 그렇기에 양 이념의 조화와 절충 또는 대립에 대해 많은 논의[59]가 진행되어 왔으며, 회복적 사법의 재범 방지 효과가 불분명하고[60] 측정 방

---

[58] 이용식, "회복적 정의와 형사사법 정의 – 두 정의의 '절충'은 가능한 것인가?", 동아법학 제54호 (2012), 441면.

[59] 대표적으로 이호중, "회복적 사법의 이념과 형사제재체계의 개편 – 트로이목마의 투입? 값싼 형벌신상품의 개발?", 형사법연구 제22호 특집호 (2004); 김용세, "형사제재시스템과 회복적 사법 – '회복적 사법의 이념과 형사제재체제의 개편(이호중)'에 관한 의견을 겸하여", 형사법연구 제23호(2005); 이진국, "회복적 사법과 형사사법의 관계에 관한 소고", 피해자학 연구 제14권 제2호(2006) 등.

[60] 장규원, "회복적 사법과 범죄이론", 피해자학 연구 제24권 제1호(2016), 296면.

법에 따라 다르게 계산되어 신뢰할만한 결과가 도출되지 못한다는 연구[61] 역시 존재한다. 하지만 회복적 사법의 필요성과 중요성에 대해서만큼은 공히 인정하고 있다.

(2) 실천적 방향

회복적 사법의 여러 장점에도 불구하고, 형사사법 체계로의 전면적인 적용은 아직은 시기상조라고 보인다. 그렇다면 보충적 또는 별개로 적용되어야 하는 바, 이를 법무보호복지의 영역으로 포섭한다면 논의의 쟁점은 형사체계에서 사회정책으로 자연스레 전환된다. 즉 현행의 형사체계에서 다루고 있지 않은 피해자의 전면 부각, 가해자와 피해자의 대화, 지역사회와의 공조를 법무보호복지의 영역으로 정책화한다면 가해자의 진정한 자기반성에서 비롯된 용이한 재사회화와 조속한 사회복귀가 가능해질 것이다. 또한 지역사회를 기반으로 한 공단의 지부(소)와 자원봉사위원이 중개자가 되어 피해자의 원상회복을 위한 가해자의 노력을 가속화할 수 있다. 아울러 회복적 사법의 불분명한 재범 방지 효과는 공단의 체계적 지원을 통해 뚜렷하게 상승시킬 수 있다. 이렇듯 정책의 일환으로 법무보호복지가 회복적 사법의 중추 또는 매개체가 된다면 기존 형사체계의 큰 개변 없이 회복적 사법이 꿈꾸는 바를 이룰 수 있을 것이다.

제 2 절 | 국제사회의 제도와 정책

I 근거 법률의 제정

1. 미국의 SCA

미국 법무부(U.S. Department of Justice, 이하 'DOJ') 산하 형사사법프로그램청(Office of Justice Program, 이하 'OJP')의 형사사법통계국(Bureau of Justice Statistics, 이하 'BJS')

---

[61] 김형배, "회복사법 프로그램의 재범방지 효과성에 대한 비판적 소고", 교정담론 제14권 제3호(2020), 105~106면 참고.

은 미국 내 30개 주에서 2005년에 출소한 자들의 재체포율을 5년간 추적한 특별 보고서[62]를 발표하였다. 출소한 총 404,638명의 67.8%가 출소한 지 3년 내에 재범을 범하여 체포되었고, 76.6%가 5년 내에 체포되었다. 4년 뒤 업데이트된 보고서는 출소한 지 3년 내에 68%, 6년 내에 79%, 9년 내에 83%란 체포 수치를 보여준다.[63] 즉, 출소한 인원의 약 17%만이 출소한 지 약 9년의 기간 동안 재범을 범하지 않았다고 볼 수 있다. 이와 같은 매우 높은 재범률을 극복하고자 미국 의회는 「Second Chance Act 2007(이하 'SCA')」를 2008년에 제정한다.

「제2의 기회법」이라 번역할 수 있는 「SCA」는 출소자와 가족과의 유대감 촉진, 교육과 직업소개를 포함한 재범방지 프로그램의 확대제공, 출소자의 자립과 준법의식 강화를 통해 재범이란 악순환을 끊고 공공의 안전 증진을 위해[64] 제정된 법률이다. SCA의 특징은 ① 출소자의 자립을 위한 프로그램을 운영하는 주 정부, 지방정부, 비영리기관 등에 대한 연방 보조금의 지급과, ② National Reentry Resource Center(이하 'NRRC')의 설립을 통한 출소자 자립 전문 프로그램의 활성화로 대별할 수 있다.

SCA 이전에도 출소자 자립 프로그램과 기관에 연방 보조금을 규정하는 법률[65]이 존재했으나, 이를 재정비하여 SCA는 다음의 〈표 4-4〉와 같이 출소자의 원활한 사회복귀를 지원하는 미국의 다양한 주·지방 정부, 공공기관, 비영리 단체에 연방 보조금을 지급하고 있다. SCA에 기반을 둔 연방 보조금의 재원은 OJP가 조성하여 집행하고 있다. 2009년 이래 전미 50개 주 소속 840개 이상의 정부 기관과 비영리 단체가 SCA에 따른 연방 보조금을 지급받았고, 2017년 12월 기준 약 164,000명의 형사처분대상자에게 연방 보조금이 활용된 프로그램이 제공되었다.[66]

---

62 Matthew R. Durose 외 2명, "Recidivism of Prisoners Released in 30 States in 2005: Patterns from 2005 to 2010", Bureau of Justice Statistics(Special Report) (2014), 1면.

63 Mariel Alper 외 2명, "2018 Update on Prisoner Recidivism: A 9-Year Follow-up Period (2005-2014)", Bureau of Justice Statistics(Special Report) (2018), 1면.

64 34 U.S.C. §60501 (a) 요약.

65 Omnibus Crime Control and Safe Streets Act of 1968.

66 The Council of State Governments Justice Center, Bureau of Justice Assistance, and the National Reentry Resource Center, "The Second Chance Act(Fact Sheet)", https://csgjusticecenter.org/publications/fact-sheet-the-second-chance-act.

• 표 4-4 | 회계연도별 연방 보조금 액수[67]

[단위: million/원]

회계연도	액수(한화)
2009	25(약 280억)
2010	100(약 1118억)
2011	83(약 928억)
2012	63(약 704억)
2013	67.5(약 754억)
2014	67.7(약 756억)
2015	68(약 760억)
2016	68(약 760억)
2017	68(약 760억)
2018	85(약 950억)

2. 영국의 TR

영국 법무부(Ministry of Justice)가 제공하는 가장 최근의 통계에 의하면, 2019년 7월부터 9월까지 96,000명 이상의 성인 및 청소년 범죄자(성인 94%, 청소년 6%) 기준 전체 재범률은 약 26%이다.[68] 한편 2013년 3월까지 단기 징역형을 집행받고 석방된 성인 범죄자의 60% 정도인 총 16,719명의 재범이 향후 12개월 이내에 85,047건의 추가 범죄를 저질렀다고 하며, 영국의 감사원(National Audit Office)은 수감자들이 출소 후 저지른 재범으로 인한 경제적 비용이 약 95억 파운드에서 130억 파운드 사이라고 추정했다.[69] 이 중 단기 징역형을 집행받고 석방된 범죄자들이 저지른 범

---

67 The Council of State Governments Justice Center, Bureau of Justice Assistance, and the National Reentry Resource Center, 위의 자료.

68 MOJ, "Proven reoffending statistics quarterly bulletin, July to September 2019", https://assets.publishing.service.gov.uk/government/uploads/system/uploads/attachment_data/file/1006052/Proven_reoffending_stats_bulletin_julsepFinal.pdf.

69 MOJ, "2010 to 2015 government policy: reoffending and rehabilitation(Policy paper)", https://www.gov.uk/government/publications/2010-to-2015-government-policy-reoffending-and-rehabilitation/2010-to-2015-government-policy-reoffending-and-

죄 비용은 연간 약 70억 파운드와 100억 파운드 사이를 차지했다.[70] 이와 같이 사회적 재화의 심각한 낭비를 초래하는 재범을 억지하고 그들의 자립을 위한 영국의 시도는 HM Prison and Probation Service(이하 'HMPPS')이라는 기관에 의한 '통합'으로부터 시작되었다.

한편 「범죄자 관리법(Offender Management Act 2007)」은 보호관찰의 주체를 공공의 영역(Probation Board)으로부터 Probation Trust라고 명명된 민간, 자원봉사자로 확장했다.[71] 이후 법무부의 주도로 '자립의 변화'(Transforming Rehabilitation, 이하 'TR') 정책을 통해 출소자의 감독 및 자립 지원 시스템을 전면 수정한다.

TR은 출소자의 자립을 위한 비용 증가에도 불구하고 재범률이 크게 감소되지 않았다는 점에 주목하여, 1년 내의 단기 출소자의 경우 관련기관의 감독 및 자립 지원 기간을 확장하였다. 또한 범죄자의 위험도를 측정하여 고·중 위험군은 국립보호관찰소(National Probation Service)가, 중·저 위험군은 지역사회 자립 기업(Community Rehabilitation Company)이 담당하여 감독과 자립지원 시스템을 이원화시켰다. 아울러 'through the prison gate'라는 사회 정착 프로그램에 의거하여 석방되기 최소 3개월 전 지역사회에 가까운 재정착교도소(Resettlement Prison)로 이관하여 출소자의 원활한 사회복귀를 지원한다.[72] 이러한 내용을 담은 TR은 「범죄자 자립법(Offender Rehabilitation Act 2014, 이하 'ORA')」의 제정으로 법적 근거를 갖추게 된다.[73]

3. 캐나다의 CCRA

캐나다는 「교정과 조건부 석방법(Corrections and Conditional Release Act, 이하 'CCRA')」을 통해 교정과 범죄자 자립 전반의 기틀을 세워놓고 있다. CCRA는 교도소 및 지역사회의 프로그램 제공을 통해 범죄자의 재활 등을 지원함으로써, 정의롭고 평화로우며 안전한 사회 유지로의 기여를 연방 교정 시스템의 목적으로 규정하고

---

rehabilitation#appendix-4-transforming-rehabilitation.

70 MOJ, 위의 페이퍼.

71 U.K. Parliament, "The role of the Probation Service - Justice Committee Contents", https://publications.parliament.uk/pa/cm201012/cmselect/cmjust/519/51904.htm.

72 MOJ, Transforming Rehabilitation: A Strategy for Reform(2013), 6~20면.

73 Offender Rehabilitation Act 2014의 제정배경(Background), https://www.legislation.gov.uk/ukpga/2014/11/notes/division/2?view=plain.

있다.[74] 아울러 범죄자의 요구를 해결하고 커뮤니티로의 성공적인 재통합에 기여하도록 설계된 다양한 프로그램을 제공해야 하며,[75] 연방 교정청(Correctional Service Canada)이 재소자로 하여금 프로그램에 참여하도록 장려하거나 지역사회에 재통합될 수 있도록 재정 지원한 경우, 연방 교정청장은 캐나다 재정위원회가 인가한 범위 내에서 재소자에 대한 수당 지급을 승인할 수 있다.[76]

4. 일본의 재범 방지 등의 추진에 관한 법률

일본 법무성이 발간한 2018년 범죄백서에 따르면, 지난 20년 간 일본의 재범률은 1999년 이후 꾸준히 증가하여 2019년에는 약 50%에 다다르고 있다.[77] 이에 일본 정부는 재범을 억제하고자 2012년부터 재범방지를 위한 종합대책을 펼치고 있으며, 2016년에는 「재범 방지 등의 추진에 관한 법률(再犯の防止等の推進に関する法律, 이하 '재범방지법')」의 제정으로 총체적이고 포괄적인 재범방지 대책을 마련하고 있다.

2012년의 재범 방지를 위한 종합대책[78]을 주요 골자로 한 「재범방지법」은 재범방지를 위한 국가와 지방공공단체의 여러 책무[79]를 규정함으로써, 재범 방지 등에 관한 시책을 종합적이고 계획적으로 추진하여 범죄 피해를 방지하고 모든 국민이 안전하고 안심하며 살 수 있는 사회 실현에 기여하는 것을 목적으로 삼고 있다.[80]

5. 시사점

미국의 「SCA」, 영국의 「ORA」, 캐나다의 「CCRA」, 일본의 「재범방지법」 등은 출소자 또는 보호관찰대상자 등의 형사처분대상자를 사회의 어엿한 구성원으로 끌어들여 재범을 방지하고, 범죄의 사회적 피해를 감소시킴과 동시에 모든 국민의 안녕과 안전한 삶을 영유하고자 비교적 최근에 제정되었다. 이렇듯 범죄자에 대한 사회

---

74 Corrections and Conditional Release Act(S.C. 1992, c. 20) section 3.

75 위의 법 section 76.

76 위의 법 section 78.

77 法務省, 令和2年版 犯罪白書(2020), 213면.

78 犯罪対策閣僚会議, "再犯防止に向けた総合対策", 平成24年(2012).

79 재범방지 등의 추진에 관한 법률은 교육·직업훈련(제11 내지 제13조), 취업지원(제12조), 취업 기회 확보(제14조), 주거 확보(제15조), 갱생보호시설과 민간단체 등에 대한 원조(제16조, 제23조) 등을 규정하고 있다.

80 위의 법 제1조 참조.

의 시선이 확연히 바뀌었고, 동서양을 불문하고 점점 줄어들고 있는 노동 생산력을 증가시켜 국력의 도모를 꾀하는 정책적 전환이 일어난 것이다.

정책의 실효성은 근거 법률의 존재 유무에 따라 크게 달라진다. 미국은 형사처분 대상자의 사회복귀(Reentry) 캠페인을 전 방위적으로 장려하고 촉진하고자 「SCA」를 제정하여 Reentry를 담당하는 관련 기관과 비영리 단체에 연방 보조금을 수여하고 있고, 영국은 '자립의 변화(Transforming Rehabilitation)' 정책의 실질적 집행을 담보하고자 「ORA」를 제정하였다. 또한 그간 「갱생보호법」과 「갱생보호사업법」이 제정되었음에도 불구하고 재범 방지를 위한 국가와 지방 공공단체의 적극 개입을 주저하였던 일본 역시 「재범방지법」을 제정하여 공(公)의 책무를 법률로써 부과하고 있다.

아울러 근거 법률이 입법화되면, 관련 기관의 협력체계를 적극적으로 기대할 수 있다. 미국의 「SCA」는 형사처분대상자의 사회복귀를 위해 다양한 연방 기관의 협력을 명문으로 요구하고 있으며,[81] 영국의 TR과 「ORA」역시 마찬가지이다.[82]

우리의 「형의 집행 및 수용자의 처우에 관한 법률」은 출소 후의 지원에 대해서는 예견하지 않고 있으며,[83] 「보호관찰 등에 관한 법률」에서 갱생보호란 명목으로 재범 방지를 위한 자립 지원에 대해 규정하고 있다. 앞서 살펴보았듯이 최근의 세계적 추세는 출소 후 또는 보호관찰이 진행(또는 종료)되고 있는 중의 사회복귀 지원 체제를 별도의 법제로 구성하여 관련 기관 간의 협력체계를 구축하는 등 법무보호대상자의

---

[81] 34 U.S.C. §60506 (a) Reentry coordination
The Attorney General, in consultation with the Secretary of Housing and Urban Development, the Secretary of Labor, the Secretary of Education, the Secretary of Health and Human Services, the Secretary of Veterans Affairs, the Secretary of Agriculture, and the heads of such other agencies of the Federal Government as the Attorney General considers appropriate, and in collaboration with interested persons, service providers, nonprofit organizations, and State, tribal, and local governments, shall coordinate on Federal programs, policies, and activities relating to the reentry of individuals returning from incarceration to the community, with an emphasis on evidence-based practices and protection against duplication of services.

[82] MOJ, "2010 to 2015 government policy: reoffending and rehabilitation(Policy paper)", https://www.gov.uk/government/publications/2010-to-2015-government-policy-reoffending-and-rehabilitation/2010-to-2015-government-policy-reoffending-and-rehabilitation#appendix-4-transforming-rehabilitation 28~33면 참조.

[83] 동법 제69조와 이에 따르는 형의 집행 및 수용자의 처우에 관한 법률 시행규칙은 직업능력개발훈련에 대해서 규정하고 있으나, 다른 국가와 비교하여 상대적으로 다양한 프로그램을 지니고 있지 못하다.

보호를 보다 두텁게 하고 있다.[84]

한편 미국의 「SCA」가 최초 제정 시 제42장(공중보건과 복지)[85]에 위치해 있다가, 「첫걸음 법(First Step Act 2018)」에 의하여 재승인되었을 때[86] '범죄 규제 및 법집행' 부분이 제34장[87]으로 이동한 것도 눈여겨보아야 할 것이다. 이러한 미국의 시도는 법무보호복지의 영역을 사회복지로 따로 떼어내지 않고, 범죄예방이란 명제 하에 거시적인 형사체계로 포함시켜 해결하려는 움직임의 일환으로 해석할 수 있을 것이다.

Ⅱ 통합관리기관화

1. 미국의 NRRC

「SCA」에 근거하여 미국 전역의 Reentry(출소자 등 형사처분대상자의 사회복귀)를 관할하는 연방 기관 National Reentry Research Center(이하 'NRRC')가 설립되었다. 미국 법무부 산하 형사사법지원국(Bureau of Justice Assistance, 이하 'BJA')에 소속된[88] NRRC는 형사처분대상자의 사회복귀에 필요한 ① 교육과 취업(Education and Employment), ② 거주지(Housing), ③ 약물중독과 정신질환의 치료(Treatment for substance addictions and mental illnesses), ④ 가족지원(Family support) 등의 서비스를 제공한다.[89·90] 아울러 미국의 리엔트리는 세대, 성별, 인종 등 특정 계층에 따른 맞춤형 서비스를 주(州) 정부와 교정 당국·지역사회가 연계하여 다양하고 종합적인 프로그램을 통해 전개하고 있다는 특징을 보이고 있다.[91]

---

84 현재 이에 관련하여, 법무보호복지사업의 독자적 법률 제정이 국회 내외에서 활발히 논의되고 있다(제4편 제1장 제6절 참조).

85 Title 42 - The Public Health and Welfare

86 BJA, "FY 2020 Second Chance Act Community-based Reentry Program"(2020), 4면.

87 Title 34 - Crime Control and Law Enforcement

88 NRRC, "Main page", https://nationalreentryresourcecenter.org/.

89 NRRC, Reentry Matters-Strategies and successes of Second Chance Act Grantees(Second Chance Act 10th Anniversary Ed.)(2018), 3~10면.

90 연방 보조금 신청 및 접수 절차에 대해서 연례적으로 고지하는 BJA의 "Second Chance Act Community based Reentry Program FY 2020 Competitive Grant Solicitation"에서도 연방 보조금은 동 내용의 프로그램의 원천으로 지급된다고 명시하고 있다.

91 NRRC, 앞의 자료, 11~21.

2. 영국의 HMPPS

Her Majesty's Prison and Probation Service(이하 'HMPPS')는 전신인 국립범죄
자관리청(National Offender Management Service, 이하 'NOMS')에서 비롯된다. NOMS
는[92] 공공·민간 교도소 및 보호관찰을 담당하며, 출소자들의 자립을 돕는 지역사회
자립 기업(Community Rehabilitation Company) 등의 시스템 전반을 관리하는 통합
기관으로의 성격을 지녔다.[93] 이러한 중추를 이어받아 2017년 NOMS는 HMPPS로
대체되었다. HMPPS는 현재 104개의 공공 교도소, 13개의 민영 교도소, 12곳의 보
호관찰 지역, 청소년 범죄 기관, 출입국 관리기관, 교육 센터 등을 통합하여 관리하
고 있다.[94]

아울러 이러한 통합의 기조는 다른 정책에서도 발현된다. 영국 내무부(Home
Office)는 '통합 범죄자 관리(Integrated offender management)'를 통해 형사사법 자원
봉사 단체인 Clinks와 사회적기업(Social Firm)과 연계하여 범죄자에게 교육 및 취업
의 기회를 제공하며,[95] 지역사회가 직면한 범죄 및 재범 위협에 대해 기관 간 협력 대
응을 꾀하고 있다.

3. 캐나다의 CORCAN

캐나다의 연방 교정청(Correctional Service Canada, 이하 'CSC')은 교정 이외에도 교
육,[96] 사회 적응훈련,[97] 취업 등에 관한 다양한 프로그램을 제공하고 있다.[98] 이 중
직업훈련과 취업에 관한 프로그램을 CORCAN이라 하여 CSC 교정의 핵심으로 운

---

[92] 2004년 영국의 내무부(Home Office) 소속으로 창설되어, 2007년 법무부가 신설됨에 따라 관할이
법무부로 바뀌었다.

[93] NOMS, How the National Offender Management Service works(2014), 2면.

[94] HMPPS, Annual Report and Accounts 2019-20(2020), 8면.

[95] U.K.Gov., "Integrated offender management(IOM)" https://www.gov.uk/guidance/integrated-
offender-management-iom.

[96] 중등 과정의 문해력 및 고급 과정의 외국어 교육도 행하고 있다(CSC, "Education programs",
https://www.csc-scc.gc.ca/002/002-0005-en.shtml).

[97] 시간 관리, 목표 설정, 문제 해결, 자산 관리 등 일반생활에 필수적인 스킬뿐만 아니라 올바른 육아
등에 대해서도 교육하고 있다(CSC, "Social programs", https://www.csc-scc.gc.ca/002/002-
0006-en.shtml).

[98] CSC, "Programs for offenders", https://www.csc-scc.gc.ca/002/002-index-en.shtml.

영하고 있다.

CORCAN은 재소자 및 출소자에게 직업훈련과 취업의 기회를 제공함으로써 안전한 지역사회 형성에 기여한다. 이는 제조, 섬유, 건설, 기타 서비스의 네 가지 산업에 초점을 맞춘 현장 및 인증된 제3기관의 직업교육을 통해 이루어진다.[99] CSC는 CORCAN을 특별운영기관(Special Operating Agency)으로 지정하고, 연방 기관 내에서 운영하는 총 103개의 CORCAN shop과 3개의 커뮤니티를 관리함으로써 가석방 및 취업조건부 석방 출소자에게 이러한 현장에서 근로할 수 있는 기회를 제공한다.[100]

4. 시사점

미국과 영국 그리고 캐나다의 법무보호복지사업의 공통점은 범죄자의 자립 기반 형성을 위한 기관의 일원화를 통해 교정기관의 입소 시부터 자립의 시도가 행해진다는 점이다. 형벌의 집행은 응보에만 있지 않고, 형사처분대상자를 교화하여 건강한 사회인으로 복귀시키는 데에 있다 할 것이다. 아울러 기관 입소 시부터 즉각적인 직업훈련 수강이 가능하고, 형벌을 통해 자신의 잘못을 뉘우치는 동시에 자립을 위한 구체적 계획을 연계하여 설정할 수 있는 장점 역시 지니고 있다. 따라서 형사처분대상자를 향한 자립지원시스템은 가급적 조속히 시행하는 것이 바람직해 보인다.

우리나라의 경우 수형자를 대상으로 한 교정기관의 교육지원,[101] 직업훈련,[102] 취업지원 등이 이미 활발히 진행되고 있다. 보호관찰소 역시 「보호관찰 등에 관한 법률 시행규칙」 제25조의2의 신설에 따라 '원호협의회'를 구성하여 법무보호대상자와 가족을 대상으로 한 생계지원, 직업훈련, 취업알선 등 종합적 지원을 실시하고 있다.[103] 아울러 한국법무보호복지공단은 교정기관과 보호관찰기관과 협력하여 법무보호대상자에게 다양한 지원을 행하고 있다.

다만 교정기관에서 직업훈련과 같은 기능교육을 충실히 이수하여 자격을 취득했

---

99 CSC, "CORCAN Business Lines", https://www.csc-scc.gc.ca/corcan/002005-1001-en.shtml.

100 CSC, "CORCAN Overview", https://www.csc-scc.gc.ca/corcan/002005-0001-eng.shtml.

101 일반학교교육(검정고시교육, 초등과, 중등과, 고등과로 구분), 방송통신 고등학교 과정, 방송통신 대학 과정, 전문대학 위탁교육, 학사 고시반 교육 등으로 구성되어 있다(교정본부, 앞의 자료, 137면).

102 고용노동부장관이 정하는 훈련기준에 따라 실시하는 공공직업훈련과 소장이 각 훈련소 실정에 따라 실시하는 일반 직업훈련으로 구분된다(교정본부, 앞의 자료, 145면).

103 법무부 범죄예방정책국, 한국보호관찰 30년사(2019), 234~235면.

음에도 불구하고, 출소 후 자신의 능력을 제대로 발휘할 곳을 찾기 어렵다는 우려가 존재한다. 특히 장기간의 수감은 변해버린 시대 하의 전도유망한 직종과 근무처의 부지(不知)를 발생시켜 법무보호대상자의 올바른 사회 재정착이 어려워질 수 있다.

출소 직전 공단의 직원이 교정시설을 방문하여 출소 이후의 계획을 함께 설정하고 있지만, 막상 출소하게 되면 공단과의 연락이 원활하게 이루어지지 않아 다시금 범죄의 영역으로 되돌아갈 위험마저 상존한다. 이를 극복하기 위해 형사처분 집행 이후를 예정하는 법무보호복지사업 담당 기관의 선제적 대응이 필요하다. 교정기관에서 직업훈련을 수강하는 동시에 출소 후 자신의 진로를 공단과 함께 계획한다면 보다 실효적인 훈련이 가능할 것이며, 출소 즉시 마스터 플랜에 따라 사회에 쉽게 적응할 수 있다.

또한 공단은 전기, 중장비, 영농 등의 전문기술을 훈련시킬 수 있는 기술교육원을 운영하고 있다. 교정기관 및 보호관찰 기관과 보다 적극적인 협조·통합 체계를 구축하여, 심화 교육을 공단의 기술교육원에서 수강할 것을 미리 계획하여 차후 진행한다면 법무보호대상자의 자립은 가속화될 것이다. 기술교육 외에도 공단에는 심리상담 전문가와 직업상담 전문가 등이 포진되어 있기에 재소자들의 마음 속 상처와 트라우마를 치유하고, 자신의 진로를 정할 수 있게끔 주기적으로 상담을 시행한다면 그들의 건강한 사회복귀를 조속히 이끌어낼 수 있을 것이다.

Ⅲ 수용자 가족지원 대상의 자녀 집중화

1. 영국의 가족지원 제도

영국의 「교도소 규칙(Prison rules 1999)」 제4조는 수용자와 가족 간 최선의 이익을 위한 양 자의 바람직한 관계를 유지하는 데 특별한 주의가 필요하며, 수감자는 가족의 이익과 자신의 사회적 재활을 최적으로 증진할 수 있도록 교정기관 외부의 인사 및 기관과의 관계를 수립하고 유지하도록 장려되고 지원되어야한다고 규정하고 있다. 이에 근거하여 HMPPS는 교도소 방문 지원 제도(Assisted Prison Visits Scheme)를 운영하여 저소득 가구에 속하는 가족 구성원 등에게 면회에 소요되는 여행비용, 간

단한 다과 비용, 숙박비용 등을 1년에 최대 26번 지급한다.[104]

또한 곧 출산 예정이거나 18개월 이하의 자녀가 있는 여성이 수감될 경우, 총 6개의 교도소[105]에서 운영하고 있는 모자유닛(Mother and Baby Unit, 이하 'MBU')에서 자녀와 함께 생활할 수 있다.[106] 아울러 HMPPS의 지원으로 운영되는 Barnardo의 '범죄자 자녀 국가 정보 센터(National Information Centre of Children of Offenders)는 범죄자의 가족 및 아동에 대한 보호와 지원 활동에 관한 종합적인 정보를 제공하고 있다.[107]

2. 미국의 가족지원 제도

미국의 「SCA」는 수감된 부모의 미성년 자녀를 위해 법무부장관으로 하여금 부모와 자녀 간의 유대를 유지하고 자녀의 미래와 복지를 위한 계획에 부모를 참여시키는 등의 내용을 담은 최적 사례(Best Practices)를 개발할 수 있다[108]고 규정하고 있다. 아울러 이 규정에 따라 OJP와 청소년 형사사법 및 비행 예방청(Office of Juvenile Justice and Delinquency Prevention)은 「SCA」로 조성된 기금을 수감 부모와 미성년 자녀의 유대를 강화하고 양자의 필요를 충족하며, 부모의 양육 책임에 초점을 맞춘 사회복귀 서비스를 제공하는 정부 기관과 기타 단체에 지원하고 있다.[109]

또한 BJA와 국제경찰청장협회(International Association of Chiefs of Police)는 상호 협력하여 체포된 부모의 자녀를 보호하기 위한 가이드라인(Safeguarding Children of Arrested Parents)[110]을 제정하여 부모를 체포할 시 자녀를 배려하여 수행하도록 하는

---

104 U.K. Gov., "Get help with the cost of prison visits", https://www.gov.uk/help-with-prison-visits; HMPPS, "Assisted Prison Visits Scheme-Visitor Guide", https://assets.publishing. service.gov.uk/government/uploads/system/uploads/attachment_data/file/627024/ APVU-guidance-for-visitors-GOVUK.pdf.

105 Bronzefield, Eastwood Park, Styal, New Hall, Peterborough, Askham Grange 등.

106 U.K. Gov., "Prison life", https://www.gov.uk/life-in-prison/pregnancy-and-childcare-in-prison.

107 NICCO, "Training", https://www.nicco.org.uk/training.

108 34 U.S.C. §60553.

109 OJJDP, "Funding", https://ojjdp.ojp.gov/funding.

110 BJA, "Safeguarding Children of Arrested Parents", https://bja.ojp.gov/sites/g/files/ xyckuh186/files/Publications/IACP-SafeguardingChildren.pdf.

정책 모델을 제시한 바 있다. 아울러 연방 교정국과 주립 여성 교도소[111]에서는 일정한 조건 하에 자녀와 수용된 모친이 함께 거주할 수 있는 공간을 제공하고 있으며[112] 이러한 혜택을 제공받은 여성의 재범률은 현격히 낮아졌다고 한다.[113]

　　미국 보건복지부(U. S. Department of Health & Human Services) 산하 아동가족관리국(Administration for Children and Families, 이하 'ACF')은 부모가 수감되었을 경우 자녀에 대한 지원체계 전반에 대해 소개하고 있으며,[114] 특히 양육비 조정 서비스에 관해 각 주별 정책을 상세히 알리고 있다.[115] ACF는 아동국(Children's Bureau)과 함께 수감된 부모와 자녀와의 재결합 및 면접 등에 관한 아동복지정보시스템[116]을 구축하고 있다.

3. 캐나다의 가족지원 제도

　　「교정 및 조건부 석방법(Corrections and Conditional Release Act, 이하 'CCRA')」[117] 과「교정 및 조건부 석방 규칙(Corrections and Conditional Release Regulations, 이하

111　매체마다 적시된 교도소 수가 다르긴 하나 11개 남짓으로 보인다. 총 8개라고 소개한 NBC NEWS, "Prison nurseries give incarcerated mothers a chance to raise their babies — behind bars", https://www.nbcnews.com/news/us-news/prison-nurseries-give-incarcerated-mothers-chance-raise-their-babies-behind-n894171, 총 11개(2020년 기준 뉴욕 주, 일리노이 주, 캘리포니아 주, 워싱턴 주, 오하이오 주, 인디애나 주, 네브라스카 주, 사우스다코타 주, 웨스트 버지니아 주, 델라웨어 주)로 소개한 Cleveland.com, "Growing up behind bars: How 11 states handle prison nurseries", https://www.cleveland.com/metro/2018/03/growing_up_behind_bars_how_sta.html.

112　박선영, "외국의 교정시설 내 엄마 수형자와 아기거주 지원", 교정담론 제13권 제3호(2019) 301~305면.

113　Lorie S. Goshin, Mary W. Byrne, and Alana M. Henninger, "Recidivism after Release from a Prison Nursery Program", Public Health Nurs. 31(2), 109, 117 (2014).

114　ACF, "Incarcerated Parents", https://www.acf.hhs.gov/css/parents/who-else-do-we-help/incarcerated-parents.

115　ACF, "Realistic Child Support Orders for Incarcerated Parents", https://www.acf.hhs.gov/sites/default/files/documents/ocse/realistic_child_support_orders_for_incarcerated_parents.pdf(fact sheet).

116　Child Welfare Information Gateway, "Reunification and Visits With Parents Who Are Incarcerated",https://www.childwelfare.gov/topics/permanency/reunification/incarcerated/.

117　CCRA sections 3, 3.1, 4, 15.1, 59, 60 and 71.

'CCRR'」)**118**에 따라 CSC는 일반 면회(visiting an offender)와 별도로 '가족 전용 면회 (Private Family Visits)'를 실시하고 있다.**119** 2월마다 최대 3일의 면회 시간이 주어지며, 가정폭력의 위험이 존재하는 자 또는 특수한 처우가 예정되어 있는 자 등에게는 참여 자격이 부여되지 않는다.**120**

아울러 CSC는 모자 프로그램(Mother Child Program, 이하 'MCP')을 운영하여 수감된 모자 관계의 안정성과 지속성을 촉진하기 위해 모자가 함께 거주하는 시설을 운영하고 있다.**121** MCP에 참여할 수 있는 아동의 연령은 6세까지이며, 5세 미만의 아동은 풀 타임으로 참여할 수 있고 5~6세의 아동은 파트 타임으로만 모친의 곁에서 생활할 수 있다.**122** 또한 수감자는 MCP에 참여하는 아동의 베이비 시터로 신청하여 활동할 수 있기에,**123** 모성애와 사회성을 동시에 함양할 수 있는 기회를 제공하고 있다.

4. 일본의 가족지원 제도

일본의 「형사수용시설 및 피수용자 등의 처우에 관한 법률」에 따르면 여성 수용자가 자신의 자녀를 형사시설 내에서 양육하길 희망하는 취지의 신청을 한 경우, 형사시설의 장이 상당하다고 인정하는 때에는 그 자녀가 1세에 달할 때까지 이를 허가할 수 있다고 규정하고 있다.**124** 해당 수용자가 1세에 달한 자녀를 계속해서 형사시설 내에서 양육하고 싶다는 취지의 신청을 한 경우, 형사시설의 장은 수용자 심신의 상황에 비추어 보거나 그 자녀를 양육하는 데 특히 필요한 때에는 계속해서 6개월에 한하여 이를 허가할 수 있다**125**고 한다.

---

118 CCRR sections 4, 54, 90, 91 and 92.

119 CSC, "Private Family Visits", https://www.csc-scc.gc.ca/lois-et-reglements/710-8-cd-eng.shtml.

120 CSC, 위의 웹페이지.

121 CCRA sections 2, 46, 58, 76 and 77 및 CCRR sections 51, 52 and 53에 근거; CSC, "Commissioner's Directive 768 Institutional Mother-Child Program", https://www.csc-scc.gc.ca/politiques-et-lois/768-cd-en.shtml.

122 CSC, 앞의 웹페이지.

123 CSC, 위의 웹페이지.

124 형사수용시설 및 피수용자 등의 처우에 관한 법률(刑事収容施設及び被収容者等の処遇に関する法律) 제66조 제1항.

125 위의 법 동조 제2항.

또한 형사시설은 자녀의 양육에 필요한 물품을 대여하거나 지급하여야 하며,[126] 수용자가 자녀의 양육에 필요한 물품을 직접 구매하여 사용 또는 섭취하거나 자녀에게 사용하게 하거나 섭취하게 하고 싶다는 취지의 신청을 한 경우에는 형사시설의 규율 및 질서유지, 그 밖에 관리 운영상 지장이 없는 한 이를 허용하여야 한다.[127] 아울러 수용자의 예에 따라 형사시설 내에서 양육하는 자녀에게도 건강진단, 진료, 기타 필요한 조치를 취하도록 하고 있다.[128]

5. 시사점

상기에서 살펴본 바와 같이, 현재 해외 여러 나라의 정부 및 교정 기관은 수용자 가족 지원 정책의 대상을 주로 미성년 자녀로 집중하고 있음을 확인할 수 있다. 이러한 추세에 따라 우리 법무부 교정본부 사회 복귀과 또한 2018년 11월 '수용자 미성년 자녀 보호 체계(한국법무보호복지공단, 여성가족부, 지역 청소년 상담복지센터)'를 구축한 바 있다. 법무부 범죄예방정책국 보호정책과 역시 동년 12월 교정기관, 보호관찰 기관, 공단을 연계하여 수용자의 가족 특히 자녀들에 대한 학업지원, 심리상담 등을 통해 가족공동체를 회복하고 안정화시키기 위한 정책을 시행하고 있다.

한편 우리의 「형의 집행 및 수용자의 처우에 관한 법률」 제53조[129]에 따라 여성 수용자는 자신이 출산한 유아를 생후 18개월까지 교정시설에서 양육할 것을 신청할 수 있으며, 동법 제53조의2에 근거하여 수용자는 자신의 미성년 자녀를 대상으로 「아동복지법」 제15조에 따라 아동복지시설에 보호조치를 의뢰할 수 있다.

126　위의 법 동조 제3항.

127　위의 법 동조 제4항.

128　위의 법 동조 제5항.

129　제53조(유아의 양육) 제1항 여성수용자는 자신이 출산한 유아를 교정시설에서 양육할 것을 신청할 수 있다. 이 경우 소장은 다음 각 호의 어느 하나에 해당하는 사유가 없으면, 생후 18개월에 이르기까지 허가하여야 한다.
　　1. 유아가 질병·부상, 그 밖의 사유로 교정시설에서 생활하는 것이 특히 부적당하다고 인정되는 때
　　2. 수용자가 질병·부상, 그 밖의 사유로 유아를 양육할 능력이 없다고 인정되는 때
　　3. 교정시설에 감염병이 유행하거나 그 밖의 사정으로 유아양육이 특히 부적당한 때
　　제2항 소장은 제1항에 따라 유아의 양육을 허가한 경우에는 필요한 설비와 물품의 제공, 그 밖에 양육을 위하여 필요한 조치를 하여야 한다.

• 표 4-5 | 여성 수용자 임산부 및 양육 유아 현황[130]

[단위: 명]

연도\구분	2013	2014	2015	2016	2017	2018	2019	2020	2021	2022
계	23	16	20	23	30	29	19	18	21	26
임산부	13	7	9	12	20	19	8	9	12	14
양육유아	10	9	11	11	10	10	11	9	9	12

하지만 〈표 4-5〉와 같이 교정기관 내에서 양육되는 유아의 수는 굉장히 적다. 본인이 비록 수용되어 있지만, 범죄를 대물림하지 않겠다는 인간 본연의 의지와 일반 사회 내 시설에 비해 양과 질이 뒤떨어질 수밖에 없는 교정시설 내에서의 양육 결정은 쉽사리 내려지기 힘들 것이다. 교정시설 내에서 양육이 가능하다면, 영국의 MBU, 캐나다의 MCP, 미국의 특정 여성교도소와 같이 수용자와 어린 자녀가 같이 거주할 수 있는 별도의 시설 구축이 시급해 보인다. 본인이 범죄자라는 이유로 자신의 자녀를 아동복지시설에 보호 조치하겠다는 결단 역시 '낙인효과의 유전'이란 부작용으로 꺼리게 된다. 이러한 현실적 한계는 법무보호복지의 영역 확장으로 다소나마 해결할 수 있을 것이다.

첫째, 2022년 기준 수용 정원 48,990명에 비해 1일 평균 수용인원은 51,117명[131]으로 이미 과밀 수용된 상태에서 수용자와 미성년 자녀가 함께 생활할 수 있는 별도의 시설 구축에는 공간과 예산상 많은 제약이 따른다. 그렇다면 애착과 사랑이란 부모자녀 간의 친밀도를 높이는 직접적 교류 방법은 오직 접견밖에 없다. 공단은 가족 접견지원이라는 제도를 운용하고 있다. 원격지·오지에 위치한 교정시설로의 접근 곤란, 왕복 교통비 등의 경제적 사정 등으로 인해 원천적으로 차단될 수 있는 부모자녀 간의 접견 기회를 제공하고 있는 셈이다. 이를 정기적으로 실시하고, 직원 등이 동행하여 수용된 부모와의 만남을 자연스레 이끌어낸다면 가족애는 더욱 깊어질 수 있을 것이다.

---

130   교정본부, 교정통계연보(2023), 82면.
131   교정본부, 위의 책, 60면.

둘째, 수용자의 미성년 자녀를 대상으로 한 학업지원, 심리상담, 가족 친화 프로그램 등의 정기적 실시로 비록 부모는 자신의 곁에 있지 않지만, 공단과 담당 직원 등이 부모를 대체할 수 있는 존재로 기능하여 자녀를 올바른 사회화로 인도할 수 있다.

셋째, 교정 정책의 흐름은 사회 연대와 유대를 강조하는 공동체적 접근 방식으로 변화되어야 할 것이며,[132] 가족정책 특히 미성년 자녀의 보호와 인도를 법무보호복지의 영역으로 포섭하여 공단이 전담한다면 교정과 법무보호복지의 연대라는 기관 간 공동체적 의식 역시 함양될 수 있으리라 예상한다.

---

[132] 국가인권위원회, "수용자자녀 인권상황 실태조사(2017년도 인권상황 실태조사 연구용역보고서)"(2017), 231면 참조.

제3장
재범 고위험군 대응

제 1 절 | 새로운 형사정책의 등장

　최근 연쇄 아동 성범죄자 등 '성폭력 상습 흉악범'의 사회복귀에 대한 지역사회의 거센 반발이 사회문제로 대두되기 시작하였다.[133] '재범 위험성이 높은 범죄자'의 명확한 정의는 없지만, 재범 위험성 평가 도구로 높은 위험을 보이는 이들을 일반적으로 재범 고위험군으로 평가한다. 이러한 재범 위험성이 높은 사람들의 공통적인 특징으로는 뉴질랜드의 교정부의 RCC*ROI(The offender's Risk of ReConviction multiplied by the offender's of Risk of Imprisonment)로 확인할 수 있다. RCC*ROI은 뉴질랜드 교정부의 위험성 평가 도구로써 재범 고위험군은 유아기 시절부터 반사회적·과잉 행동, 주의력 결핍, 충동 장애 등이 나타나며, 성인에 이르러도 이와 같은 행동이 지속적으로 나타난다고 설명한다. 어린 시절의 문제 행동은 낮은 학업 성취도, 교사 및 교우 관계에서 문제 등을 나타내고 학교에서 정학 혹은 퇴학을 받은 경험으로 이어져 정상적인 학교생활을 하지 못한다고 한다. 또한 재범 고위험군들은 거주지가 불안정하고, 친밀한 관계가 적다고 부재하고, 고용이 불안정한 등과 같은 공통적인 특징이라고 할 수 있다.[134]

　범죄별로 살펴보면, 성범죄에 대한 위험성이 높은 사람들은 성적 일탈, 반사회 성

---

[133]　동아일보, 2024. 4. 3.

[134]　Stone, A. G., Lloyd, C., & Serin, R.Dynamic risk factors reassessed regularly after release from incarceration predict imminent violent recidivism."Law and Human Behavior,(2021)."45(6), 512-523면.

향, 성별에 대한 태도, 친밀감 결손 등의 동적 요인들이 확인되었고, 스스로를 통제하지 못함으로 인해 재범률이 매우 높은 재범 고위험군인 것으로 알려져 있고, 심각한 정신질환을 지닌 범죄자의 체포율은 범죄자에 비해 높다고 한다.[135] 이와 같은 재범 고위험군의 대응을 위하여 새로운 형사정책이 등장하게 되었다.

I 보호수용 조건부 가석방 제도

1. 도입 배경

지난 10년 동안 우리 사회는 강력 범죄에 대한 사회적 반응을 반영하여 형사 정책적인 보안 조치를 강화해 왔다. 전자발찌 착용(2008년), 신상 정보 공개 및 알림(2010년), 성적 충동 억제 약물 치료(2011년) 등이 이러한 조치들의 사례이다. 그럼에도 불구하고 아동 성범죄와 같은 반복적이며 잔혹한 성폭력 범죄자들이 출소할 때 사회적 불안이 지속되고 있다는 사실은 여전하였다. 이러한 현상을 해결하기 위하여 보호관찰과 전자발찌를 통한 감독 등 자유를 제한하는 기존의 보안처분 외에 '보호수용'이라는 새로운 보안처분을 도입하자는 주장이 대두되었다. 이에 정부는 보호수용제도를 도입하기 위하여 2014년 관련 법안을 국회에 제출하였으며, 다음 해에는 내용을 일부 수정한 법안을 재차 제출하였다. 이를 계기로 거의 매년 보호수용제도 도입 법안이 국회에 제출되었으며, 보호수용제도의 도입과 관련한 찬반 논의가 활발하게 전개되었다.

2. 내용

보호수용 조건부 가석방 제도는 범죄자가 일정 기간 동안 감옥에서 복역한 후, 조건부로 조기에 석방되어 사회로 복귀할 수 있도록 하는 제도다. 이 제도는 특히 재범 위험이 높은 범죄자들을 대상으로 하며, 그들이 사회로 돌아갈 때 재범을 방지하고 안정적인 사회복귀를 돕기 위한 다양한 조건을 부여한다. 이러한 보호수용 조건부 가석방의 주요 특징은 다음과 같다.

---

[135] 이수정/신나영, "재범 고위험군의 관리체계 구축을 위한 연구용역 최종보고서"(2022), 6-7면.

(1) 보호수용: 범죄자가 일정 조건을 충족하거나, 특정 프로그램에 성공적으로 참여한 경우에만 가석방이 승인된다. 이 과정에서 범죄자는 사회로 복귀하기 전에 필요한 정신적, 심리적 지원을 받는다.

(2) 조건부 가석방: 가석방된 범죄자는 특정 조건을 준수해야 하며, 이 조건들은 주로 사회복귀를 촉진하고 재범을 방지하기 위한 것이다. 예를 들어, 정기적인 상담 받기, 직업 훈련 프로그램 참여, 특정 지역이나 사람들과의 접촉 금지 등이 조건에 포함될 수 있다.

(3) 모니터링 및 지원: 조건부 가석방된 범죄자는 사회복귀 프로그램에 따라 지속적으로 모니터링 받으며, 필요한 경우 추가적인 지원을 제공받는다. 이는 가석방자가 사회에 안정적으로 재통합될 수 있도록 돕기 위함이다.

(4) 재범 위험 감소: 이 제도의 주목적은 재범 위험을 감소시키고, 범죄자가 범죄를 저지르게 된 근본적인 원인을 해결하는 데 도움을 주어, 장기적으로 사회적 비용을 절감하는 것이다.

2022년에 고위험군 범죄자들의 출소로 인해 발생한 사회적 논란은 국민들 사이에 두려움을 증가시켰다. 이에 대응하여 정부는 '보호수용 조건부 가석방 제도'를 시행하기로 하였으며, 이 제도는 2023년 국정과제로 채택되어 교정기관, 보호관찰소, 공단 등 세 기관의 협력 아래 진행되고 있다.

'보호수용 조건부 가석방 제도'는 공단이 관리(숙식제공 등)하는 조건 하에 재범 고위험군 수형자를 조기 석방하는 방식으로, 잔혹한 범죄의 재발 방지와 국민의 안심을 도모하는 데 목적을 두고 있다. 고위험 수형자를 대상으로 한 맞춤형 개별 처우(직업 교육, 인성교육, 성범죄·마약·알코올 관련 심리 치료)를 강화하고, 심층적인 면접을 통해 자립 의지 및 재범 가능성을 평가한 후 가석방 심의를 실시한다. 가석방 심의를 통과한 후에는 보호관찰소가 관리하는 전자발찌 장치를 착용하고, 보호수용을 담당하는 공단의 생활관에 입소하여 가석방 기간 동안 지속적으로 관리를 받으며 안정적인 사회복귀의 기반을 마련한다.

공단은 2023년 충남과 울산지부를 '행복이음센터(보호수용 전담 기관)'로 지정하고 운영하고 있으며, 2024년 경기지부와 전남동부지부에도 관련 시설을 구비하여 운영을 확장하고 있다. 기존의 생활관을 보호수용 전담 시설에 맞게 개조하여 선발된 가석방자에게 숙식을 제공하고 있으며, 일반 숙식 제공 대상자들보다 더 엄격한 기준으로 관리하고 있다. 보호수용 조건부 가석방 대상자에게는 숙식제공을 필수적으로 시행하도록 하며, 보호수용 전담팀을 구성하여 보호관찰소의 전자발찌 감시팀과 함께 24시간 동안 관리를 지속하고 있다.

이처럼 공단은 정부 정책에 따라 보호수용 전담 기관을 점차 확대하고, 효과적인 제도 정착을 통해 범죄 예방의 중심 기관으로 성장할 수 있는 동력을 확보하기 위해 적극적으로 노력하고 있다.

3. 행복이음센터

(1) 목적

공단은 정부 국정과제 63-2호「흉악범죄로부터 국민을 확실하게 보호」와 관련하여 2023년부터 '행복이음센터(보호수용 조건부 가석방 전담 생활관)'를 운영하기 시작하였다. 경기지부, 충남지부, 울산지부, 전남동부지부의 생활관을 보호수용에 걸맞게 리모델링하였으며, 강력사범(살인, 강도, 성범죄 등) 전력의 무연고 장기 수형자인 보호수용 대상자에게 가석방 직후 사회 재적응 훈련(6개월)을 제공하며 집중 관리 한다. 공단은 행복이음센터를 통해 강력사범을 심층적이고 개별적으로 맞춤 관리하여 국민의 안전을 예방하고 있다.

(2) 프로그램

□ 대상자 관리		
초 기	**중 기**	**후 기**
• **집중 교육 기간**(2주) 　- 입소 상담 및 접수 　- 생활 오리엔테이션 　- 개인별 자립 계획 현실화	• **직업훈련**(위탁, 직영) • **허그일자리지원** • **심리상담** • 개인별 자립 계획 이행	• **취업 알선 및 지원** 　- 동행면접, 이력서 클리닉 　- 취업 후 근속 관리(사후 　　관리) • **보호수용 종료**

※ 대상자별 **가석방 잔형 기간에 따라** 일정(**중·후기**) **조정**하여 진행

□ **집중 교육 기간**

○ 생활관 등 사회 재적응력 향상을 위해 **입소 후 2주간 집중 교육**

일수	과정명	세부 내용
1	입소 상담	생활관 이용규칙 및 시설 안내, 접수
	지부장과의 대화	생활환경 적응을 위한 면담
2	보호사업 안내	자립계획 수립을 위한 안내
	보호관찰 교육	보호관찰 특별준수사항 안내 (전자감독 및 전자장치 관리 교육, 준법 교육 포함)
3	기초건강검진	건강상태 확인을 위한 검진
	심리상담	심리검사 및 상담
4	심리상담	생활고충상담(필요시 심리검사 진행)
	직업훈련	허그일자리 안내, 구직준비도 검사 등
5	기술교육원 안내	기술교육원 안내 및 견학 등
	생활상담	적응 상황 파악을 위한 상담 등
6	사회성향상교육	환경정화식물 화분 만들기
7	심리상담	해석상담, 집단상담(성인지 감수성 교육 등)
	취업지원 상담	구직준비도 검사 해석, 진로 탐색 등
8	사회성향상교육	부정적 감정 다스리기, 명상 등
9	결연보호	법무보호위원과 결연보호 및 대화의 시간
	생활상담	집중 교육·상담 소감 듣기, 감사편지 작성
10	지부장과의 대화	적응을 위한 면담

□ **직업훈련 및 허그일자리 지원**
- 지부 기술교육원 **직영 훈련 및 외부 직업훈련 지원**
- 등·하원 가능한 지역 외부 직업훈련 지원
  - 홍성(자동차 운전, 제빵제과, 컴퓨터), 예산(자동차 운전), 온양·아산(중장비 운전)
  - ※ **온양·아산은 대중교통으로 불가, 자차 소유 대상자만 가능**

□ **심리상담**
- 주 1회, 회기별 2시간, 총 8회기 16시간 의무 상담 실시
  - ※ **집중 교육 시 3회 실시한 심리상담, 의무 상담 회기로 포함**
- 대상자별 욕구에 따른 비정형화된 심리상담 진행

□ **취업알선 및 지원**
- 지부 일자리 우수기업·신규 MOU 체결 기업·협의회 및 직능별 위원회 소속 위원 사업장 위주로 채용 절차 진행

□ **보호수용 종료 및 사후 관리**
- 가석방 기간이 만료가 된 대상자는 즉시 퇴소 조치하며, 보호수용 대상자가 거주 예정지를 확정할 수 있도록 가석방 잔형 1/2 이상 도래부터 사전 안내
  ※「행복이음센터 운영지침」에는 1달 전부터 안내하도록 명시, 대상자의 원활한 사전 준비를 위해 가석방 잔형 1/2 이상 도래 시 지속 안내

Ⅱ 아동학대 및 가정폭력 행위자에 대한 감호위탁 제도

1. 감호위탁의 개념

아동학대 및 가정폭력 행위자에 대한 감호위탁 제도는 가정 내 폭력 사건에 대한 사법 처리를 넘어, 행위자에 대한 교정 및 재활을 지원하기 위해 마련된 제도다. 이 제도는 행위자가 사회에서 격리되지 않고 특정 기관의 감호(감독) 하에 위탁되어 필요한 치료 및 교육 프로그램을 받으며 사회적, 심리적 문제를 해결해 나가도록 설계되었다. 이를 통해 재범을 방지하고 행위자가 건강한 사회 구성원으로 복귀할 수 있도록 돕는다. 감호위탁 제도의 주요 요소는 다음과 같다.

(1) 위탁 기관: 감호위탁 제도에서 행위자는 지정된 기관이나 단체에 위탁되며, 이러한 기관들은 주로 정신건강, 사회복지, 재활 서비스를 전문으로 제공한다. 치료 및 교육 프로그램: 행위자는 개인별 맞춤형 심리 치료, 인성 교육, 가정폭력 예방 교육 등 다양한 프로그램을 이수해야 한다. 이는 행위자가 자신의 행동을 반성하고, 그 원인을 이해하며, 장래에 비슷한 행위를 반복하지 않도록 지원하는 데 중점을 둔다.

(2) 지속적 모니터링 및 평가: 위탁 기간 동안 행위자는 정기적으로 평가를 받으며, 이 평가는 그들의 진행 상황과 재활의 효과를 검증하는 데 사용된다. 또한, 행위자가 프로그램을 성실히 이행하고 있는지, 추가 지원이 필요한지 여부를 결정하는 데 중요한 기준이 된다.

(3) 법적 규제 및 감독: 감호위탁은 법적으로 규제되며, 법원의 명령에 따라 진행된다. 법원은 위탁 기간 동안 행위자의 성과를 감독하고, 필요에 따라 추가 조치를 취할 수 있다.

(4) 사후 관리 및 지원: 감호위탁 기간이 종료된 후에도 행위자는 지속적인 사후 관리를 받는다. 이는 사회로의 복귀를 원활하게 하고, 재범 가능성을 최소화하기 위해 필요하다.

감호위탁 제도는 아동학대 및 가정폭력 행위자를 단순히 처벌하는 것을 넘어서서, 그들의 문제를 해결하고 사회적 통합을 촉진하는 데 목적을 두고 있으며, 따라서 감호위탁 제도는 장기적으로 가정 내 폭력의 재발을 줄이고, 가정의 안정과 사회의 안전을 도모하는 데 기여할 수 있다.

2. 공단의 감호위탁 제도 운영

「아동학대범죄의 처벌 등에 관한 특례법」과[136] 「가정폭력범죄의 처벌 등에 관한 특례법」[137]에 따라 공단의 17개 지부가 아동학대 감호위탁시설로, 16개의 지부가 가정폭력 감호위탁시설로 지정되었다. 이에 따라 아동학대 및 가정폭력 행위자를 공단 지부 생활관에 위탁하여 피해자와 분리 조치함으로써 피해자의 정서적 안정 도모 및 권익을 보호하고, 행위자에 대해서는 상담 및 교육을 통해 성행을 개선하고자 노력하고 있다.

---

[136] 제36조(보호처분의 결정 등) ① 판사는 심리의 결과 보호처분이 필요하다고 인정하는 경우에는 결정으로 다음 각 호의 어느 하나에 해당하는 보호처분을 할 수 있다.
6. 법무부장관 소속으로 설치한 감호위탁시설 또는 법무부장관이 정하는 보호시설에의 감호위탁
[137] 제40조(보호처분의 결정 등① 판사는 심리의 결과 보호처분이 필요하다고 인정하는 경우에는 결정으로 다음 각 호의 어느 하나에 해당하는 보호처분을 할 수 있다.
6. 법무부장관 소속으로 설치한 감호위탁시설 또는 법무부장관이 정하는 보호시설에의 감호위탁

Ⅲ 한국형 제시카법[138]

　　최근 연쇄 성폭행범의 출소가 잇따르면서, 이들의 거주지 인근 주민들은 걱정과 불안에 휩싸여 있다. 고위험 성범죄자의 출소가 계속되고 있으며, 이들의 거주지 문제는 국민의 안전과 직결된 중대한 이슈임에도 불구하고 효과적인 통제 수단이 부재하여 논란이 지속되었다. 이에 법무부는 공론을 반영하여 고위험 성범죄자의 거주 제한을 목표로 하는 '한국형 제시카법' 제정을 추진하였다.

　　한국형 제시카법은 주로 아동 성범죄자의 신상 정보를 공개하고 이들의 활동을 제한하기 위해 마련되었다. 이 법은 아동 성범죄자가 사회에 재진입할 때 공공의 안전을 보호하고, 재범의 위험을 줄이기 위해 고안되었다. 신상 정보 공개뿐만 아니라, 범죄자의 거주지 제한, 직업 제한 등의 강력한 조치들이 포함되어 있어, 성범죄로부터 아동을 보호하려는 국가의 의지를 반영하고 있다. 이 법의 도입은 아동 성범죄에 대한 국민적인 경각심을 높이고, 관련 범죄의 예방에 기여하고자 하는 목적에서 출발하였다.

• 표 4-6 | 고위험 성범죄자 특정 장소로 거주지를 지정하는 해외 입법례[139]

국가	주요 내용
미국(연방)	- 형 집행 종료 후 보호관찰 대상자, 보호관찰 조건 집행유예자 또는 가석방자에 대한 준수사항으로 거주 장소를 지정할 수 있음 - 연방형법 제3563조(b)(13), 제3583조(d)(3)
미국(각주)	- 성폭력 범죄자에게 정부가 승인한 장소에서만 거주할 의무 부과 - 네바다(NRS176A.410), 조지아(GACode§42-8-35a.6.), 오클라호마(OKStat §22-991av1.E./§515-aC.), 사우스캐롤라이나(SC Code §24-21-430), 유타(UT Code §77-18-105(6)(a)
캐나다	- 법원이 보호관찰을 명하면서 합리적인 조건*을 부과할 수 있도록 규정 - Criminal Code §732.1(3)(h) - 판례와 실무는 법원이 위 조항에 따라 보호관찰 기관에게 대상자의 거주지를 지정할 수 있는 권한을 부여할 수 있다고 보고 있음(R. v. Duguay, 2019 BCCA 53 (CanLII)

138　미국의 The Jessica Lunsford Act에 따르면, 아동 성범죄자는 최소 25년의 징역형을 선고받는다. 또한 출소한 성범죄자는 전자 감시 장치를 착용하고, 평생 관리받아야 한다.

139　법무부, 「고위험 성범죄자 거주지 제한법」('한국형 제시카법') 등 입법예고 보도자료(2023).

프랑스	– 보호관찰 조건 집행유예를 선고하는 경우 준수사항으로 일정한 장소에 거소를 정할 것(형법 제132-45조) – 형 집행 종료 후 전자감독 대상자에 대해 보호관찰관에게 거소의 변경 또는 15일을 초과하는 모든 여행을 사전에 통지하고 귀소 보고 필요(형법 제132-44조) – 미성년자에 대한 성폭력 등 중죄로 15년 이상 구금형이 선고된 전자감독 대상자의 경우 거주지 지정 의무(형사소송법 제723-30조)
영국	– 가석방자는 보호관찰관이 승인한 주거지에 상주하며, 그와 다른 주소에 며칠 동안 머무를 때에는 보호관찰관의 사전 허가 필요 – 2015 형사사법법 가석방 조건 시행령 3-(2)(e)
독일	– 보호관찰 조건 집행유예자의 동의가 있는 경우 준수사항으로 적정한 공공 수용시설 또는 적정한 기관에 거주할 것(형법 제56조 c:3-2) – 형 집행 종료 후 보호관찰 대상자에 대해 주거지, 체류지 또는 일정한 범위를 감독청의 허락 없이 떠나지 말 것(형법 제68조b)
오스트리아	– 가석방자 등에 대한 준수사항으로 특정한 장소·가정·집에 거주하게 하거나, 특정한 주거 또는 장소에서 피할 것이란 선고 가능 – 형법 제51조-2

Ⅳ 마약범죄 대책

1. 마약범죄 현황

최근 마약 등 유해 약물로 비롯된 각종의 보건·의료 및 사회적인 문제가 전 세계적으로 발생하고 있다. 공공장소에서 벌어지는 마약의 투약 또는 거래는 사회 내 질서를 어지럽히며, 마약 사용 또는 판매에 소외 계층과 청소년을 모집하는 등 사회적 불안감을 증폭시키고 있다.[140] 국내의 상황도 크게 다르지 않다. 마약류 사범의 검거수는 2012년의 9,255명에서 2021년 16,153명으로, 지난 10년간 74.5% 증가했으며[141] 2022년 18,395명이 검거되어 역대 최고치를 기록하였다. 특히 청소년 마약류 사범이 급격하게 증가하여 사회적으로 큰 충격을 던졌다. 이러한 마약류 사범의 저연령화 및 재범률 증가 상황에서 마약 오남용을 예방하는 교육과 치료·재활은 점차 중요해지고 있다. 마약류 범죄자에 대한 검찰의 기소율은 2017년 57.2%에서 2021

---

140 박성수, "마약류 범죄의 정책변화화 사회적 방향", 한국중독범죄학회보 제13권 3호(2023), 39-66면.
141 법무연수원, 범죄백서(2022), 12면.

년 55.9%를 기록하여, 지난 5년간 처벌 위주의 마약류 범죄 대응 정책은 비효율적이며 높은 재범률을 보이고 있다.[142]

• 표 4-7 | 마약류 사범 죄명별 검거 현황[143]

[단위: 명, %]

연도 죄명	2012	2013	2014	2015	2016	2017	2018	2019	2020	2021
계	9,255 (100)	9,764 (105.5)	9,984 (107.9)	11,916 (128.8)	14,214 (153.6)	14,123 (152.6)	12,613 (136.3)	16,044 (173.4)	18,050 (195.0)	16,153 (174.5)
마약	582 (100)	685 (117.7)	676 (116.2)	1,153 (198.1)	1,383 (237.6)	1,475 (253.4)	1,467 (252.1)	1,804 (310.0)	2,198 (377.7)	1,745 (299.8)
향정	7,631 (100)	7,902 (103.6)	7,902 (103.6)	9,624 (126.1)	11,396 (149.3)	10,921 (143.1)	9,613 (126.0)	11,611 (152.2)	12,640 (165.6)	10,631 (139.3)
대마	1,042 (100)	1,177 (113.0)	1,177 (113.0)	1,139 (109.3)	1,435 (137.7)	1,727 (165.7)	1,533 (147.1)	2,629 (252.3)	3,212 (308.3)	3,777 (362.5)

※ ( )안은 2012년을 기준으로 한 지수

2. 마약범죄 대응 정책

(1) 국내 및 국외 사례

최근의 형사정책 분야는 재범 고위험군(성폭력, 마약, 알코올, 도박 등의 중독 범죄, 정신질환 등)의 대응에 있어서, 그들에 대한 올바른 이해가 전제되어 있지 않은 단순한 처벌만으로는 범죄 예방과 재범 방지에 적지 않은 곤란이 존재한다는 것을 인식하였다. 재범 고위험군 범죄자에 대해서는 기존의 법적 제한과 처벌 위주의 대응에서 벗어나 체계적이고 종합적인 예방·치료·재활 등과 같은 개입과 확대가 필요하다.

특히 최근 마약사범의 증가로 마약에 대한 경각심이 높아지고 있는바, 다양한 중독 범죄군 중 마약과 알코올 대상자를 중심으로 한국과 미국, 일본과의 정책을 비교해 보기로 한다.

---

142 법무연수원, 위의 책, 107면.
143 대검찰청, 각년도 마약류 범죄백서.

① 한국

(i) 한국마약퇴치운동본부

한국마약퇴치운동본부는 마약류 경각심 강화와 인식개선을 위해 대상별 맞춤 예방교육과 교육 강사 양성·관리를 하고 있다. 주요 사업으로는 연령별 맞춤형 마약 및 약물 오·남용 예방 교육, 취약계층 대상 예방 교육 확대, 온라인 매체를 통한 마약 폐해 정보 제공 및 예방 교육 등이 있다.

또한 중독 상담, 재활 교육, 회복 관리로 마약 중독자의 사회복귀를 돕는다. 주요 내용으로는 마약중독 재활센터 3곳(서울, 부산, 대전[144]) 운영으로 중독자를 찾아 적절한 회복 관리 서비스를 제공한다. 외부 기관과 협력해 다양한 재활 교육 프로그램을 운영하며, 기소 유예자와 수강명령 대상자에게 재범 예방 교육을 실시한다. 이 사업은 마약 중독자의 재범 방지와 사회적 기능 회복을 목표로 한다.

(ii) 중독관리통합지원센터[145]

2000년 당시 4개의 지역에서 알코올 상담 시범사업 추진을 목적으로 설립된 중독관리통합지원센터는 현재 전국에 53개가 설치되어 있다. 이 53개의 센터가 마약 및 중독 치료 및 재활 서비스로 안내하는 게이트웨이(gateway) 역할을 담당한다. 2014년 알코올·약물·인터넷·도박 중독 등 중독분야를 네 분야로 확대하여 관련 서비스를 제공하고 있다.

상세 업무로는 중독대상자 재활, 위기 개입, 가족 관련 프로그램, 예방 캠페인·교육, 사례관리로 크게 나눌 수 있으며, 주로 사례관리에 집중하고 있다.

국내 중독센터는 255명의 적은 중독 관리 전문 인력으로 300만 명 이상의 중독 대상자를 관리하고 있다. 다양한 펀딩을 통하여 중독관리 서비스의 제공 재원을 충분하게 확보하고 있는 미국과 달리 중독 치료 프로그램을 적절히 제공하기에 부족한 재원 하에 국내 중독센터가 운영되고 있다.

---

144 2023년 7월 개소한 대전 센터는 청소년을 위한 개인·부모 상담, 미술 등의 야외 활동, 건강한 친구 관계 형성 등 다양한 청소년 맞춤형 프로그램 운영할 계획이다.

145 전교연 외 공저, "지역사회 중독관리 서비스 현황: 중독관리통합지원센터를 중심으로", 중독정신의학 제21권 제2호(2017), 115-123면.

② 미국

(i) 약물 법원

약물 법원은 '치료조건부 기소유예'를 통하여 '형사 사건 처리와 마약 치료를 통합하는 시스템'이며, '마약 사건 신속 관리 프로그램'(EDCM: Expedited Drug Case Management)'으로 법원이 개입한다.[146] 약물 법원에 공통되는 주요 내용으로는 ① 프로그램이 1년 이상 지속되며, ② 해독 또는 약물 재사용(relapse) 등의 경우로 한정하여 입원(inpatient) 조치를 취하거나 통원 조치(outpatient)를 시행하며, ③ 약물 의존자의 약물 재사용은 당연히 예상되는 것이므로 프로그램의 진행 과정에서 약물 재사용이 발각되어도 그 즉시 대상자를 프로그램으로부터 제외하는 것이 아니라 단계적인 제재로 대응하며, ④ 법원에의 정기적인 출두를 중심적인 요소로 요구한다.[147]

약물 법원의 궁극적인 목표는 참여 대상자의 재범 예방으로, 치료 프로그램의 정상적인 종료 이후에는 수료증이 발급되며, 판결유예 또는 집행유예 등이 이루어진다. 그러나 종결 실패 시에는 본래의 형사소추 절차가 이행되어 형벌 또는 사회봉사, 구치소 구금 등의 제재가 행해진다.

약물 법원 운용 결과, 과거 7년 동안 3만여 명이 이 프로그램을 거쳤으며 70% 이상이 성공적으로 참가하거나 이수하였고, 재범률이 감소하였다고 보고되었다. 또한 비용 부분에서도 미국 교정시설의 과밀 수용 문제를 해결하는 데 도움을 주었다. 또한 약물 법원의 치료 프로그램 참가자 1인당 대략 4,000~12,000달러 비용의 절감효과가 있다고 평가되었다.[148]

(ii) 정신건강서비스국 (SAMHSA)

보건부(HHS) 산하의 약물 남용 및 정신건강서비스국(Substance Abuse and Mental Health Administration, 이하 'SAMHSA')은 약물 남용의 영향을 최소화하기 위하여 예방, 치료, 회복프로그램 자금 지원을 제공하고, 약물 남용과 정신건강에 관련 데이터

---

146 김은경, 마약류 사용 사범에 대한 형사절차상 치료적 개입방안, 한국형사정책연구원 연구총서 (2005), 17-361면 참조.

147 김지웅/김상운, "마약류 사범 재범 방지를 위한 방안 연구", 문화와 융합 제45권 제3호(2023), 469-479면.

148 장성원, "약물 사범에 대한 치료적 개입시스템과 전환프로그램", 경찰학논총 제6권 제1호(2011), 233-261면.

와 정보를 수집하고 보급하는 역할을 한다.[149]

SAMHSA는 보조금을 통하여 예방 프로그램과 조기 개입 활동, 교육과 훈련, 치료 서비스 등의 활동을 지원하며,[150] 보조금의 형태는 일괄 보조금(block grants)과 기타 공식 및 재량 보조금 등이 있으며, 지방의 지역사회와 연방기금을 제공한다.

③ 일본

(i) 다르크(DARC)[151]

일본의 다르크(Drug Addiction Rehabilitation Center)는 약물 또는 알코올 의존증에서부터 회복하여 사회복귀를 지원하는 치료 회복 시설이다. 운영진은 약물 의존을 극복하고 회복한 구성원이 중심이며, 의료 기관 등과 연계하여 회복프로그램을 제공한다. 다르크는 약물이나 알코올과의 단절을 목표로 하지 않고, 회복을 강조한다. 지역 사회 내에서의 회복을 지원하고 실천하며, 당사자 상호 간의 연결을 통하여 회복의 계기를 주체적으로 끌어내는 '공생 관계'를 구축한다는 취지이다.

또한 다르크는 치료 또는 의료 기관, 사법 교정기관과 연계하여 관련 프로그램을 운영하는 경우가 많다. 2018년 기준 100여 개의 다르크에서 연간 약 2천 명이 치료 프로그램에 참가하고 있으며, 다르크 시설 거주자의 6개월간의 단약률은 대략 87%로 전문 치료기관 보다 훨씬 높은 수치를 보이고 있다.[152]

(ii) 아파리(APARI: Asia Pacific Addiction Research Institute)[153]

일본의 다르크 회복 시설은 중독자가 주체가 되어, 그룹 회의를 중심으로 중독으로부터의 회복을 목표로 한다. 1985년 다르크로 시작하여 법률사무소, 병원, 데이 케어, 야간 케어 등과 같은 복수 기관을 종합하여 지역 내 약물 중독자의 응대를 한곳에서 가능하도록 다르크의 부속기관인 '아파리(APARI)'라는 민간 비영리 단체(NPO:

---

149 이주용 외 공저, "마약류 사용자 치료·재활 체계 개선을 위한 해외 사례 비교연구: 미국, 일본, 싱가포르를 중심으로", 한국중독범죄학회보 제13권 제3호(2023), 169-193면.

150 이주용 외 공저, 위의 논문, 169-193면.

151 강선경/차명희, "일본의 약물 중독치료 시설인 다르크(DARC)의 동향 분석 -역사적 선도성의 관점에서 본 지역의 역할", 한국지역사회복지학(2019). 25-41면.

152 연합뉴스, 2023.07.15., "미래세대가 죽는다. 다르크 혐오 논란...마약재활센터가 유해?", https://www.yna.co.kr/view/AKR20230712088200518.

153 강선경/차명희, "약물중독 상담의 비밀유지 윤리와 사법 및 의료지원에 대한 연구: 일본 약물중독 시설인 '아파리(APARI)'를 중심으로", 환경철학 제28호(2019), 67-93면.

Non-Profit Organization) 법인을 설립하였다. 아파리는 사법 지원, 시설 운영, 연구 및 계몽 활동, 가족 교실, 전화상담 업무, 강연 활동, 다른 기관과의 연계 등의 활동을 한다.

④ 시사점

미국의 마약 통제시스템은 1970년 '마약과의 전쟁'을 선포하며 처벌 위주의 통제 정책을 진행하였지만, 효과성이 높지 않아 1973년 법무부(MOJ) 산하 '마약수사청 (DEA: Drug Enforcement Administration)'을 설립하였다. 「규제 약물법(Substance Act)」에 의거하여 2021년을 기준으로 9,848명의 직원과 연간 약 4.5조 원(3.28 Billion 달러) 이상의 예산을 지닌 거대 조직으로 알려져 있다. 이후 1972년에는 「마약 남용 및 치료법(Drug Abuse and Treatment Act)」이 통과되면서 처벌 위주에서 치료 및 재활로 균형적인 정책을 병행하여 실시하고 있다. 이처럼 미국은 현재 통합관리시스템의 컨트롤 타워인 DEA와 관련 부처와의 적극적 협조를 통하여 마약 문제에 관하여 신속하고 전문적으로 대처하고 있다.[154]

약물중독 서비스에 있어서 한국과 일본의 유사점은 국가가 주도한다는 점에 있다. 한국은 보건복지부를, 일본은 후생성을 필두로 산하 기관에 연계하고 있다. 또한 중독문제를 모두 사회문제로 보고, 치료와 재활에 매진하고 있다. 양 국가의 차이점은 일본은 약물중독 대처에 독자적인 충분한 예산을 편성하여 홍보, 예방 교육을 실행하고 있지만, 한국은 마약, 도박, 알코올, 인터넷 등의 4대 중독을 전체 중독 범주로 포함하여 치료하여 전문적인 도움을 받기가 어렵다는 점에 있다. 중독 관련 사업을 이끄는 컨트롤 타워가 부족하며, 민간 협력 분야에서 한국은 극소수 중독자만을 관리하지만 일본은 민간이 지역사회 안에서 중독 시설을 마련하여 적극적이고 지속적인 치유가 되도록 노력하고 있다. 일본과 같이 우리도 전문 통합관리 전문 치료센터가 필요한 이유라고 하겠다.

아울러 국내의 중독관리통합지원센터와 중독재활센터는 적은 인력과 예산으로 급증하고 있는 중독자의 치유를 전담하고 있다. 이를 해결하기 위해 소규모보다 대규모 센터를 개청하여 사례관리에 집중하고 행정업무의 비중을 줄이는 등 분담을 통한 업무 효율화를 추진해야 할 것이다.

---

[154] 신재우/이완희, "미국 마약 통합 관리 시스템을 통한 한국의 마약정책 고찰", 한국범죄심리연구 제19권 제4호(2023), 79-96면.

제 2 절 | 해외의 재범 고위험군 관리제도

미국, 영국, 독일 등의 나라들에서는 재범고위험군의 차별적 처우에 관한 국민적인 공감대가 형성되어, 국가기관 및 민간 차원에서 출소 후에도 이들의 관리를 가능하게 하는 제도들을 시행하고 있다. 이 제도들은 주로 재범 고위험군이 출소 이후 지속적인 치료적 개입을 받으며, 지역사회의 안전을 보장하기 위해 특별한 형태의 주거시설이나 전문 치료 시설에서 생활한다. 또한, 재활, 치료 및 감시 감독을 지속적으로 받는다. 출소 후 재활과 치료를 위한 프로그램 참여와 사회 재정착을 위한 임시적인 주거 제공은 국내의 법무보호복지서비스와 유사하나, 해외의 고위험군 관리제도는 자발적인 참여를 넘어 형법 및 민법상의 근거를 갖추어 법적으로 구속력 있는 제도를 운영하고 있다. 이에 현재 재범 고위험군의 출소 이후 사회 내에서 구금 및 강제적인 치료 제도를 운영하고 있는 해외의 법안과 그 운영 방법을 살펴보기로 한다.

I 미국의 성폭력 포식자(Sexually Violent Predator) 법

미국에서는 1990년 발생한 아동 성폭행 사건을 계기로 「지역사회 보호법(Community Protection Act of 1990)」이 제정되어 기존의 일반 민사 집행 절차에 따라 위험한 성범죄자를 예방 구금할 수 있는 새로운 민사 집행 계획을 만들었다.[155]

1990년 워싱턴 주에서의 처음 제정된 Sexually Violent Predator(SVP) 법은 성폭력 범죄자 중에서도 특히 높은 재범 위험을 가진 개인들을 대상으로 하는 법적 체계다. 이 법은 주로 그러한 개인들이 형을 마치고 사회로 복귀할 때 추가적인 구금과 치료를 통해 사회의 안전을 확보하기 위해 마련되었다. 법의 적용을 받으려면 범죄자가 심각한 성범죄를 저지른 이력이 있어야 하며, 전문가의 평가를 통해 여전히 공공에 위험을 줄 수 있는 상태로 판단되어야 한다.

SVP 법은 법원에서 해당 범죄자에 대한 상세한 심리평가와 청문회를 통해 적용 여부를 결정한다. 이 과정에서 정신건강 전문가들이 범죄자의 성적 동기, 과거 범죄

---

155 이수정/신나영, "재범고위험군(성범죄, 중독범죄, 정신질환 범죄)의 관리체계 구축을 위한 연구용역"(2022), 5-8면.

행동, 잠재적인 위험성 등을 평가하여, 범죄자가 사회로 복귀하는 것이 적절한지 판단한다. SVP 법으로 지정된 개인은 보통 국가가 지정한 정신건강 시설에서 장기간 치료를 받으며, 이는 감옥 내 치료 프로그램보다 더 집중적이고 전문적인 접근을 포함한다.

이 법률은 주마다 다소 차이가 있으나, 공통적으로 범죄자의 사회적 재통합을 준비하는 동시에 사회를 보호하는 두 가지 목적을 달성하려고 한다. SVP 지정은 일시적이거나 영구적일 수 있으며, 개인의 진전 상태에 따라 주기적인 재평가를 통해 지속적으로 관리된다. 이러한 체계는 성폭력 범죄의 심각성과 재범의 위험성을 고려하여, 특정 범죄자들에게는 강력하고 구속력 있는 치료 및 관리를 제공하려는 미국 내 법적 노력의 일환이다.

Ⅱ 호주의 위험한 죄수(성범죄자) 법(Dangerous Prisoner (Sexual Offenders) Act)

1990년대 초반부터 호주의 여러 주 정부는 수감 기간이 곧 종료되는 소수의 고위험 범죄자를 가장 잘 관리할 수 있는 방법에 대해 우려해 왔다. 이에 빅토리아주를 포함한 호주의 5개 주는 지역사회에서 성범죄자를 감독할 수 있는 위험한 수형자(성범죄자) 법(Dangerous Prisoners (Sexual Offenders) Act)을 도입하였다.

이 법의 목적은 지역사회의 적절한 보호를 보장하기 위해 특정 부류 수감자의 지속적인 구금(continued detention in custody) 또는 감독 하에 석방을 제공하고, 특정 부류의 피구금자에 대한 지속적인 통제, 보살핌 또는 치료를 제공하여 그들의 재활을 용이하게 하는 것이라고 명시하고 있다. 호주 형기 종료 후 예방적 구금 명령(Post-sentence preventive detention)은 최대 3년까지 내려질 수 있으며 매년 대법원의 심사를 받아야 한다. 소수의 심각한 성범죄자들만이 형 집행 이후 구금 명령을 받았고 호주 법무부는 구금 명령의 대상이 되는 범죄자에 대한 월간 보고서를 받고 그들의 행동, 위험 및 진행 상황을 1년에 2회 검토한다. 이러한 보고서 검토는 범죄자를 면담하고 치료 및 재활 서비스에 계속 참여할 수 있도록 하는 중요한 역할을 한다.[156]

---

156 Winks, T. "Human rights, proportionality and Queensland's Dangerous Prisoners(Sexual Offenders)Act 2003"(2021). [Journal Article].

Ⅲ 독일의 보호감호(Sicherungsverwahrung) 제도

독일의 보호감호제도는 범죄 예방에 초점을 두는 제도이다. 범죄 예방은 사회를 범죄자로부터 보호한다는 예방적인 의미로써, 형이 종료된 후 정신병원 수용 또는 보호감호(Sicherungsverwahrung) 등의 조치 등을 포함한다.[157] 1998년 1월 26일부터 독일은 강력범죄자 및 성범죄자에 대한 처벌을 강화하기 위해 보호감호제도를 강화하였다. 이전에는 보호감호의 최대 기간을 10년으로 제한하는 규정이 있었으나, 이를 폐지하여 범죄자에게 필요에 따라 평생 감호처분을 내릴 수 있도록 하였다. 또한, 재범 가능성이 높은 범죄자를 대상으로 한 사후적 보호감호법을 새롭게 도입하였다. 이 법안은 교도소에서 심리적 및 물리적 치료를 거부하는 이들에 대해 출소를 차단함으로써, 사회로부터 재범의 위험을 차단하고 사회의 안정을 추구하는데 목적을 두고 있다.

Ⅳ 네덜란드의 TBS System(ter beschikking stelling)

네덜란드의 TBS System이란 'terbeschikkingstelling'의 약자로 '정신과 치료를 받을 수 있도록 함'이라는 의미이다. 이러한 TBS system은 형벌이라기보다는 법원이 부과할 수 있는 치료 명령으로 법원은 아래에 해당하는 범죄자에 대해 강제 정신과 치료와 함께 병원 명령을 부과할 수 있다. 이러한 병원 명령에 따른 구금은 네덜란드에 유일하다[158]

다른 나라에서는 사람들을 감옥이나 정신과 시설로 보내나 법의학 병원에서는 두 기관의 조합된 형태로 네덜란드에서만 존재하는 것이다. 정신병적 장애(Psychotic disorder)가 있는 TBS 환자의 비율은 현재 약 25%-30%이며, 60% 이상이 약물 남용 이력이 있고 약 13%는 IQ가 80.5 미만의 경계성 지능을 가지고 있다. TBS System

---

157 Basdekis-Jozsa, R., Mokros, A., Vohs, K., Briken, P., & Habermeyer, E. "Preventive detention in Germany: An overview and empirical data from two federal states." Behavioral Sciences & the Law 31(3) (2013), 344-358면.

158 Boer, J. D., & Gerrits, J. "Learning from Holland: the TBS system. Psychiatry MMC" (2007). 459-461면.

은 재범 고위험군 범죄자의 재범률을 줄이는 데 성공한 것으로 간주되고 있다.

V 스위스의 감호처분(Verwahrung)

스위스 형법 제64조 감호처분(Verwahrung)을 규정하고 있다. 보호수용(Verwahrung)은 스위스의 범죄예방 법률에 따라 특히 위험한 범죄자들을 대상으로 하는 조치이다. 이 제도는 범죄자가 형을 마친 후에도 여전히 공공에 위험을 줄 수 있다고 판단될 때 적용된다. 범죄자의 재범 위험성은 심리적, 사회적 평가를 통해 결정되며, 이는 주로 전문가의 심리 평가에 의존한다. 보호수용은 법원의 명령에 의해 이루어지며, 종종 정신 질환자 치료 시설에서의 수용을 포함할 수 있다. 스위스 법은 이러한 수용이 헌법에 부합하도록 엄격히 규제하고 있으며, 적절한 법적 절차를 요구한다.

수용의 연장은 정기적인 재심의를 통해 결정되며, 수용자의 상태 개선 가능성을 주기적으로 평가한다. 보호수용의 목적은 사회로부터의 위험을 방지하는 것이며, 이는 피수용자의 권리와 사회의 안전 사이의 균형을 맞추는 과정에서 이루어진다. 이 제도는 법적 도전과 인권 문제에 대한 논쟁의 대상이 되어왔다. 유럽인권재판소(ECtHR)는 이러한 수용이 인권을 침해하지 않도록 특정 조건 하에만 허용될 수 있다고 판결하였다. 스위스의 보호수용 제도는 재범 위험이 높은 범죄자들을 관리하면서도 연속적인 법적, 윤리적 검토를 요구한다.[159]

VI 시사점

미국, 호주, 유럽 등의 국가에서는 이미 수년 전부터 재범 고위험군에 대한 우려와 지역사회 보호를 위한 다양한 체계적인 관리가 이루어지고 있으며 제도의 효과성은 이미 축적된 연구 및 감소된 재범률에 의해 입증되었다. 더욱 눈여겨볼 것은 이들 국가에서는 고위험 범죄자들을 치료가 필요한 존재로 인식하여 통제와 처벌보다는 지속적이고 체계적인 치료와 재활을 중점으로 운영하고 있다는 점이다.

---

159 Wolff, H., & Kasztura, M."Independent monitoring of prisons: The work of the European Committee for the Prevention of Torture in Switzerland. Revue medicale suisse" 18(789) (2022), 1365-1368면.

반면에 우리나라의 현행 제도는 높은 형량, 수형 기간 내의 짧은 처우, 감독 중심의 보호관찰 등 처벌적인 제도에 한정되어 있는 실정이다. 이는 재범 고위험군에 대한 재범 위험 요인을 살피지 않고, 주로 오랜 수형 생활을 한 고위험 범죄자의 요구를 간과한 채 아무런 준비 없이 고위험 범죄자를 지역사회에 내던져 놓은 것과 다를 바 없다. 이에 절을 바꾸어 지역 사회 보호와 출소한 고위험 범죄자의 효과적인 지역 사회 적응을 위한 치료적 개입 방안과 출소 후 범죄자에 대한 지원, 교육 등의 법무보호복지서비스를 제공하고 있는 공단의 발전된 역할을 제안해 보고자 한다.

제 3 절 │ 재범 고위험군 통합관리

I 리엔트리(Re-entry) 기반 사회복귀 정책

1. 개념

리엔트리(Re-entry)는 교정시설에 수감된 범죄자들이 출소 전후에 일반 사회에 적응해 나가는 모든 과정을 의미한다. 이는 국가가 출소 직전에 제공하는 사회복귀 지원 활동을 포괄한다. 일반적으로 출소 전 3개월에서 6개월, 출소 후 3개월에서 6개월이 가장 중요한 적응 기간에 해당한다. 리엔트리는 단순한 사회복귀 서비스 제공을 넘어, 교정시설 내에서의 교정 활동과 지역사회 내에서의 교정 활동을 포함하는 재소자의 사회 적응 기간에 적용되는 모든 활동을 의미한다.

2008년에 제정된 미국의 「Second Chance Act」(제2의 기회법)은 출소자들이 교도소를 떠나기 전부터 세밀하게 준비해야 한다는 점을 강조한다. '재소자 리엔트리(Prisoner Re-entry)'라고도 명명되는 이 법은 출소자의 사회복귀 과정을 돕기 위한 종합적인 프로그램이다. 이는 단순한 지원 서비스 제공을 넘어, 재판, 처벌, 교정의 관점에서 출소자를 돕는 하나의 통합된 접근 방식이다. 이 법을 통해 연방정부는 출소자를 돕기 위한 실질적인 프로그램을 지원할 수 있도록 재정적인 지원 규정을 마련했다.

미국의 리엔트리(Re-entry) 정책은 엄격한 형벌이나 장기 수감보다는 다양한 사회복지 서비스, 엄격한 중간 처벌, 그리고 효과적인 지역사회 프로그램을 통해 범죄자의 행동을 수정하고 재범을 방지하는 것이 더 중요하다고 본다. 보호관찰 조건을 위반했다고 해서 무조건 교도소에 다시 보내기보다는, 중간 처벌이나 복지서비스를 제공하는 것이 더 필요하다고 보고 있다. 특히 출소자가 사회에 잘 적응하고 복귀하지 못하면, 전통적인 법 집행, 사법행정, 교정 행정의 운영 비용이 오히려 증가한다는 사실이 밝혀졌다.

2. 「Second Chance Act」(제2의 기회법)

미국의 「Second Chance Act」(제2의 기회법)는 2000년대에 출소자들이 경험하는 '보이지 않는 차별'이 심각하다는 문제 인식을 바탕으로 만들어진 법안이다. 이 법안은 출소자들이 겪는 편견과 차별을 없애기 위해 제정되었다.

이 법은 세 가지 주요 활동을 강조한다. 첫째, 출소자들이 범죄를 저지르게 된 '근본적인 원인'을 재판 단계에서부터 명확하게 파악해야 한다고 주장한다. 이는 단순히 범죄자를 지원하는 것이 아니라, 리엔트리를 기반으로 한 근본적인 문제해결에 초점을 둔 활동이다. 둘째, 지역사회에서 연방정부의 충분한 자금 지원을 받아 리엔트리 법원 등을 보다 확충하여 운영해야 한다고 강조한다. 마지막으로, 조기 석방 조건부 리엔트리 구금(Pre-Release Custody: PRC) 프로그램을 통해 문제를 해결하려고 한다. 이 법안은 출소자 리엔트리 활동에 대한 재정적 지원을 명확히 규정하고, 활동을 명시하며, 기존의 전통적인 법원 운영 방식과는 다른 리엔트리 중심의 패러다임 변화를 제시한다. 이는 우리나라 형사사법 체계에도 큰 의미를 가진다. 특히 '조기 석방 조건부 리엔트리 구금(PRC)' 내용은 매우 중요한데, 이 법률 조항은 지역사회 내 리엔트리 관련 거주시설에 형기의 일부를 의무적으로 거주하도록 하는 조건부로 재소자의 조기 석방을 허용하는 것이다. 동법 제251조(Sec. 251)는 사회 재통합을 위한 '당근과 채찍'을 고루 활용하는 방법을 잘 보여주는 사례다.

3. 리엔트리 법원(Re-entry Court)

리엔트리 법원은 문제해결 법원(Problem Solving Court)의 유형으로써, 주로 반복적으로 범죄를 저지르는 상습 범죄자, 즉 재범 고위험군의 문제를 해결하는 것을 재판의 핵심으로 삼는다. 이 법원은 양형 과정에서 범죄의 근본 원인을 해결하는 방식으로 판결을 내리고, 그 효과성을 지속적으로 평가한다는 점에서 기존 법원과 차별화된다. 리엔트리 법원은 다음의 요소를 핵심으로 운영되고 있다.

① 상습 범죄자 대상: 범죄 전력이 많은 상습 범죄자를 주 대상으로 한다. 재범을 한 출소자를 주요 대상으로 삼는다.
② 취약한 재범 유발 상황: 사회적응에 어려움을 겪는 정신질환 범죄자나 위험한 환경에 처한 범죄자를 주요 대상으로 다룬다. 정신질환 및 중독문제를 가진 전과자를 주요 대상으로 간주한다.
③ 근본적 문제해결: 상습 범죄자의 근본적인 문제에 초점을 둔다. 단순히 범죄행위의 유무죄를 다루는 것을 넘어서, 교정 프로그램·적극적인 개입 활동·교정처우 서비스 등을 통해 문제를 해결하고자 한다.
④ 성실한 이행 확인: 범죄자를 대상으로 처벌 내용 또는 프로그램 참여의 성실한 이행 여부를 확인한다. 제재의 취소 또는 변경 등을 신속하게 결정해 형벌 이행 태도를 빠르게 확인해 나간다.
⑤ 팀 단위 사례관리: 팀 단위의 사례관리 방식을 고수한다. 범죄자의 인지행동 수정을 위해 다양한 관련 기관과 팀 단위로 협력하여 운영한다. 처벌 과정을 모니터링하면서 다양한 기관과 함께 법원을 구성하여 업무를 진행한다.

이를 통해 「Second Chance Act」(제2의 기회법)을 근거로 한 리엔트리 법원은 출소자의 안정적 사회 재적응을 목적으로, '출소 준비와 출소 후 적응 과정'을 중시한다는 사실을 알 수 있다.

4. 시사점

우리나라의 「보호관찰 등에 관한 법률」은 보호관찰과 법무보호복지의 내용을 다루고 있으나, 두 업무의 성격이 다소 다름에도 불구하고 하나의 법률에서 다루고 있다. 이는 리엔트리 활동과 관련된 구체적인 업무 영역, 담당자의 재량, 시설 운영 내용 등이 명확히 언급되지 않아 재범 고위험군 방지에 있어 핵심적인 리엔트리 활동이 법적 근거를 가지지 못하는 상황을 초래하고 있다. 따라서 현행 법제가 리엔트리를 중요한 활동으로 간주하지 않는 점을 개선할 필요가 있다.

특히, 법무보호대상자의 안정적인 리엔트리를 위해 지역사회 거주 지원 서비스와 의무 잔형 거주기간을 연결하는 규정이 필요하다. 미국의 사례를 벤치마킹하여 여성,

노인, 청소년 법무보호대상자를 위한 맞춤형 리엔트리 프로그램을 활성화하고, 범죄자 처우 개별화 전략을 적극적으로 적용해야 한다. 경찰·검찰·법원·교정·보호관찰 기관은 출소 전부터 출소 이후까지 다양한 리엔트리 활동을 준비해야 한다. 법무보호복지 중심의 리엔트리 활동이 이제는 독자적인 법률안에 기반하여, 형사사법 시스템 내 핵심으로 부상해야 할 것이다.

Ⅱ 통합관리 전문 처우 센터 건립

최근 재범 고위험 범죄자의 심각한 범죄를 방지하기 위해 다양한 형사사법적 대책이 도입되었음에도 불구하고 재범률이 유의미하게 낮아지지 않는 것은 우리나라의 재범 고위험군 관리제도의 문제점에 기인한다고 볼 수 있다. 외국에서는 재범 고위험군을 통제와 격리가 아닌 치료와 재활이 필요한 대상으로 인식하여 제도를 설계하고 있으나, 국내 범죄자 관리 시스템은 주로 통제와 감시에 초점을 두고 있다. 보호관찰 제도는 통제와 감시에 목적을 두고 있으며, 법무보호복지서비스는 지역사회 생활에 필요한 기본 자원 제공에 그치고 있다.

따라서 우리나라도 재범 고위험군의 특수성을 인식하고, 이들의 재사회화를 위한 전문적인 치료와 재활을 목적으로 한 '재범 고위험군 통합관리 전문 처우 센터'의 건립이 필요하다. 공단은 다양한 법무보호서비스 제공 시스템과 자원을 갖추고 있어 재범 고위험군을 즉각적으로 관리할 수 있다. 재범 고위험군의 특성에 맞는 치료가 핵심이며, 이를 통해 건전한 사회복귀를 목적으로 하기 때문에 전문적인 치료와 함께 다양한 사회 기술 습득을 위한 프로그램도 포함된 종합적이고 통합적인 지원이 필요하다.

Ⅲ 법무보호복지서비스에 관한 고유의 법률 제정

현재 우리나라의 재범 고위험군 관리제도는 다양한 대책이 도입되었음에도 불구하고 재범률이 여전히 높다. 이는 관리 시스템의 비효율성 때문이며, 외국과 달리 국내 시스템은 통제와 감시에 중점을 두고 있다. 보호관찰 제도는 주로 통제와 감시에 목적을 두고 있으며, 법무보호복지서비스는 기본 자원 제공에 그친다.

이 문제를 해결하려면 재범 고위험군의 특수성을 인식하고, 이들의 재사회화를 위한 전문적인 치료와 재활을 목적으로 한 '재범 고위험군 통합관리 센터'를 설립해야 한다. 공단은 다양한 법무보호복지서비스 시스템과 자원을 갖추고 있어 즉각적인 관리가 가능하다. 특히 재범 고위험군의 특성에 맞는 치료가 중요하며, 이를 통해 사회복귀를 돕기 위해 전문 치료와 사회 기술 습득을 위한 종합적 지원이 필요하다.

그러나 현재 관련 법안들은 제정이 지연되고 있으며, 독자적인 법안이 없다. 현행법은 보호관찰과 법무보호를 하나의 법률에 규정하고 있어 명확하고 세분화된 규정에 한계가 있다. 공단은 다양한 사업을 확대하고 있지만, 법적 근거 부족으로 인해 협력에 어려움을 겪고 있다. 또한, 법무보호대상자의 사회복귀와 재범 방지를 위해 정보공유가 필수적이나, 법적 근거가 없어 효과적인 지원과 관리가 어렵다.

재범 고위험군의 경우, 심리치료와 맞춤형 지원이 필요하며, 교도소 생활과 심신상태 등의 정보를 기반으로 한 지원이 필수적이다. 이들의 관리는 지역사회의 안전과 재사회화를 목표로 하며, 중독범죄자의 경우 지속적인 치료가 중요하다. 치료 중단을 방지하기 위한 법적 권한이 부족한 상황에서, 법무보호복지서비스는 중요한 역할을 해야 한다. 따라서, 관련 법률의 제정 및 개정이 시급하다. 이와 관련하여 자세한 내용은 장을 바꾸어 살펴보기로 한다.

제4장
재범방지법 제정[160]

재범방지법 제정의 필요성

현재 「보호관찰 등에 관한 법률」(이하 '보호관찰법')에 갱생보호 조항을 포함하는 현 체계는 여러 문제가 있으며 이에 대한 비판이 많다. 이 법의 제정 이유는 법무보호대상자의 사후 관리 법령이 이원화되어 효율적이지 않다는 점에서 출발했다. 보호관찰은 국가의 감시를 통해 범행을 직접 방지하는 데 중점을 두고 있으며, 법무보호는 법무보호대상자의 사회활동 복귀를 촉진하여 재범을 간접적으로 방지하는 사회복지적 차원의 제도이다. 그러나 보호관찰법은 이 두 가지 성격이 다른 제도를 하나로 묶어 규율하고 있어 여러 문제가 발생하고 있다.

첫째, 보호관찰은 재범 방지를 위한 직접적 감시와 통제에 중점을 두는 반면, 법무보호는 법무보호대상자의 사회복귀와 재범 방지를 목표로 한다. 법무보호는 사회복지적 성격이 강하며, 보호관찰은 형사사법적 성격이 강하다. 현재 법체계에서는 이두 제도가 보호관찰법 내에서 함께 규율되며, 이는 법무보호의 전문성과 독립성을 침해할 수 있다.

둘째, 보호관찰법의 제정 이유는 법무보호대상자 사후 관리의 이원화된 법령을 통합하여 효율성을 높이기 위한 것이었으나, 이로 인하여 보호관찰과 법무보호의 혼합으로 법적 안정성이 저해될 수 있다. 예를 들어, 법무보호사업 중 일부를 폐지하고 보

---

160 원혜욱, "법무보호대상자 지원에 관한 법률 제정의 필요성 및 규정의 검토", 법무보호연구 제1호 (2015)와 윤영석, "갱생보호법의 독립적 입법에 관한 재논의", 법무보호연구 제8권 제2호(2022)에 서 발췌.

호관찰업무에 통합하는 과정에서 권한 중복 문제가 발생할 수 있다. 이는 두 법률을 통합하지 않았다면 발생하지 않았을 문제이다.

셋째, 법의 명칭과 내용 간 불일치가 발생한다. 보호관찰법은 보호관찰에 관한 일반법적 지위를 가지지만, 그 안에 법무보호와 같은 성질이 다른 제도를 포함하고 있어 법의 명칭과 조문 내용이 일치하지 않는다. 이는 법무보호를 '보호관찰 등'으로 표현하여 법무보호가 보호관찰의 하위 개념이라는 오해를 초래할 수 있다. 또한, 성범죄 처벌 법률의 사례를 보면, 서로 다른 목적을 가진 법 조항을 하나로 통합하는 것은 효율적이지 않다. 예를 들어, 「성폭력 방지 및 피해자 보호 등에 관한 법률」과 「성폭력범죄의 처벌 등에 관한 특례법」과 같이 독립적으로 분리하여, 각각의 법적 영역을 명확히 함으로써 법 집행의 효율성을 높였다. 이와 같이, 보호관찰법과 법무보호법을 분리하여 각각의 목적에 맞게 운영하는 것이 바람직하다.

넷째, 공단의 성격과 지위가 모호하다. 1995년 보호관찰법 개정 당시 보호관찰과 법무보호를 통합하여 법무보호대상자의 효율적인 사후 관리를 도모하고자 했으나, 법무보호의 우선순위가 밀려 공단의 조직이 축소되었다. 공단은 사적 기관으로서의 성격을 지니고 있으며, 민법상 재단법인 규정을 준용하고 있다.

결론적으로, 현행 보호관찰법은 보호관찰과 법무보호의 특성을 제대로 반영하지 못하고 있으며, 법적 안정성과 효율성을 저해한다. 따라서 보호관찰법과 법무보호법을 분리하여 각각의 목적에 맞게 운영하고, 법무보호의 전문성과 독립성을 확보할 필요가 있다. 또한, 법적 근거를 명확히 하여 보호관찰과 법무보호의 협조 관계를 강화하는 것이 중요하다. 이를 위해 법무보호대상자 지원을 주요 내용으로 하는 독자적인 법률 제정이 필요하다. 한국법무보호복지공단도 대한법률구조공단과 정부법무공단처럼 독자적인 법률에 근거해 운영되어야 할 것이다.

1. 「출소자 등 사회 정착 지원에 관한 법률(안)」[161]

(1) 주요 내용

앞 절에서 논한 사항을 반영하여 발의한 「출소자 등 사회 정착 지원에 관한 법률(안)」 제2조(정의) 제1호는 법무보호복지사업을 법무보호대상자의 사회복귀에 필요한 사항을 지원하는 사회복지사업이라고 천명하여, 사회복지서비스로서의 특성을 분명히 하고 있다. 또한 동 법안에는 법무보호대상자 지원 프로그램의 다양한 운영을 위한 근거가 마련되어 있으며, 제도와 정책의 원활한 시행을 위한 재정적인 부분도 일부 반영되어 있다. 본 법안의 주요 내용은 다음과 같이 정리할 수 있다.

① 법무보호복지사업을 법무보호대상자의 조속하고 건강한 사회복귀에 필요한 지원을 제공하는 사회복지사업으로 정의하였다. 그리고 형사처분 또는 보호처분 대상자로서, 자립 기반을 위한 숙식제공, 취업지원, 주거지원 등의 물질적이고 정신적인 지원이 필요한 사람을 법무보호대상자로 정의하였다.

② 법무보호복지사업을 숙식제공, 취업지원, 주거지원, 의료지원, 사회성향상교육, 기타 지원 등 다양한 방법으로 법무보호대상자에게 제공되는 지원으로 유형화하였다.

③ 공단 또는 법무보호복지사업의 허가를 받은 자에게 법무보호복지시설을 설치하고 운영할 수 있게끔 하였다. 각 보호시설의 장은 운영 시설의 정기 및 수시 안전 점검을 실시하여야 하고, 필요한 경우에는 보호시설 운영자에게 시설의 보완 또는 개·보수를 명할 수 있도록 하였다.

④ 국가와 지방자치단체는 공단 및 법무보호복지사업자에게 필요 비용을 지원할 수 있고, 국세·지방세 감면 및 국유·공유 재산 대부 등의 조치가 가능하다.

⑤ 법무부장관은 법무보호대상자 고용 사업주에게 대통령령에 따라 필요한 지원을 행할 수 있다.

⑥ 법무부장관은 공단 및 법무보호복지사업자의 사업 시행 결과를 평가하고, 공단과 사업자에 대한 감독·지원 등에 해당 결과를 고려하도록 하였다.

---

[161] 제21대 국회 법제사법 위원회 제안(2021.04.23.) 후 임기만료 폐기, 자세한 내용은 부록 참고.

(2) 의미

「출소자 등 사회 정착 지원에 관한 법률(안)」은 법무보호복지 영역에서 중요한 발전을 이루었다. 첫째, 보호관찰법의 일부로 존재하던 법무보호사업을 독립된 법률로 분리하여 보호관찰과 법무보호의 구분을 명확히 했다. 이는 갱생보호가 보호관찰의 하위개념이 아니라는 점을 분명히 하여, 보호관찰과 법무보호가 각자의 독립된 역할을 수행하고 있음을 강조했다. 따라서, 두 제도의 충돌 시 법무보호가 후순위로 밀리지 않고 독립적으로 평가될 수 있게 되었다.

법률안 전체에서 '갱생'이나 '갱생보호'라는 단어를 전면적으로 삭제하였고, 대신 '법무보호'라는 용어를 사용했다. 이는 갱생보호라는 용어가 비하의 의미를 포함하고 있어 이를 개선하고자 한 것이다. 법무보호라는 용어 사용은 법무보호복지사업 종사자의 자긍심을 높이고, 수혜자의 참여도를 증진시키며, 일반인의 거부감을 줄이는 효과가 있다. 이는 국가인권위원회의 권고에도 부합한다.

법무보호위원과 같은 자원봉사자에 대한 제도적 지원을 마련하고, 공단이나 법무보호사업자가 국유재산을 무상으로 사용할 수 있도록 했다. 또한, 법무보호대상자를 고용하는 우수사업주에 대한 우대 조치를 도입하여 법무보호복지사업의 활성화를 도모했다.

공단에 법무보호복지사업에 필요한 자료 제공 요청 권한을 부여하고, 법무부장관에게는 법무보호 지원을 받은 사람의 재범 여부를 조사할 수 있는 권한을 주었다. 이를 통해 법무보호복지사업의 성과를 효과적인 검증이 가능하게 되었다.

이 법률안은 법무보호복지의 독립성과 전문성을 강화하고, 법무보호사업의 효율성을 높이는 데 기여할 것으로 기대된다.

(3) 보완 필요 사항

① 법안명을 변경하여, 적용과 수범 범위를 확대할 필요가 존재한다. 현재의 법안명에 따르면 제정의 초점이 '출소자 등'과 그들의 '지원'에만 맞춰질 우려가 제기된다. 법무보호의 목적은 법무보호대상자의 건강하고 조속한 사회복귀를 수단으로 하여 재범을 방지하고, 궁극적으로는 안전한 사회를 구축하는 데 있다. 따라서 법안명을 「재범 방지법」 또는 「재범 방지 추진에 관한 법률」과 같이 변경하고, 재범을 방지하기 위한 범정부적 노력과 국가 차원의 재범 방지 계획 등을 수립하는 근거가 될 수 있도록 법안 내용 전반을 수정할 필요가 존재한다.[162]

---

162 일본은 범죄와 같은 악성 사회 현상을 줄이고 국민의 안전한 생활을 보장하고자 2016년 「재범 등

② 법안은 법무보호복지사업을 사회복지사업으로 명확히 규정하고 있다. 현행법에서도 갱생보호사업을 사회복지사업으로 분류하고 있기에 이는 당연한 규정이다. 다만, 사업의 주체가 민간일 경우 사회복지사업법에 따라 재정적 지원 등 다양한 혜택을 받을 수 있지만, 공단은 여전히 사회복지기관에 포함되지 않아 이러한 지원을 받지 못하는 문제가 남아있다. 앞으로 공단의 성격을 명확히 하여 다양한 프로그램 운영을 위한 법적 근거를 마련해야 한다.

③ 법안이 제정되면 법무보호대상자가 사회적 취약계층에 포함되어 지원을 받을 수 있는 제도적 장치가 마련된다는 점에서 긍정적이다. 그러나 법무보호대상자가 정부 또는 지역사회의 지원이 필요한 취약계층이라는 인식이나 정책적 배려는 아직 초기 단계이다. 법무보호복지사업의 다양화와 효율적인 운영을 위해 지역사회, 국가기관, 사회적기업 등의 공동 참여가 필요하다. 법안 제7조는 법무보호복지협의체 구성을 통하여 다양한 기관의 협력을 강화하는 방안이 규정되어 있지만, 협의체는 자발적인 참여로 구성되어야 한다. 지역사회와 사회적기업 등이 참여할 수 있도록 협의체의 구성 범위를 확대할 필요성이 존재한다.

④ 법무보호대상자의 재범을 방지하기 위한 법무보호복지사업은 각 법무보호대상자에게 적합한 지원을 제공해야 한다. 각자의 범죄유형과 개인적 특성이 다르기에 적합한 지원을 선택하여 제공해야 한다. 이를 위해 교정국 및 보호관찰소와의 협력이 필수적이다. 법안 제7조의 규정만으로는 이러한 협력관계 구축이 어려우므로 이를 위한 내용이 법안에 포함되어야 한다.

⑤ 법무보호대상자의 재범 방지를 위한 법무보호복지사업은 중요한데도 상대적으로 소홀히 취급되고 있다. 감사원의 평가 결과에 따르면, 범죄 예방 사업은 교정 사업에 비해 소홀히 추진되고 있다. 법무부장관은 범죄 예방 사업의 효과적 추진을 위하여, 숙식제공, 취업지원 등 법무보호복지사업에 지원을 확대하고, 고용노동부와의 협의를 통하여 더 많은 법무보호대상자가 혜택을 받을 수 있도록 해야 한다. 따라서 법무보호대상자 지원을 위한 다양한 사업이 명확히 규정되어 활성화되어야 하며, 국가와 지방자치단체가 정책을 수립하고 예산을 배정할 수 있도록 법적으로 명시해야 한다.

에 관한 추진에 관한 법률」을 제정하고, 범정부가 매년 「재범 방지 추진 백서」를 발간하며 관련 계획을 수립하고 있다.

제5장
복지를 넘어 인권으로

　제2차 세계대전이 끝난 후 아픔을 치유하고 그와 같은 비극의 재발을 막기 위해 1948년 12월 10일 유엔 총회는 세계인권선언을 채택한다. '모든 인류 구성원의 천부적 존엄성과 동등하고 양도할 수 없는 권리를 인정하는 것이 세계의 자유, 정의 및 평화의 기초'임을 전문에서 천명하고 있고, 제6조는 "모든 사람은 어디에서나 법 앞에 인간으로서 인정받을 권리를 가진다."고 명시하고 있다. 따라서 범죄자, 출소자, 갱생보호대상자, 법무보호대상자라는 명명과 상관없이, 너와 나 그리고 우리 모두는 인간이라는 이유만으로 존엄과 가치를 지니며 상호 간 존중 받아야 한다. 그리고 국가는 이러한 인간의 기본적 권리를 보장하여, 어느 누구도 소외되지 않고 행복한 삶을 유지할 수 있도록 노력해야 한다.[163]

　법무보호복지는 이러한 당연하고 보편적인 관점에서 비롯된 제도이다. 하지만 법무보호대상자는 일반 계층의 냉대와 우려 가득한 시선으로 소외받고, 신체 건강하며 어려운 생계를 극복하려는 근로 의지가 가득하지만, 출소자라는 낙인으로 인해 취업에 큰 곤란을 겪는 등 사회적 약자 계층에서도 벗어나 있어 '이중적 차별'을 몸소 견뎌내고 있다. 세계인권선언과 우리 헌법이 명문으로 외치고 있는 법무보호대상자 인권 보장의 현실 반영은 그리 녹록치 않다. 그래서 당연하고 마땅한 법무보호복지가 생소하게 다가오는 것이다.[164]

　피해의 극단화, 수단의 다양화, 재범률의 증가, 재범 증가의 가속화 등과 같은 현대의 범죄 양상에 비추어 보아, 범죄 예방을 통해 사회의 안전을 구축하고 평화로운 삶

163　「헌법」제10조 모든 국민은 인간으로서의 존엄과 가치를 가지며, 행복을 추구할 권리를 가진다. 국가는 개인이 가지는 불가침의 기본적 인권을 확인하고 이를 보장할 의무를 진다.

164　자세한 내용은 본 책 제1편 제1장 제1~2절 참조.

의 터전을 이루자는 주장에 반동하는 목소리는 거의 찾아볼 수 없을 것이다. 그렇다면 효율적이고 효과적인 범죄 예방 정책에 관한 논의로 귀결되는 바, 엄벌·엄단의 시기를 지나 현재의 교정 정책은 교화와 자립으로 초점을 맞추고 있다. 교화와 자립의 성취는 교정기관과 법무보호대상자의 의지만으로는 부족하다. 법무보호복지는 교화의 기반과 자립의 토대를 담당하여 진정한 갱생을 위한 제반 환경을 조성하고 있다. 이로 인해 법무보호대상자 개인의 자유와 평등과 같은 존엄성을 보장하고, 정의를 추구하여 사회를 통합하는 효과를 창출한다. 아울러 재사회화 과정을 지원하여 재범을 방지하고, 사회경제적 동력 창출과 범죄로 인해 낭비되는 사회적 비용을 절감하여 공공복지 증진이란 거시적 목표 달성을 위해 노력하고 있다.[165]

근대에 접어들어 민간의 주도로 시작되었다가 점차 공공의 영역으로 전환된 법무보호복지는 현재 적극적인 민·관 협력을 꾀하고 있다. 한국법무보호복지공단이란 공공기관을 주축으로 자원봉사자, 민간 법무보호복지사업자, 다양한 관련 단체 등과 협조체계를 구축하여 '통합적 범죄 예방 시스템'을 위한 다채로운 자양분을 뿌리내리고 있다.[166]

법무보호복지의 대상은 법무보호대상자와 그 가족이다. 그들이 겪어 온 과정의 진지한 고찰과 라포 형성이 없다면 법무보호복지는 내실 없는 그저 허상에 불과할 것이다. 법무보호대상자는 형사사법 체계 내의 다양한 처우 과정을 거쳐 법무보호복지의 영역에 진입한다. 또한 점차 시설 내 처우에서 사회 내 처우로 전환되는 과도기인 현재에는 법무보호복지가 시설 내 처우와 사회 내 처우의 연계에 있어 구심점으로 작동할 수 있다. 따라서 법무보호복지는 형사사법 체계와 떼려야 뗄 수 없는 상호 보완관계를 지닌다. 이를 위해서라도 법무보호복지는 범죄인 처우 등을 포함한 형사사법 체계의 최신 트렌드와 세계 각 국의 범죄 현상 등을 항상 주의 깊게 바라보아야 한다.[167]

공단이 주도하는 법무보호복지사업은 생활지원, 취업지원, 가족지원, 상담지원이란 대분류 하에 14개의 구체적 사업으로 진행된다. 하지만 각 영역의 사업이 독자적이고 독립적인 것은 아니다. 14개의 개별 사업은 각자 연계되고 연동되어, 기초적인 생활을 지원하고 주기적 상담을 통해 취업성공에 이바지하여 가족의 주거 안정에 이르기까지 '법무보호대상자와 가족을 향한 총체적 지원'이라는 하나의 궤로 엮을 수

---

165 자세한 내용은 본 책 제1편 제1장 제3절 참조.
166 자세한 내용은 본 책 제1편 제2장 참조.
167 자세한 내용은 본 책 제2편 참조.

있다.[168] 또한 다양하고 실질적인 지원이 가능하도록 끊임없는 사업 개선 노력으로 보호의 사각지대를 최소화하고 있다.

아울러 법무보호복지는 여기서 멈추지 않고 적용 범위를 점차 확장하기 위한 시도를 다방면으로 행하고 있다. 빅 데이터를 활용한 '법무보호지능센터(가칭)'건립, 대국민 인식개선, 새로운 형사처분과 회복적 사법의 대응, 해외 선진국의 법무보호복지 제도 고찰 등 복지국가화에 따른 법무보호복지의 발돋움을 보다 키워 나가고 있다. 아울러 「보호관찰 등에 관한 법률」을 넘어서 독자적이고 개별적인 법률을 마련하여 '법무보호'와 '보호관찰'을 명확히 구분하고, 법무보호의 형사사법 체계 편입을 위한 노력을 아끼지 않고 있다.[169]

이처럼 법무보호복지는 생소하지 않다. 다만 우리 곁의 그림자처럼 존재해 왔을 뿐이다. 개인의 경쟁과 부의 축적으로 대표되는 자본주의 시대에서의 야경국가에서 벗어나, 국민의 전반적 복지 문제에 적극적으로 관여하고 그에 상응한 책임을 국가가 부담하는 복지국가의 시대에선 '너와 나'가 아닌 '우리'라는 사회적 연대 의식으로 국민 모두가 참여하여 시대를 이끌어 나가야 한다. 이를 위해서라도 법무보호대상자의 곁에는 지원의 필요성에는 공감하나 실행이 선뜻 수반되지 않는 양가감정보다는 '인권의 보편성'이란 가치가 우선하여 머물러야 할 것이다. 법무보호대상자에게는 행복한 삶, 또는 좋은 건강, 윤택한 생활, 안락한 환경들이 어우러져 행복을 누릴 수 있는 상태를 의미하는 '복지'보다, 삶·건강·생활·환경 그 자체가 문제시되어 인간으로서 마땅히 누려야 할 '인권'이 경시될 위험에 노출되어 있기 때문이다.

복지를 넘어 인권을 향한 법무보호복지가 당면한 과제는 산적해 있다. 하지만 서두르지 않으려 한다. 가장 낮은 곳에 처한 자를 바라보고 돕기 위해 시선과 자세를 더욱 낮추려는 소명 의식을 바탕으로 그저, 지금껏 그래왔듯이, 조용히 그리고 묵묵히 걸어갈 것이다.

---

168 자세한 내용은 본 책 제3편 참조.
169 자세한 내용은 본 책 제4편 참조.

해당 QR코드를 스캔하시면 법무보호복지학개론(개정증보판)의
부록을 열람하실 수 있습니다.

편찬후기

김주병

우리가 꿈꾸는 범죄로부터 자유로운 안전한 사회, 건강한 사회의 시초는 범죄를 저지른 사람에 대한 처벌만큼 다신 재범하지 않고 건전한 사회인으로 복귀할 수 있는 정책적 기반을 만들어 주는 법무보호복지사업의 중요성을 사회에 널리 전파하고 온 국민이 동참하는 그날을 기원하면서 지난 시간 불철주야 함께해 온 편찬위원님, 자문위원님께 감사함을 전하며, 이 책을 통해 범죄를 예방하는 초석이 되었으면 하는 간절함을 담아 봅니다.

노용

한국법무보호복지공단 직원으로서 집필활동에 참여하여 대단히 영광스럽게 생각하며, 집필 과정이 생각보다 힘들고 고통스러웠지만, 다른 한편으로 보람되고 뿌듯한 마음입니다. 아마추어 집필가들의 노력의 결과물이 읽는 이로 하여금 공단을 이해하는 데 도움이 되길 바랍니다.

최희수

신입 직원으로부터 '이 개론서를 보면서 공단 입사 꿈을 키웠고, 이 책을 기본서로 열심히 공부했습니다.'라는 말을 듣게 되었습니다. 그 말을 듣고 정말 최선을 다해 집필해야 되겠다라는 생각이 들었습니다. '범죄 예방'의 기틀을 다지기 위해 지금도 사명감을 갖고 현장에서 애쓰고 계신 모든 선후배님께 감사드리며, 조금이나마 이 책이 도움되기를 바랍니다.

채인석

법무보호대상자들이 사회에 성공적으로 사회복귀할 수 있도록 전문적인 법무보호복지서비스를 제공하여 재범률을 낮추고 나아가 더 안전하고 더 행복한 사회를 마련하기 위해 법무보호복지학개론이 학문적 지식을 함양하는 데 도움이 되었으며 하는 마음입니다.

박재영

독자들에게 형사정책의 마지막 단계인 '법무보호복지'에 대해 소개할 수 있는 뜻깊은 집필의 시간이었습니다. 많은 사람들이 재범방지활동에 관심을 가지고 동참할 수 있기를 기원합니다.

이동희

공단의 실무경험을 바탕으로 학습자 및 일반인들이 법무보호사업에 쉽게 접근함으로 재범방지의 중요성에 대해 인식하는 데 도움이 되기를 바라는 마음으로 참여했습니다.

임승완

더 안전한 사회를 만들고자 하는 노력 중의 하나인 법무보호복지의 의미가 우리 인식 가운데 더욱 널리 공유되기를 희망합니다.

김낙현

이론과 실제는 상호 보완적입니다. 법무보호 이론이 응축되고 체계화된 「법무보호복지학개론」을 통하여, 법무보호의 지위가 격상되고 국민에게 법무보호가 더욱 가까이 다가가기를 바랍니다.

이진효

나와 마주서는 용기를 갖고 기회를 내것으로 만들어가는 그들을 응원하며, 전달되리라는 믿음을 갖고 함께하는 시간이였습니다. 오늘보다 더 나은 내일을 기대하며!

정구필

집필 과정이 쉽지는 않았지만 감사하고 보람찬 경험이었습니다. 이 책을 통해 아직 생소한 개념인 법무보호복지에 대한 이해가 조금이나마 증진되기를 기원합니다.

개정증보판
법무보호복지학개론

| 초판발행 | 2022년 1월 4일 |
| 개정증보판발행 | 2025년 1월 6일 |

| 지은이 | 한국법무보호복지공단 |
| 펴낸이 | 안종만·안상준 |

편 집	윤혜경
기획/마케팅	노 현
표지디자인	권아린
제 작	고철민·김원표

펴낸곳	(주) **박영사**
	서울특별시 금천구 가산디지털2로 53, 210호(가산동, 한라시그마밸리)
	등록 1959.3.11. 제300-1959-1호(倫)
전 화	02)733-6771
f a x	02)736-4818
e-mail	pys@pybook.co.kr
homepage	www.pybook.co.kr
ISBN	979-11-303-4821-6 93360

정 가   26,000원